高·等·职·业·教·育·教·材

沟通技巧与写作

陈 丹		邓 滢	
吴 兰	主编	徐 佳	副主编
罗惜春		汪 艳	

化学工业出版社
·北京·

内容简介

良好的人际交往和职场沟通能力已经成为当代职场人初入社会的必备素质。《沟通技巧与写作》从职场达人的经验和智慧出发,以沟通技巧与社会思维为突破口,分别介绍了求职、创业两种职业情境中应掌握的沟通与写作技能。如在求职篇的"走向职场"环节,高职学生从大学校园走向职场环境,实现角色转化,需完成写作求职信、制作个人简历、有效运用态势语言、把握求职面试的技巧等任务。

本书既可作为高职高专院校职场沟通与写作课程的教学用书,也可作为职场人员进一步提升沟通与交际能力的参考用书。

图书在版编目(CIP)数据

沟通技巧与写作/陈丹,吴兰,罗惜春主编. —北京:化学工业出版社,2022.8
高等职业教育教材
ISBN 978-7-122-41661-2

Ⅰ.①沟… Ⅱ.①陈… ②吴… ③罗… Ⅲ.①人际关系学-高等职业教育-教材 ②汉语-应用文-高等职业教育-教材 Ⅳ.①C912.11 ②H152.3

中国版本图书馆CIP数据核字(2022)第100346号

责任编辑:旷英姿 提 岩
文字编辑:李 曦
责任校对:宋 玮
装帧设计:王晓宇

出版发行:化学工业出版社
　　　　　(北京市东城区青年湖南街13号 邮政编码100011)
印　　刷:北京云浩印刷有限责任公司
装　　订:三河市振勇印装有限公司
787mm×1092mm 1/16 印张13 字数299千字
2022年8月北京第1版第1次印刷

购书咨询:010-64518888
售后服务:010-64518899
网　　址:http://www.cip.com.cn
凡购买本书,如有缺损质量问题,本社销售中心负责调换。

定　价:39.00元　　　　　　　　　　　　版权所有　违者必究

编写人员名单

主　编　陈　丹　吴　兰　罗惜春

副主编　邓　滢　徐　佳　汪　艳

编写人员（按姓氏笔画为序）

王桂英　王新利　邓　滢　邓丽娟　田　丹

吕　靖　刘三婷　吴　兰　何　欣　何勇波

汪　艳　陈　丹　陈一帆　陈一鸣　罗　杨

罗惜春　周小燕　周原兮　袁　莹　徐　佳

徐　晶　崔　媛　章　惠　谢世龙　谢慧敏

黎敏娜

前言
PREFACE

常言道：良言一句三冬暖，恶语伤人六月寒。良好的沟通表达与写作能力是现今社会个人生存和发展必不可少的基础，是为人处世、立足社会的必备技能。对于高职学生而言，了解、掌握必要的沟通与写作技巧，有助于他们顺利步入社会并快速适应工作环境，也有益于他们未来的职业发展。

本书根据高职院校的人才培养目标和社会对人才的需求，针对当前高职学生生活和工作实际，以职场情境为依托，以具体项目为引领，实现了口语沟通与书面沟通的无缝对接。在教学团队多年的课程改革实践经验基础上，我们编写了这本特色鲜明的教材，并在智慧职教 MOOC 学院平台配套开发了湖南省精品线上开放课程，实现线上线下混合式教学。

项目化教学。本书以大学生求职、创业必备沟通技巧与写作能力为主线，依托具体工作任务巧设职场情境，基于项目化理念，设计教学内容和知识板块。全书分为求职篇、创业篇，各篇分别包含 4 个项目。求职篇：走向职场、初入职场、职场新手、职场新秀；创业篇：寻求创业项目、组建创业团队、筹集创业资金、运营创业项目。各项目均设置了 4 项不同的任务，每个项目结束后分别设计有实训课堂，实现"学中做""做中学"。

重视沟通心态的养成。在引导学生锻炼职业技能的同时重视强化学生内涵建设，养成谦虚稳重、宽容开放的沟通心态，着力提高人际情商。本书将引导师生"教""学""做""评"融合，实施"全方位动态体验式教学"，真正实现学生文化素质"软能力"和职业技能"硬能力"相融会。

本书在编写过程中博众家之长，参考了较多资料和信息，限于篇幅，仅列出了主要参考文献，在此向各位专家、学者深表谢意。

由于时间和条件所限，本书不当之处敬请读者不吝赐教。

编　者
2022 年 4 月

目录
CONTENTS

求职篇

项目一 走向职场 /002

  任务一 写作求职信 /002
  任务二 制作个人简历 /007
  任务三 有效运用态势语言 /013
  任务四 把握求职面试的技巧 /020
  实训课堂 /029

项目二 初入职场 /031

  任务一 有效运用介绍的口才艺术 /031
  任务二 写作计划 /034
  任务三 有效运用交谈的口才艺术 /038
  任务四 写作总结 /041
  实训课堂 /044

项目三 职场新手 /045

  任务一 与同事和睦沟通 /045
  任务二 写作条据 /051
  任务三 与上司有效沟通 /056
  任务四 写作请示与报告 /061
  实训课堂 /068

项目四 职场新秀 /070

  任务一 跨部门有效沟通 /070
  任务二 写作岗位竞聘书 /076
  任务三 与下属高效沟通 /081
  任务四 写作述职报告 /090

实训课堂 /097

创业篇

项目一 寻求创业项目 /100

    任务一 设计市场调查问卷 /100
    任务二 有效运用说服的口才艺术 /106
    任务三 写作市场调查报告 /115
    任务四 有效运用赞美的口才艺术 /118
    实训课堂 /122

项目二 组建创业团队 /124

    任务一 写作招聘启事 /124
    任务二 有效运用拒绝的口才艺术 /128
    任务三 写作合同 /135
    任务四 把握应答的技巧 /142
    实训课堂 /147

项目三 筹集创业资金 /149

    任务一 写作创业计划书 /149
    任务二 有效运用拜访的口才艺术 /157
    任务三 写作创业计划书讲稿 /162
    任务四 有效运用演说的口才艺术 /164
    实训课堂 /171

项目四 运营创业项目 /172

    任务一 写作活动策划书 /172
    任务二 与客户有效沟通 /178
    任务三 写作招、投标书 /182
    任务四 把握商务谈判的技巧 /188
    实训课堂1 /199
    实训课堂2 /200

参考文献 /202

求职篇

项目一　走向职场

任务一　写作求职信

情境导入

在当前就业形势日趋严峻的环境下,每位求职者都想为自己谋得一份好工作,但是一个岗位往往有十几人甚至几十人、上百人争夺,犹如千军万马过独木桥。对求职者来说,要想敲开面试的大门,引起用人单位的注意,获得一份自己期待的工作,就必须清楚地知道如何才能撰写出一份适宜的个人简历和求职信。

为了让每位学员都能获得一次求职的体验,张梅老师要求除队长外的所有团队成员都至少投递一份个人简历和求职信到其他团队,凡收到其他团队面试通知的学员,将获得课程加分。

第五团队的陈玲很喜欢刘香团队的合作氛围,在看到刘香团队的招聘启事后,认为文案编辑一职很适合自己,在仔细阅读了文案编辑的岗位要求后,陈玲又对个人信息资料重新进行了梳理,并着手撰写个人简历和求职信……

知识加油站

一、求职信的概念

顾名思义,求职信就是求职者写给用人单位的信。它是一封自荐信,用来向用人单位推荐自己、谋求职位。求职信是一块职场"敲门砖",帮助求职者展现自我才能、寻找就业机会、谋求发展机遇。

二、求职信的特点

1. 针对性

求职信是一封针对性强的信,而且这种针对性是双向性的,既要针对用人单位的招聘需求和实际情况,又要针对这种需求和情况来展示求职者的知识储备、业务技能、实践经历、兴趣特长和业余爱好等。

2. 自荐性

求职信的目的在于推荐自己，它一切的遣词造句、行文成篇都只是为了把求职者推荐出去。

3. 竞争性

求职信看似是求职者与用人单位之间一对一的通信，实际上是多对一的筛选和竞争，体现着职场优胜劣汰的残酷性。因此求职者写求职信时一定要带着竞争意识，努力做到精益求精。求职信的优劣，一定程度上关系到求职的成败。

三、写求职信的步骤和方法

（一）写标题

求职信必须有标题，在首页第一行居中，表明"求职信""自荐信""应聘信"等。

（二）写称谓

和一般信件一样，求职信也以称谓开头，这是最基本的礼节。称谓为收信对象，即招聘公告上所留的联系人、招聘单位人事部门有关负责人或招聘单位有关负责人。为表示敬意，可在称呼前加上"尊敬的"等敬语。称谓写在第二行顶格位置。

（三）写正文

正文是求职信的主体内容，也是求职者能否被用人单位"相中"的关键因素。正文应该层次分明、条理清楚、详略得当。

1. 写明目的

正文开头应该开门见山地表明写这封信的缘由，如从哪里获取了求职信息、本人为何写作此信、应聘什么职位等等。写作此部分前，求职者可以先致以谢意。

2. 自我推荐

自我推荐是正文部分的主体内容，应简明扼要、实事求是地介绍自己的优势和长处，详细情况可以附件形式另作介绍。

（1）求职者的基本信息和求职原因　基本信息包括求职者的姓名、性别、年龄、学历、专业等基本内容。如果是调换工作，还应写上工作经历。求职原因应该实事求是地说明，不能给求职者留下不诚实的印象。

（2）求职者满足应聘岗位的基本条件及专业特长　基本条件方面，如实说明自己对应聘岗位所需专业知识的掌握程度及专业技能的熟练程度，可用专业成绩、所获奖励、参加竞赛所获荣誉、实践经验及实习经历等加以佐证。专业特长方面，有针对性地说明自己具备的特长及能力，如根据专业最新动向自学掌握的技能，优于常人的语言表达能力、团队协作能力、组织协调能力等等。

（3）适当的个人评价　在介绍完自身客观信息后，求职者还可以围绕个人性格特征、工作态度等进行适当的主观评价，以便让用人单位对求职者有更全面的了解。

3. 评价招聘单位

在评价个人之外，求职者还可以根据自己掌握的用人单位的各方面情况，对用人单位的发展、领导的工作及企业的地位进行适当的赞扬，让求职信多一分人情味，从而提升叩开应聘之门的概率。

4. 表明愿望和要求

求职者要用委婉、谦恭的语气向招聘单位表达自己的应聘诚意和热切愿望。写作这部分内容时应把握好度，避免适得其反。

（四）写结束语和敬语

正文结束后，写上"静候佳音""期复""期待成为贵公司大家庭的一员"等结束语，并写上"此致敬礼"等致敬语。

（五）落款

落款包括求职者姓名、写信日期、通信地址、联系电话、电子邮箱等，以便招聘单位能及时与求职者取得联系。落款一般写在致敬语后空两行的右下方。

（六）附件

附件是辅助说明求职信正文内容的证明性材料，包括个人简历和有关证明材料的复印件，如毕业证书、等级考试证书、从业资格证书、获奖荣誉证书、培训结业证书等。若有专家推荐，还应附上专家的推荐信。

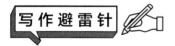

一、自荐没针对性

写求职信不是一股脑地把个人情况、优势特长写进去，而是要仔细研究招聘公告对岗位的要求，再有针对性地介绍个人情况及优势特长。对招聘公告、岗位需求分析得越细致，求职信会写得越有针对性，求职成功率也会越高。

二、内容言不符实

求职信包含客观的个人基本情况、信息资料和主观的自我评价，两个部分都应该实事求是，不能夸大其词，列举一些不符合实际情况的事例、数据和评价。人最可贵的品质是诚实，只有客观公允地作出自我介绍和评价，才能做到以诚动人。

三、语言烦琐干巴

求职信是以文字形式与用人单位沟通，俗话说字如其人、文如其人，如果错字别字出现，用词不够规范，语言啰唆冗长，文字单调干巴，不会给用人单位及招聘官留下好印象。一方面啰唆冗长的行文会把关键信息埋没，另一方面，即便求职者拥有辉煌的履历和很强的竞争优势，也会因为语言表达问题而让求职效果大打折扣。

四、过分自信自卑

自信心是写作一封求职信最基本的心理基础和前提条件。自信心包含两层含义，一是不能盲目自信，会造成对用人单位的岗位需求准备不够，写作语气不够谦虚；二是不能自视太低，埋没了本该突出的优势，畏首畏尾必定会影响求职结果。

求职信例文

求职信

尊敬的陈经理：

  冒昧打扰您！我叫王××，今年 22 岁，是×××职业技术学院媒介策划与管理专业 2021 届应届毕业生。昨天我从××招聘网站上看到贵公司要招聘两名广告策划，自觉尚能胜任此项工作，于是大胆写信应聘，希望有幸成为贵公司一员，与公司一起成长。

  我热爱媒介策划与管理专业，并在大学三年的学习生活中投入了大量的热情和精力。通过系统学习和严格培训，我在广告策划与活动执行方面打下了扎实的专业知识基础，掌握了广告提案和文案撰写等各项专业技能，各门专业课与基础课成绩优异（见附表），多次获得学校和国家奖学金。我参加过计算机操作技能的严格训练，能熟练运用常用办公软件和广告设计软件，具备较强的图文编辑能力。

  同时，我十分重视社会实践能力的培养，曾在××广告公司实习广告策划工作，了解熟悉了广告制作的各项流程。

  大学期间，我先后担任班级体育委员和系学生会主席职务，擅长组织策划、沟通协调与团队协作。此外，我喜欢打篮球、跑步，具有良好的身体素质和吃苦耐劳、坚忍不拔的品格。

  我希望在贵公司的舞台上施展自己的才能，得到更多的锻炼和提高。在此，我衷心感谢您在百忙之中关注我的求职，期盼得到您及公司的赏识和反馈。恭候回音！

  此致

敬礼

求职人：王××

2021 年 8 月 23 日

联系地址：×××职业技术学院媒介策划与管理专业 2018 级 2 班

邮编：××××××

联系电话：××××××××××

［简析］这封求职信言简意赅。其优点归纳如下：①开门见山，首段进行自我介绍并清晰表达出具体求职意向。②针对性强，紧密围绕求职意向表述自身学习、工作经历。③具有亲和感，主要体现为态度诚恳，语言朴实。

  　　　　　　　　　　求职信

尊敬的领导：

您好！我叫××，是一名刚刚从××大学毕业的学生，我的专业是计算机。我写这封信的目的是应聘贵公司的市场部业务员。

首先，我想说明的是我为什么想要加入贵公司。

前一段时间，我参加了贵公司的校园招聘推介会，正像贵公司宣讲人员所说的一样，当我们选择职业和公司时，首先要考虑的是这个企业的价值观是否与自己的价值观相吻合。我很尊重并赞同贵公司的企业文化，我认为善良、真诚、诚信是一个人最应该珍视的品质，也是一个企业所应尊重的道德底线。我有志加入其中并为这样的企业的发展努力贡献自己的力量。

其次，我想说明为什么我是加入贵公司的合适人选。

我想申请加入贵公司的市场部，虽然我的专业与所应聘的职位可以说是完全不对口，但我的学习能力很强，只要给我一个机会，我就会利用这个机会迅速成长并成熟起来。

大学期间，我曾做过多份兼职工作，包括电话卡推销员、洗衣机推销员、笔译人员、英语培训班的助教和老师等。无论是哪一份工作，我都很认真地投入进去并且取得了不错的工作成果。这些工作本身的意义并不是很大，但是通过这些工作，我认识到了自己的长处和不足：我有很好的口才和感染力——这是作为市场部人员所应具备的最基本的素质；我有激情，做事积极主动——这是我能够做出业绩的最重要的保证；我不怕吃苦，肯脚踏实地地工作——这是我对企业和个人负责的表现；我能很快地融入工作中，利用尽可能短的时间熟悉、了解工作内容并迅速展开工作——这是我能够为企业创造收入的关键。

当然我也有很多弱点，比如说我比较容易多愁善感，但是这一点的另一个好处就是让我有较强的"同理心"；我做事可能有时候会冲动一些，但在工作中我会尽量克制。

作为一名刚踏入社会的大学生，我多多少少也会感觉到迷茫，但是我觉得选择贵公司会让我的潜力得到最好的发挥。我是一个自信、积极而且有同理心、有勇气的女孩，我有团队合作的意识，并且会努力认真工作。我希望您能够给我一个机会把这些证明给您看，我一定不会让您失望的。

期盼您的答复！随函奉上我的成绩单及个人简历，敬请收阅。
　　此致
敬礼

自荐人：××
×年×月×日

　　[简析]这封求职信言辞恳切，条理清晰。其优点归纳如下：①开头自我介绍并说明目的，简练清晰。②根据对公司招聘信息的了解，强调自己的价值观和公司合拍的地方，应聘动机符合对方要求。③从看似对自己不利的条件入手，打消对方的疑虑，化弱势为优势。④根据应聘职位的需求，具体阐述自己的相关经历及从中获得的经验，针对性极强。⑤坦诚提及自己的缺点，表现出对自身客观、理性的认识。⑥总结前文，再次提出自己的请求。

任务二　制作个人简历

情境导入

　　2021年4月，湖南举行2021年民营企业招聘月活动。山河智能装备集团、蓝思科技有限公司、长沙开元仪器有限公司、湖南蓝天机器人科技有限公司等200多家民营企业携带2万余岗位参加了启动仪式暨现场招聘会。企业范围涵盖：电子、电器、机械、计算机、网络、通信、模具、医药、化工、环保等行业。

　　尽管还没有毕业，刘香还是觉得需要到招聘活动中体验一下真实的招聘是什么样的。她发现很多企业都在招聘品牌推广人员，便决定尝试写一份简历。如果你是一名毕业生，请问你的简历应该怎么写？你投给各个民营企业的简历一样吗？

一、个人简历的概念

　　个人简历是一种应用文，是现代社会人事档案的一个重要组成部分，也是考查干部、选拔任用人才等必须具备的一份重要资料。它对一个人的基本情况、教育背景、工作经历等进行精练而有重点的概述，一定程度上可以为一个人的形象"代言"。

二、个人简历的构成要素

1. 基本情况

包括姓名、性别、出生年月、民族、籍贯、政治面貌、健康状况、婚姻状况、通信地址、邮政编码、联系电话、电子邮箱等。

2. 学业情况

包括学历、学位、学制、培养方式、所学专业、毕业学校、外语等级、计算机等级、从业资格证书、职业资格证书、培训证书等。

3. 个人经历

包括学习经历、培训经历、社会实践、实习经历等。

4. 所获荣誉

优秀学生、优秀学生干部、优秀团员、先进个人、优秀毕业生、竞赛获奖等等。

5. 爱好特长

个人在专业及非专业领域所擅长的技能。

6. 自我评价

对自己的性格、品德、素质、能力等作出客观简要的评价。

如果目的是应聘、求职,个人简历还应当写清楚应聘职务等。如有需要,个人简历后面还可以添加附件,附上相关证书,如毕业证、学位证、英语等级证、计算机等级证等的复印件,以及大学成绩单、实践作品、个人独立完成或参与的项目简介等。

三、个人简历制作的要求

1. 简洁性

简历行文要求简洁,避免口语化、第三人称表述。行文多使用名词、动词,避免使用形容词、副词。表述时,多用短句进行表述,避免长篇大论、大段表述。

简历的篇幅一页纸就可以了。招聘人员在筛选简历时,常常采用"扫描式",在每份简历上逗留的时间一般只有几秒钟,因此,求职者在写作简历时,要便于招聘人员快速阅读,做到分类清晰、层次清楚、排版整齐、字号美观(字号不要小于五号),关键词要加黑。

2. 相关性

简历写作内容与求职意向岗位的需求要有相关性。在选择简历素材时,不要求"多而全、面面俱到",而是选取相关性较强的素材,并把素材按照重要性进行排序(不要按照时间排序),在篇幅上进行主次处理,突出重点,打造简历"头版头条"和"核心优势"。

3. 差异性

每个人的简历都是独一无二的,具有个人特点。不要去套用、抄袭简历模板,要根据自身情况,进行个性化制作。简历差异性的大小,决定了"不可替代性"的大小。为了提升简历的差异性,要挖掘个人特点、善于用数字等进行表述。

数字是最直观和有说服力的,每一条核心经历背后,都应该有一个"庞大的"数据库作为支撑。

四、简历制作的技巧

1. 个人信息部分

个人信息部分除了姓名外,有三个要素不能缺,即联系电话、邮箱地址和学校地址,除此之外,诸如民族、体重、健康状况、出生年月等可以不写。如果有身高优势,可以写。如果是中共党员,可以根据应聘的单位(国企、民企等建议写)灵活处理。关于生源地、籍贯,如果应聘的是本地企业,建议写;如果应聘的是外地企业,灵活处理。

个人照片,建议要粘贴。照片使用正装彩色证件照效果最佳(照片略带微笑,效果会更好)。建议将照片洗出来,再贴在简历上,效果比彩打要更好。女生照片切记头发不要盖眉毛。照片不要过度进行美化处理,否则效果适得其反。

2. 教育背景部分

教育背景部分表述要清晰、准确、易读。第一,要注明入校及毕业时间,不要表述成"08级"等,否则会增加招聘人员的"换算"时间;第二,要注明学校、专业、学位、主修课程(5门以内);第三,成绩较好的,可注明排名、平均分数、GPA;第四,本科、研究生、第二学位等可分开阐述;第五,不要把奖项、证书等其他无关信息放在教育背景部分。

["教育背景"举例]

教育背景

2013.9—2016.6 ××职业技术学院 会计学院 会计学专业

GPA:3.7 平均分:85 专业排名前10%

专业课程:会计学(91/100)、财务会计(89/100)、成本管理会计(87/100)、财务软件应用(97/100)、财务管理(91/100)

3. 实践经历部分

实践经历部分要求专业、客观、具体地表述你的实践与活动经历。表述实践与活动经历的小技巧包括:第一,阐述你实践的机构和组织的价值(区别对待,如果是众人皆知的,就没必要阐述,如果存在信息不对称的,则可以进行阐述);第二,阐述你的岗位职责(简洁明了);第三,阐述你做了什么,达成了怎样的成果(数字、事实);第四,阐述你将所学的哪些知识、模型、工具应用到实践中;第五,阐述你在实践过程中学会的系统、流程、工具等;第六,阐述你在实践过程中产生的影响和效果。对于以上几个方面,根据实际情况可酌情阐述。

["实践经历"举例]

实践经历

2015—2016　××职业技术学院礼仪队　队长

组织管理20余人的团队，合理安排队员工作，协调冲突。

负责队内人员素养提升，开展训练10余次，举办会议、讲座10余次。

负责礼仪队队员的人员调度与评定。

被评为××职业技术学院优秀礼仪队队长。

4. 所获奖项部分

所获奖项部分要求把奖项表述得更加醒目、直观。表述所获奖项的小技巧包括：第一，奖项要按照重要性排序，并注明时间、获奖比例；第二，各级奖励较多时，按照级别进行分类，如国家级、省级、市级、校级等；第三，各类奖励较多时，按照类别进行分类，如综合类、学业奖学金类、单项奖类、社会实践类、文体类、校外奖学金类等；第四，将重要的奖项关键词加黑。

["所获奖项"举例]

所获奖项

国家级　第×届**全国青少年网上普法知识大赛**青年专业组月赛优胜奖 2014/10 **普法优秀志愿者**（中国青少年社会服务中心、"我们的文明"组委会联合授予）　2014/03

省级　××省大学生**综合素质A级证书**（全校55人获此荣誉）　2015/03

市级　**优秀青年志愿者**（共青团××市委、××青年志愿者协会联合授予）　2016/06

校级　××职业技术学院**三好学生**（2次）(Top6%)、**优秀毕业生**(Top10%)　2016/06

　　　中国工商银行奖学金一等奖（全校仅有8人获此荣誉）　2015/10

　　　精神文明奖学金（全校11人获得）、"三下乡"社会实践先进个人　2014/10

　　　××职业技术学院**优秀共青团干部**（Top0.5%）

　　　××职业技术学院乙等**学业奖学金**（4次）(Top10%)

5. 技能证书部分

技能证书部分要求打造和突出你的个人技能。技能证书部分的表达技巧包括：第一，分类表述，如外语技能、计算机技能、专业技能、文体技能等；第二，表述简洁、专业，如CET-6；第三，避免大众化、无特色的表述，如"熟练使用Office"。

["技能证书"举例]

技能特长

专业技能：注册会计师证书（扎实掌握税法、经济法、审计、财务管理、会计），会计从业资格，证券从业二级分析师资格

外语技能：CET-6，外资银行实习7个月（工作资料全英文）

计算机技能：计算机二级

文体技能：800米田径，健美艺术体操四级

6. 个人特长部分

对于个人突出的特长，可以单独开辟栏目进行阐述（抽取相关的实践经历、奖项等作为支撑材料），这样可以吸引招聘人员的注意力。

["个人特长"举例]
外语能力
证书：CET-6:561/710 TOEFL:870/990
外语实践：
××职业技术学院英语天堂协会副社长　2015.09—2016.07
带领团队在全校百团评比中取得第二名，荣获"校级明星社团"称号
成功举办××省4校联合英语风采演讲大赛及××英语爱心行等大型活动
××语言文化培训中心英文助教　2016.08
认真备课上课，定期组织员工开展绘画、吉他培训，对学生进行电话家庭辅导

7. 个人评价部分

针对每一个不同意向职能、意向公司、意向行业，研究公司的产品，了解行业中的竞争对手和产业密集区域，在简历"个人自述"或者"职前自述"部分进行巧妙的体现和结合。

对于企业的价值观和文化，若大而空，会给人不务实的印象，刚毕业的大学生若概括不准确，则会给人夸夸其谈的感觉，不建议同学们选择。避免引用名人名言、古诗词等，最好写自己总结出来的一些感悟等。

写作避雷针

不管是条目式简历，还是表格型简历，都应做到一目了然、重点突出、条理清晰、设计美观。具体来说应注意以下内容：

要突出专长和已取得的成绩；
要针对应聘的职位，突出任职资格和能力；
要用事实和数据说话，不能凭空捏造、夸大其词；
排版要朴实美观，不要文过于实；
网络求职尽量不要链接附件。

当前，网络求职成为一种最常用的求职方式，对于招聘单位负责人而言，面对海量求职信息，打开链接附件是一件烦琐而辛苦的事；对于求职者而言，附件不打开相当于没有应聘。

个人简历例文

个人简历

个人概况
姓名：陈××　　　　　　　　　　　性别：男

出生年月：1996年2月　　　　　　　民族：汉
籍　　贯：江苏省××市　　　　　　健康状况：良好
学　　历：专科

教育背景

毕业院校：××职业技术学院　　　　毕业时间：2016年7月
所学专业：广告学
主修课程：广告学概论、企业文化学、广告文案策划与推广、应用文写作、管理学原理、质量管理、英语、企业经营战略、计算机应用等。
论文：《门店广告创意与环境》《广告发布与城市管理》等（已发表）。
英语水平：能熟练地听、说、读、写，并通过国家英语六级考试。尤其擅长口语交流和英文写作，能熟练运用网络查阅相关英文资料并及时予以翻译。
计算机水平：获微软办公室应用专家证书（Office XP综合），获教育部VB认证；熟悉网络和电子商务，精通方正排版软件，能独立操作并及时高效地完成编辑工作。

获奖情况

2014年、2015年、2016年连续三年被评为优秀团员；
2015年3月获全国大学生广告大赛优秀创意三等奖；
2014年、2015年均获学院一等奖学金。

实践经历

2014年6月至12月，在××广告公司从事业余策划，参与××地产公司大型画册××的策划、编辑、印刷事务。2015年7月至2016年4月，在××市纵横文化发展公司实习，参与完成了××项目的××部分的策划及文案撰写工作。

个人特点

性格特点：活泼开朗，善于交往，诚于合作，勤恳务实，严于律己，宽以待人。
兴趣特长：书法。
自我评价：具有良好的沟通能力和组织能力，能迅速适应新环境，快速学习新知识。

求职意向

1. 文化传播及新闻出版；
2. 市场营销（包括市场调研、策划、运作等）。

联系方式

电子邮件：××××××@126.com
移动电话：159535×××××
住宅电话：0510-82783×××
通信地址：无锡市惠山区×栋×单元×室
邮政编码：214000

［简析］这份简历类似于表格，给人一目了然的感觉，在求职现场和网上应聘时非常实用。

任务三　有效运用态势语言

情境导入

在训练营中，张梅老师在一次课堂上给学员们分享了《三国演义》中的一段故事，以此体现态势语言的重要作用。

《三国演义》中有个很多人耳熟能详的故事，叫"空城计"，说的是诸葛亮守着一座没设防的"空城"，坐在城楼上镇定自若，焚香弹琴。见此情景，生性多疑的司马懿率领大军兵临城下，却不敢贸然攻城，最后只好率兵撤退。诸葛亮妙用态势语言，吓退了司马懿的大军，可谓"不战而屈人之兵"。由此可见，在非语言信息的传播领域里，可以说是"眉来眼去传情意，举手投足皆语言"。

听完张梅老师的分享后，刘香心想：如果让我上演一场"空城计"，我会怎么做？换作是你呢？

知识加油站

一、态势语言的概念

态势语言又称体态语言或人体语言，是以人的表情、目光、姿态和动作等来表示一定语义、进行信息传递的一种伴随性无声语言。美国心理学家艾帕尔有句论断说明了态势语言在职场沟通与交际中的重要性，即"人的感情表达由3个方面组成：55%的体态，38%的声调，7%的语气词"。人类学家霍尔也曾说过："一个成功的交际者不但需要理解他人的有声语言，更重要的是要观察他人的无声信号，并且能在不同场合正确使用这种信号。"

二、态势语言的表现形式

态势语言包含动态语言和静态语言两种。动态语言包括表情、手势、眼神；静态语言包括站姿、坐姿、服饰等。态势语言在沟通与交际中使用范围非常广泛，使用频率也非常高。态势语言能有效地配合有声语言传递信息，能起到补充和强化有声语言的作用，甚至有时还能起到口头语言不能起到的作用。

态势语言的表现形式有以下几点：

1. 表情

表情也叫面部表情，是内心情感在面部上的变化，是喜、怒、哀、乐、愁等内心情感的外化。一般认为，面部表情对有声语言起解释、补充、强化、纠正的作用。面部表情得当，会使说话者与听者的心理距离缩短或消失，使双方的交流变得更愉快、更有效。面部表情的运用，要有灵敏感、鲜明感、真实感和分寸感。灵敏感是指表情要和有声语言表达的情感同时出现，并同时结束；鲜明感是指每一个细微的表情变化都应该让听众觉察到，喜就是喜，怒就是怒；真实感即表情一定要体现心灵深处最真实的东西，不能虚假虚伪；分寸感即掌握传达情感的"火候"，既不能"过火"，也不能"不及"。

2. 手势

手势是会说话的工具。在态势语言中，手势是使用频率较高、形式变化较多的态势之一，因而表现力、吸引力和感染力最强，也最能表达丰富多样的情感。

从手势表达的思想情感来看，手势可分为情意手势、指示手势、象形手势与象征手势。情意手势用来表达情感，使抽象的情感具象化，如摇手表示拒绝，挥拳表示愤慨等；指示手势用以指明人或事物及其所在位置，从而增强真实感和亲切感；象形手势用以模拟人或物的形状、体积、高度等，给人以具体明确的印象；象征手势用以表现某种抽象概念，以生动具体的手势和有声语言构成一种易于理解的意境。

3. 眼神

眼睛被称为心灵的窗户，所谓眉目传情、眼含秋波，说的就是眼睛能表达很多言语不易表达的复杂而微妙的信息和情感。观察一个人的眼神，可以看出很多内容，如品行、学识、情绪、情感等。不同的眼神，传递不同的信息和情感。眼神清澈坚定，使人感到坦荡、善良、真诚；眼神阴暗狡黠，给人以虚伪、狭隘之感；眼神游离，让人显得心慌意乱；等等。

4. 站姿

关于站姿，文学语言里有很多形象描述，如亭亭玉立、玉树临风等。站姿是一个人形象气质、内心活动的外在表现，站得好不好、合适不合适，会影响一个人与他人沟通交流的效果。良好的站姿，应该是挺胸收腹，精神饱满，气向下沉。两肩放松，重心主要支撑于脚掌上。脊椎、后背挺直，胸略向前上方挺起。腿应绷直，稳定重心位置。

站姿可以适当变换，不要太单一，否则既辛苦又显得呆板。"站有站相"，自然得体即可，也不要刻意追求一举手、一投足都完美无缺，每个人应有自己的习惯和风格。

5. 坐姿

坐姿可以分为严肃性坐姿和随意性坐姿。坐姿的基本要求是"坐如钟"，背要直，肩放松，女士两膝并拢，男士可分开一些，宽度不能超过肩膀。坐姿应与所处的场所环境相符合，正式的公共场合应采用严肃性坐姿，轻松、非正式的社交场合，可以采用随意性坐姿。

入座时，应该轻而稳，避免给人留下毛手毛脚、不稳重的印象；落座后要大方、自然；无论什么座位，都不宜坐得太满。交谈时，上身保持少许前倾，表示对对方的尊重；上身需后仰时，幅度不能太大，否则给人无聊、不想交谈的印象。

6. 服饰

服饰也是态势语言的一部分。穿着得当，可以向周围环境、沟通对象传达积极的信息，提升交流互动过程中的愉悦感。在职场中巧妙地运用服饰语言，应当适应社交环境，出席国宴、典礼等重大活动，应着传统旗袍或晚礼服；参加结婚典礼、去朋友家做客，着装应美观大方；签约、谈判、参加商务活动，应着正装；等等。同时，服饰应注意整体和谐统一，注意色彩搭配，饰物点缀也应该得当。

7. 空间距离

空间距离是指人与人交流互动时相互之间的距离。空间距离也属于态势语言，在社交沟通中发挥着重要作用。根据不同的社交对象，离对方太近或太远，都会有完全不同的结果。反过来说，根据双方相互之间的距离，也可以推断出双方的关系。据此，空间距离一般分为四种，即亲密距离、私人距离、社交距离和公共距离，在职场交往中，一定要根据谈话内容和谈话对象选择合适的空间距离。

三、态势语言的运用

（一）表情

1. 表情技巧的一般要求

（1）要有灵敏感　一般来说，面部表情应当和有声语言所表达的情感同时产生，并同时结束，过长或过短，稍前或稍后，都不好。

（2）要有鲜明感　讲话者面部所表达的情感不仅要准确，而且要明朗，即每一点微小的变化都能让听众觉察到，喜就是喜，愁就是愁，怒就是怒。一定要克服那种似是而非、模糊不清的表情。如高兴时应喜笑颜开，忧愁时要愁眉苦脸，激动时要面红耳赤，愤怒时应脸色铁青。

（3）要有真实感　你的面部表情一定要使听众看出你的内心，感觉出这是你心灵深处最真实的东西。如果让听众感到你哗众取宠，华而不实，你的面部表情做得再好也是失败的。

（4）要有分寸感　要运用面部表情传达情感并把握一定的度，做到不温不火，适可而止。过火，显得矫揉造作；不及，显得平淡无奇。

2. 微笑语言

微笑语言是职场沟通与交际中经常会运用到的一种表情，这种表情能使一个身在职场中的人看起来更理智、更受人尊重。雨果有句名言："微笑就是阳光，它能消除人们脸上的冬色。"微笑能给听众留下美好、宽厚、平和等好印象，微笑能缩短你和听众之间的距离。

微笑语言的运用技巧有以下几点：

（1）要笑得自然　微笑是发自内心的，是美好心灵的外观。这样才能笑得自然、笑得亲切、笑得美好、笑得得体。不能为笑而笑，用笑装笑。

（2）要笑得真诚　微笑既是自己愉快心情的外露，也是纯真之情的奉送。

（3）要笑得合适　微笑并不是不讲条件的，也并不是可以用于一切交际环境。它的运用，是很有讲究的，这讲究就是艺术。首先，场所要合适。当出席一个庄严的集会，去参加一个追悼会，或讨论重大的政治问题，自然不宜微笑。当同对方谈一个严肃话题，或者告知对方一个不幸的消息时，或者谈话使对方感到不快时，也不应该微笑，或者应及时收起笑容。其次，程度要合适。微笑是向对方表示一种礼节，一份尊重，也是自己仪容的展现。但也有一个程度问题，笑得太没有节制，就会有失身份，引起对方的反感。微笑如果一笑即收敛，一闪而过，也同样收不到好的效果，总之以适度为宜。最后，对象要合适。对不同的交际对象，应使用不同含义的微笑，传达不同之情，表达不同之意。对同事、朋友、顾客，微笑是传达友好之意；对长辈微笑是表示尊敬；对晚辈微笑是表示慈爱。

（二）手势

1. 引领手势

引领手势在社交场合非常常见，如请客人进门、请客人坐下、为客人开门等，都需要运用手与臂的协调动作。同时，由于引领手势是礼仪的一种，还必须注入真情实感来调动全身活力，使心与形体达到高度统一，才能作出有色彩和美感的引领手势。

2. 招呼他人

要领为左手放于体侧，手臂伸直成一条直线，右手向前向上抬起，手掌向下，屈伸手指做搔痒状或晃动手腕。这种手势在中国、欧洲的大部分地区以及拉丁美洲的许多国家都比较适用。

3. 挥手道别

要领为身体站直，不晃动，目视对方。左手放于体侧，手臂伸直成一条直线，右手向前向上抬至与肩同高或略高于肩，手臂不可弯曲，掌心朝向对方，指尖朝向上方，五指并拢，手腕晃动。

4. 指引方向

要领为当有人询问去处时，要先行站直，不可在尚未站稳或在行走中指引方向。左手放于体侧，手臂伸直成一条直线，右手五指并拢，手掌翻转到掌心朝上，与肩平齐，直指准确方向。目光要随着手势走，指到哪里看到哪里，否则易使对方迷惑。指引方向后，右手手臂不可马上放下，要保持手势顺势送出几步，以体现对他人的关怀和尊敬。

5. 递接物品

要领为用双手递送、接取物品，在不方便双手递接时，也可用右手，但绝不可单用左手。双方距离比较远时，应起身站立，主动走近对方递送或接取物品。递送时最好直接递至对方手中并且要方便对方接取。递送有文字、图案、正反面的物品时，要正面向上且朝向对方；接取物品时，要缓且稳，不要抢取。递送带尖、带刃或其他易于伤人的物品时，应使其尖、刃等朝向自己或朝向他处，切不可朝向对方。

6. 展示物品

要领为应使物品在身体的一侧展示，不要挡住本人头部。展示的位置不同表明物品的意义不同：当手持物品高于双眼时，适用于被人围观时采用；当手持物品位于眼睛下方，胸部上方,双臂横伸时,自肩至肘部以内时,给人放心、稳定之感;当手持物品位于眼睛下方,胸部上方,双臂伸直在肘部以外时,给人清楚之感,通常在这个位置展示的是需让对方看清楚的物品;当手持物品位于胸部以下,给人以漠视感,通常展示的是不太重要或不太明显的物品。

7. 鼓掌

鼓掌是在观看文体表演、参加会议、迎候嘉宾时表示赞赏、鼓励、祝贺、欢迎等情感的手势。要领为以右手掌心向下有节奏地拍击左掌,不可左掌向上拍击右掌;不可右掌向左,左掌向右,两掌互相拍击。鼓掌时间要长短相宜,5~8秒为宜。

(三)眼神

1. 注意眼神表达的时间

心理学研究表明,与人交谈时,其视线接触对方面部的时间占整个谈话时间的30%~60%,超过这一平均值者,可认为对谈话者本人比谈话内容更感兴趣;低于这一平均值,则表示对谈话内容和谈话者本人不怎么感兴趣。如果长时间的凝视可理解为对私人占有空间的侵略;如果几乎不看对方,则表明他满不在乎,傲慢无礼,或是企图掩饰什么。

美国的亚兰·皮兹说:"有些人在我们谈话时会使我们感觉很舒服,有些人却令我们不自在,有些人甚至会看起来不值得信任。这主要是与对方注视我们时间的长短有关。"

2. 注意目光的投向

与人交往中,要适时适度地注意对方。注意的位置要视与对方的人际关系而定。通常,额头上,属于公务型注视,在不太重要的事情和时间也不太长的情况下适用;眼睛上,属于关注型注视;眼睛至唇部,属于社交型注视;眼睛到胸部,属于亲密型注视。如果是亲人,比如父母、兄妹、恋人等可采取亲密型注视,亲密型注视分为近亲密型注视与远亲密型注视两种。前者指视线停留在眼睛和嘴部之间的三角形区域,后者指视线停留在眼睛和腹部之间的长方形区域。如果是一般社交场合中的人,如领导、朋友、谈判对象等,则用社交型注视,即视线停留在眼睛至唇部之间的区域。但要注意各民族的习惯与文化背景,如南欧人常常把注视对方看成是冒犯;日本人在谈话时是注视对方的颈部,而不是面部。因此,在目光语交往中,一定要考虑文化差别的因素。另外,即使是同一民族,即使是"亲密型注视",注视妻子、儿子、兄弟姐妹的目光也有区别,这些都要灵活掌握。

3. 注意眼神表示的态度

平视,表示平等;斜视,表示失礼;俯视,表示轻视别人。正确的做法是:当与人交谈时,目光应正视对方的眼、鼻三角区,以示尊重;当对方沉默不语时,就不要盯着对方,以免加剧他不安的尴尬局面。在整个交流过程中,还要特别注意不要使用向上看的目光,因为这种目光常常会给人一种目中无人、骄傲自大的感觉。目光运用要主动自然,不能消极游移;要亲切实在,不能故弄玄虚;要画龙点睛,不要闪烁不定;要恰到好处,不能迟滞、呆板或眨个不停。这样才能营造一个和谐友好的表达氛围,使交际走向成功。

(四) 站姿

一般来说，站是个比较显眼的问题，很多人都不知该如何站，觉得怎么站都别扭。其实，站只要自然即可，并没有什么特定的站法。演讲者应该挺胸收腹，精神饱满，气向下沉。两肩放松，重心主要支撑于脚掌上。脊椎、后背挺直，胸略向前上方挺起。腿应绷直，稳定重心位置。站姿可以适当变换，不要太单一，否则既辛苦又显得呆板。可以适当走动，不要站在原地不动。站姿适当，配上手的动作就更协调了。站着与人交往时注意不要把身体倚在物品上边，或左右扭动身体，不要歪斜着身子，一腿前一腿后给人以不严肃的感觉；也不应该双膝交叠站着，抖动着脚尖，给人以无理、粗鄙的印象，让人看了反感和厌恶。如果你平时是斜肩，也要尽力克服。

"站有站相"，自得体即可，也不要刻意追求一举手、一投足都完美无缺，各人应有各人的习惯与风格。

(五) 坐姿

坐姿有严肃性坐姿与随意性坐姿两种。坐姿的基本要求是"坐如钟"，要背挺直，肩部放松，女士两膝并拢，男士可分开一些，但不超过肩宽。在交际活动中，选用什么样的坐姿是受环境制约的，一些严肃、认真的场合采用严肃性坐姿，一些随和、非严肃的场合可采用随意性坐姿。

坐姿的一般要求是：入座时，应当轻而稳，不要给人毛手毛脚不稳重的印象；坐的姿态要端庄、大方、自然；无论什么坐具，都不要坐得太满，大约为坐具的1/3；上身要挺直，不要左右摇晃；腿的姿势配合要得当，一般不能跷起二郎腿；交谈时，上身要少许前倾，表示对对方的尊重和自己的专心；上身需后仰时，幅度不能太大，否则会给人困扰、无聊、想休息的印象。

(六) 服饰

1. 适应社交环境

在外交礼仪场合，应穿着严肃、大方的礼服，如国家庆典仪式、国宴、国家领导人新年团拜等，这些场合，女士出席正式宴会时，则应穿中国的传统旗袍或西方的长裙晚礼服；参加婚礼，到朋友家做客，参加联欢会等，则尽可能穿得美观大方一些，女士应适当装饰打扮；郊游、远足，可着上下装不同颜色的便装；乘汽车、火车、轮船、飞机旅行，可着便装；如果是去公司或单位拜访，穿职业套装会显得专业；外出时要顾及当地的传统和风俗习惯，如果去教堂或寺庙等场所，就不宜穿过于暴露的服装。

2. 注意整体的和谐统一

交际者在社交场合的着装，首先要考虑服装的整体美感，要确立"修饰即人"的指导思想和掌握"和谐统一"的原则。所谓"修饰即人"，是指美能反映一个人的追求及情趣；所谓"和谐统一"，是指绝不能为了突出个别部分的美而破坏了整体形象的美，要注意整体的和谐统一。例如，从年龄方面讲，少女的服装以色彩鲜艳和款式活泼为宜，中年妇女的服装，则以淡雅、恬静、稳重、大方为主；从体形和肤色方面讲，人瘦不宜穿黑色衣服，人胖不宜穿白色衣服，方格子的衣裳胖人不宜穿，胖人宜穿竖条子的衣服；从服装与饰物的搭配方面讲，在寒冷的冬季，人们穿着厚实、肥大的外衣，如果佩戴上一顶春秋季节的薄帽子，就显得很不相称，同样的道理，一位女士穿着一身单薄的、轻柔的裙衫，却戴着一枚很大很沉的胸花，也会破坏服装原有的美感，显得很不协调。总之，不平衡，不和谐，也就不美。

3. 时间原则

不同时段的着装对女士尤其重要。男士有一套质地上乘的深色西装就足以打天下；而女士的着装则要随时间而变换：白天工作时，女士应穿着正式套装，以体现专业性；晚上出席酒会时就要多加一些修饰，如佩戴上有光泽的首饰，佩戴一条漂亮的丝巾等。服装的选择还要适合季节、气候的特点，保持与潮流大势同步。

4. 色彩技巧

不同的色彩会给人不同的感受：如深色或冷色调的服装会让人产生视觉上的收缩感，显得庄重严肃；而浅色或暖色调的服装会有扩张感，使人显得轻松活泼。可以根据不同需要进行选择和搭配。除了主体衣服之外，配饰也要多加考究。如袜子以透明近似肤色或与服装颜色协调为好，不宜穿带有大花纹的袜子。正式、庄重的场合不宜穿一些太过前卫的服饰。

5. 饰物点缀

巧妙地佩戴饰品能起到画龙点睛的作用。但是，佩戴的饰品不宜过多，否则就会分散对方的注意力。佩戴饰品时应尽量选择同一色系。佩戴首饰最关键的是要与整体服饰搭配统一起来。总之，穿衣是"形象工程"的大事。西方的服装设计大师认为："服装不能造出完人，但是第一印象的80%来自着装。"得体的穿着，不仅可以显得更加美丽，还可体现出一个现代人良好的修养和独到的品位。

（七）空间距离

1. 亲密距离

亲密距离在45厘米以内，属于私下情境，多用于情侣或夫妻间，也可以用于父母与子女之间或知心朋友间。两位成年男子间一般不采用此距离，但两位女性知己间往往喜欢以这种距离交往。亲密距离属于很敏感的领域，交往时要特别注意，不要轻易采用亲密距离。

2. 私人距离

私人距离一般在45～120厘米之间，表现为伸手可以握到对方的手，但不易接触到对方的身体，这一距离对讨论个人问题是很合适的，一般的朋友交谈多采用这一距离。

3. 社交距离

社交距离在120～360厘米之间，属于礼节上较正式的交往关系。办公室里的工作人员多采用这种距离交谈，在小型招待会上，与没有过多交往的人打招呼可采用此距离。

4. 公共距离

公共距离指大于360厘米的空间距离，一般适用于演讲者与听众，对人们极为生硬的交谈以及非正式的场合。在公关活动中，根据公关活动的对象和目的，选择和保持合适的距离是极为重要的。

任务四　把握求职面试的技巧

情境导入

刘香有一位表哥叫小毛。在训练营课堂上，学习到求职面试这一节课程时，刘香给团队学员们分享了表哥小毛求职面试的经历。

三年前，小毛到一家大型机械制造企业参加面试。由于刚毕业不久，小毛面试经验不丰富。面试地点在市中心的写字楼里，看着出入大楼、西装笔挺的都市白领，再瞅瞅自己从同学那里借来的有些拖沓的西装，小毛的心一下凉了半截。下午3:00面试，小毛提前20分钟到达写字楼。面试地点在大楼14层，电梯落地后，应聘者及在该楼办公的白领鱼贯而入，很快把轿厢填满了。刚要关门，一个西装革履的人跑了进来，电梯立即响起超载警铃。众人把目光投向最后进来的人身上，但他丝毫不为所动。瞬间，轿厢内的气氛陷入尴尬。虽然等下一趟电梯不会导致面试迟到，但没有人愿意冒这个险。

小毛站在靠近电梯门的位置，他略想了想之后，很自然地走了出去。面试进行得紧张有序，面试结束后每个人都回家等通知。三天后，小毛收到了入职通知。上班后，小毛见到了面试那天最后进电梯的男人。他是小毛的同事，已在公司工作两年。小毛问他那天面试的详情，他说，他也只是依照上级领导的意思，在电梯门口等待时机，公司除了要看应聘者与主考官的交流，还要参考很多因素，比如到会场的时间，与周围人的沟通等。"对应聘者的很多测试都是无形之中完成的——面试在你进入大楼的时候就开始了。"这位同事说。

分享完表哥的故事后，刘香告诉团队学员："细节决定成败。"大家若有所思地点点头。

一、面试的概念

面试是人才录用考试的一种基本形式。招聘方通过与应聘者面对面的观察、交谈，来考查应聘者的形象仪表、谈吐性格、能力水平、思想认知等基本情况和个人素质，从而作出是否录用应聘者的决策。对应聘者来说，求职面试是一个展示自我的舞台，一次了解用人单位、求职岗位的机会，一扇通向职场的大门。

二、面试的种类

面试的方式很多，概括起来有以下几种：

1. 模式化面试

由招聘者根据预先准备好的询问题目和有关细节，逐一发问。其目的是获得有关应聘者全面、真实的材料，观察应聘者的仪表、谈吐和行为，以及沟通意见等。

2. 问题式面试

由招聘者对应聘者提出一个问题或一项计划，请应聘者予以完成解决，其目的是观察应聘者在特殊情况中的表现，以判断其解决问题的能力。

3. 非引导式面试

即招聘者海阔天空地与应聘者交谈，让应聘者自由地发表议论，尽量活跃气氛，从中观察应聘者的能力、知识、谈吐和风度。

4. 压力式面试

由招聘者有意识地对应聘者施加压力，针对某一问题做一连串的发问，不仅详细，而且追根问底，直至无法回答，甚至有意识刺激应聘者，看应聘者在突如其来的压力下能否作出恰当的反应，以观察其机智程度和应变能力。

5. 综合式面试

由招聘者通过多种方式综合考查应聘者多方面的才能，如用外语同应聘者会话以考查其外语水平，让应聘者抄写一段文字以考查其书法，让应聘者讲一段课文以考查其演讲能力，也许还会要求应聘者现场操作计算机等。

以上几种面试是根据面试的种类划分的。在实际面试过程中，招聘者可能只采取一种面试方式，也可能同时采用几种面试方式。

三、面试前的准备工作

面试前的准备工作通常有材料准备、心理准备、仪表准备等。

1. 材料准备

（1）求职信　求职信是写给要求职的用人单位的一封自荐信，一般包括个人受教育情况、专业技术水平、实践实习经验、过往工作经历以及自己能胜任所聘岗位的条件、资格、工作态度等内容。求职信的主要目的是吸引用人单位的注意，引起对方想进一步了解求职者的兴趣，从而获得宝贵的面试机会。

（2）个人简历　简历是个人基本情况的简要概况和对个人受教育程度、技能技术、经验成就、求职意向的简单总结。简历和求职信有相同的地方，也有一定的区分。

（3）其他相关材料　其他相关材料包括学位学历证、语言等级证、计算机等级证、技术技能证书、获奖证书以及代表作品等。

2. 心理准备

面试前要调整好心态，克服紧张、焦虑、自卑、亢奋等心理，既不能妄自菲薄，也不能盲目自信，以轻松、平和、自信的心态迎接面试。

3. 仪表准备

（1）妆容适度　妆容应简洁、大方、自然。对女士来说，既不适宜"素面朝天"，避免给人以不拘小节甚至懒散的印象；也不适宜"浓妆艳抹"，口红太浓、指甲油太亮、香水味太浓烈都容易招人反感。对男士来说，要保证面部清爽，剃掉胡须、剪掉鼻毛。

（2）发型适宜　女士要头发柔顺，不凌乱、不毛糙、不染夸张的颜色，发型简洁美观，不宜太过新潮、前卫。如有职业需要，最好将头发束起。男士头发不可过于凌乱，不宜遮住眉毛，保证头发整洁无头屑。发型不能求新、求怪，以清爽干练的短发为宜。

（3）服装得体　服装也应简洁、大方、雅致。女士应以大方得体的职业装和连衣裙为主。裙子不宜过短或过长，太短容易显得轻浮，太长容易显得邋遢，长度在膝盖上下为宜。男士应以西装、衬衫、皮鞋为主，颜色不宜过于艳丽，应以藏青、深蓝、深灰等冷色调为主。男女都不宜奇装异服，不宜前卫、新潮、另类。一般除手表外，不宜佩戴过多的饰品。另外，装束应与求职者的个性相符，与所谋求的职位相适应。

四、面试的流程

面试一般包含开场问候、自我介绍、常规提问等过程。

1. 开场问候

开场问候很重要，是给面试官的第一印象，直接影响到求职者被录取的机会。进门应该面带微笑，主动、有礼貌地问候面试官，如果有多个面试官，先问候主试人员，并向所有面试官微笑示意。如果事先知道面试官身份，直接问候职位会更好。问候时声音洪亮，语速自然，大方得体。

2. 自我介绍

面试中一般都会先让应聘者作自我介绍。一方面了解应聘者的基本情况，另一方面借此考查应聘者的口头表达、逻辑思维和心理承受能力。自我介绍是面试中非常关键的一步，千万不能轻视。自我介绍用时要适中，以2～3分钟为宜；层次要清晰，一般包含以下几层内容：姓名、身份、学历、工作经历、获得的奖励和荣誉、求职意向、职业理想。

3. 常规提问

面试时应聘者必须认真对待面试官的每一个提问。一般情况下，面试官的问题有以下三个：你为什么要做这份工作？你能否做得了这份工作？和其他求职者相比，你为什么能做这份工作？围绕这三个问题，应聘者在参加面试前，应从以下问题着手准备：你为什么选择我们公司，谈谈你的优点和缺点，我们为什么要录用你，对这项工作你有哪些可预见的困难，你希望与什么样的上级共事，谈谈你的一次失败经历，等等。

五、面试的方法和技巧

俗话说"有备无患"。在参加面试前，进行一些必要的准备，对面试的成功来说是必不可少的。

1. 深思熟虑，充分准备

对应聘者来说，流利自如、文雅幽默的谈吐是面试成功的必备条件。职业院校的学生在平时就要有意识地加强语言表达能力的训练，逐渐养成与陌生人自如交谈的习惯。多参加集体活动，课堂讨论大胆发言，也有助于讲话能力的训练。在面试之前，准备一个简短的自我介绍稿是必要的，同时也应该为一些典型提问准备好答案。进行模拟面试训练，这样可能效果更好。有些学校会组织一些模拟面试，遇到这类活动，职业院校学生要积极参加，以积累经验，锻炼自己。

2. 知己知彼，百战不殆

招聘者提问的出发点，往往与招考单位有关。因此，面试前应尽可能多了解一些招考单位的情况，对单位的性质、业务范围、发展情况等做到心中有数。另外，了解招聘单位具体岗位对知识技能的要求也有助于有针对性地展示自己的特长。

【案例1】

贵公司高度重视质量

某电器集团招聘现场，一家沿海城市的家用电器公司是以质量第一享誉国内外的著名企业，他们在北京招聘应届毕业生时，总要问及一个问题：你对我公司有何了解？回答了解不多或不了解的人很快就被淘汰出局，那些对公司有深入了解的毕业生则备受青睐。一位受到招聘者连连赞许的学生是这样回答的："贵公司最大特点就是高度重视质量，用质量去占领市场，用质量去获得信誉，用质量赢得市场高价位，用质量去进行国际竞争。贵公司老板曾因此应邀去美国哈佛大学授课。我本人性格内向，对任何事情都严谨认真，一丝不苟，符合贵公司的企业文化要求，我愿为贵公司的发展贡献微薄之力。"最后，这名学生被录用。

［简析］能够如数家珍般地讲述对用人单位的详细了解，极大地缩短了招聘者与学生之间的心理距离，给人以未进厂门，便是厂里人的亲切感觉，这样的毕业生能不受欢迎吗？当然做到这一点并不容易，需要事先大量地调查研究和精心准备。

3. 机智应变，从容不迫

招聘者往往把询问应聘者的有关情况作为面试的切入点，这个问题看似简单，其实往往不是所有的人都能应付自如的。有时难免会在招聘者出人意料的询问下手足无措、张口结舌。为了检验应聘者的实际工作能力，面试中往往设置情境试题，以测试应聘者的个性特征、办事效率和应变能力。

4. 仪表端庄，举止大方

衣着仪表是一个人内在素养的外在表现，得体的打扮不仅体现应聘者朝气蓬勃的精神面貌，表示应聘者的诚意，还有意无意地反映着一个人的修养。仪表往往左右着招聘者的第一印象，因此，面试前应注意自己的着装打扮。衣着不整、蓬头垢面，会被认为是邋遢窝囊；过于超前的服装，也会被认为不可信赖。

【案例2】

不修边幅，穿着随意

某职业院校电子专业的毕业生小池是学校里小有名气的才子，文笔出众，自我感觉良好。但该生平时就不修边幅，穿着随意，有时还喜欢奇装怪服。在求职过程中，小池接到好几家单位的面试通知，可结果都是落花有意，流水无情。最后，他扪心自问，终于找出问题之所在。

［简析］职业院校毕业生在求职面试过程中应给人以整洁、大方、朝气蓬勃的感觉。应该说，大多数用人单位还是喜欢朴素端庄的毕业生。为了慎重起见，面试前最好请老师、同学审视一下。

5. 不怕失败，锲而不舍

要明白被用人单位拒绝是最终求职成功的必要组成部分。在面试时，如果感到自己有失败的苗头，也不要轻易放弃，要有不到最后关头誓不罢休的决心。如果真的失败了，也要冷静反思原因。

六、成功的面试要把握的原则

面试是用人单位以目测和问答为主要方式，选拔所需要的优秀人才的特殊考核形式。通常安排在笔试和其他考核之后进行，面试的成败对应聘者来说，往往具有"一锤定音"的作用。经验证明，成功的面试应把握以下几个原则：

1. 化被动为主动的原则

从形式上看，面试是用人单位对应聘者的挑选。通常是由招聘者出题、提问，主导面试进程和结局，招聘者的态度、评价，决定着应聘者的取舍。而应聘者则是处于被召唤、被支配、被挑选的地位，似乎没有多少主动权可言。其实，如果应聘者换一个角度看问题，把面试当成推销自己，展示才华的过程和机会，把面试现场当成表现自己的舞台，那么，应聘者可以在一定程度上获得面试的主动权，其主观能动性就会得到充分的发挥，表现出很大的预见性、主动性和创造性。比如，在事先就会以积极姿态有目的地进行大量卓有成效的准备工作，包括了解和研究用人单位需求状况、专业特点、招聘者心理、应答对策，在应试时，会表现得精神饱满、热情兴奋，思维机器全面开动，知识积累不断被唤醒，应对自如，左右逢源，实现正常甚至超常发挥，从而把自己的优势与对方的需求有效地对接起来，赢得招聘者的好感，最终成为面试的优胜者。

2. 外在形象与内在素质并重的原则

面试的目的在于全面考查应聘者的素质，重点通常放在内在素质方面。但是，从实际情况看，招聘者对应聘者的直观印象却是十分关键的。应聘者以什么样的形象在现场亮相往往会带来不同的效果。一般来说，外在形象能折射出一个人的内在素质、气质和修养水平等，易于给他人形成"先因效应"。良好的第一印象，往往讨人喜欢，进而让人产生由衷的亲和力，这样就在潜意识中对招聘者的态度和评价产生了微妙的影响。因此，应聘者应坚持外在形象与内在素质并重的原则，在着力表现内在实力的同时，关注一下自己的衣着打扮、行为举止和态度表情，以向招聘者展示自己良好的修养和形象，做到自信而不自傲，自然而不放肆，展示而不卖弄，重礼节、礼貌而不拘谨卑微。这样，讨人喜欢的外在表现就成为内在素质的一种烘托、说明和强化，从而大大加深招聘者的印象。

3. 心理与技能互动的原则

一般来说，应聘者走进面试现场面对考官时，心理压力会大大增加。如果不善于进行心理调节，就会出现心理失控，影响正常发挥。我们常常看到，有的应聘者具有很好的动手技能，但他们的心理素质不好，一走进严肃的面试现场就紧张起来，恐惧害怕；特别是涉世未深的学生，没有见过这样的场面，往往乱了阵脚，这种教训应牢牢吸取。实际上，心理与技能是一种互动的关系。应聘者应把自己的心理素质与技能表现协调好，做到以技能稳定心理，以心理支撑技能表现，使两者相辅相成、相得益彰。为此，在面试前既要注意专业知识的准备，又要注意自身心理训练和面试心理准备。在面试中，特别是入场后的前三分钟，要采取措施，积极进行心理调节，稳定情绪，引导自己进入最佳状态。这样在强大的积极心理支持下，就会有出色的表现。

4. 真诚与口才相统一的原则

应聘者不但应在专业上用功，而且在面试应答中一定要把真诚表达出来，让人信服，真诚的东西才是最有魅力的。面试应答不是演戏，不是演讲比赛，在这里，招聘者考查的是应聘者的真实观点、看法和水平。所以，应答必须发自内心，实话实说。口才只是一种手段，绝不是目的。我们应善于把个人的真实思想感情，通过卓越的口才表达出来，说得有力度，有重点，有逻辑性，思路清晰，动情感人，形成共鸣。如果你夸夸其谈，华而不实，一味地卖弄口才，那只会弄巧成拙。

5. 确立自己的面试风格

贝克博士说："人们对他人的看法，往往来自第一印象，最初的想法最具说服力。但我们很难判定第一印象正确与否，当我们身负着这些不自知的偏见时，很可能会失去好的机会。"同样，每一个面试者都应有自己的应试风格，即使不同的应聘者参照本书使用了相同的技巧，他们的面试风格也仍将是不同的。每一个人都与众不同，就像不可能找到一个与你完全一样的面孔的人，你也不可能找到一个与你在性格、能力、气质等方面相同的人。

在面试中应有什么样的风格呢?

（1）坦率真诚　　如果应聘者本来就性格坦诚、直率，那么完全可以抛开面试技巧，拒绝"包装"，以自己的真实面目出现在面试现场，给招聘者留下深刻的印象。真诚，首先要实事求是，以诚实的态度展示自己。诚实之外，应聘者还要用自己率真的性情、真诚的情感表露，与招聘者进行情感交流。

【案例3】

我相信自己的学习成绩一定能非常优秀

某职业院校的学生在应聘时，招聘者询问他的考试成绩如何，他说学习成绩平平，又问是否赞同"及格万岁"，这位学生平静地说："我自小父母双亡，只有爷爷、姐姐与我相依为伴。在党和政府以及众多热心善良的人们的帮助下，我才能够长大成人。在职业院校上学后，为了不再给所有关心我的人添麻烦，我坚持利用业余时间参加各种社会实践，用自己的双手扶助自己完成学业。成绩不好，是我职业院校生活中的最大遗憾，但我想只要我有足够的时间，甚至只要有普通学生的一半学习时间，我相信自己的学习成绩一定能非常优秀。"最后，这名学生应聘成功。

[简析]这位应聘者并未以自己的坎坷经历去请求招聘者的同情，真正感动招聘者的是他身处逆境却不气馁，顽强奋斗的精神。他的自强不息、自信，在他真诚的话语中坦然流露。打动招聘者的是应聘者朴实无华的语言和他的表现，与招聘者情感交流有时能起到意想不到的作用。这正如古人所说："物情无巨细，自适固其常。"

（2）自信大方　　自信心是应聘者叩开企业大门的最有效的工具。"我行——你也行，我好——你也好"即意味着面试者还没进入面试单位，他就已经把面试单位当成家了。面试中应聘者的自信除了我们前面谈到的外，还可以通过张扬个性、打破常规、独辟蹊径而自然流露。有位应聘者摒弃了那种刻板的、拘谨的"编年体"自传，以画龙点睛的手法为自己做了介绍："我是我自己最崇拜的人物，因为我总能通过自己的努力与奋斗一次次地战胜自我、完善自我并且获得成功；同时我也是我自己最痛恨的人物，因为自己太真实，总有一个又一个缺点或不足需要改进与克服。"该应聘者的特立独行的自我介绍，在其他应聘者千篇一律的自我介绍中显得那么与众不同。

（3）不卑不亢　　不卑不亢是人际交往的一条基本原则，它不是简单地表示自己友好的交际态度，而是具有丰富的内涵。这是一种胸有成竹的风格和进退自如的交际策略。面试中不卑不亢的态度对应聘者尤为重要。但是有的应聘者自恃成绩骄人，在面试现场不注意基本的交际礼节，随意打断招聘者的话，并且不遵从现场工作人员的指导，这样的应聘者展现的并不是自己的风采与锋芒、信心与勇气，而是自己的目空一切、恃才傲物。这样的处事风格不仅在面试现场上不被喜欢和接受，在任何交际场合都将处处碰壁。相反，另外一些应聘者过分强调对招聘者的尊重，一味低声下气、唯唯诺诺、小心翼翼、畏畏缩缩。这样被动的应聘风格，会让招聘者提不起兴趣，甚至故意拿起架子，而应聘者只会给招聘者留下无趣、无味、无风度、无魅力的印象。

【案例4】

我看，不见得

某职业院校的学生李岩在面试已近尾声时，谈得还可以，这时招聘者又问了一个问题："你认为对你来说现在找一份工作是不是不太容易，或者说你很需要这份工作？"按常理，如果她当时回答"是的"，一切便大功告成。但李岩自恃成绩骄人，便回答说："我看，不见得。"这一下使同时在场的用人单位的人事经理顿时打消了录用她的念头，理由是"此人比较傲"。

［简析］一句话，断送了一次较好的就业机会。事后，这位女孩表示很后悔却也无济于事了。

面试避雷针

在面试过程中，应聘者处于一种接受提问与考察，同时又要自我表现的角色。这种角色往往让应聘者出现两种极端倾向，或者因过于拘谨而表现不足，或者因表现过分而卖弄做作，这两种倾向都会表现出在面试时语无伦次、语言过多重复。

1. 应聘者出现这样的现象的原因

（1）期望过高　有些应聘者看社会过于理想化，不能正确估价自己与周围环境，常常对自己期望过高。在面试过程中，这类应聘者表现出居功自傲、盛气凌人、目空一切、舍我其谁的态势。他们一般个性鲜明，或在某方面有专长，或过去受到了很多奖励。但期望值过高、过于自负的应聘者往往事与愿违。克服期望过高的办法是，有意识地参与社会生活，拉近自己与现实生活的距离，提高自己的自我评价能力与适应社会的能力。

（2）求全心理　一方面，应聘者希望自己选择的工作单位待遇高、福利好、工作舒服；另一方面，又希望能专业对口，能发挥自己的特长，能得到领导的重用。这种求全心理在初出茅庐的职业院校毕业生身上体现得较为明显。

（3）趋同心理　趋同心理指应聘者一味迎合、顺从招聘者的倾向。具体表现为对招聘者言听计从，甚至举止都愿与招聘者保持一致。趋同心理的根源在于缺乏应有的个性品质，如缺乏自信、盲从模仿、无主见等。

（4）表现心理　表现心理指应聘者主动展示自我的倾向。表现心理强的应聘者可能主动与招聘者握手，回答问题时可能先抢答每件事、自我表白、言语过多等。应聘者的适度表现是正常的，但过分表现就可能给招聘者留下相反的印象。此类应聘者多属外向型性格。

（5）负重心理　负重心理指应聘者因对面试期望过高而产生的心理负担过重的倾向，具体表现为心理压力大，急躁、焦虑、思想不集中，甚至出现晕场现象。

（6）掩饰心理　掩饰心理指应聘者企图掩盖自身缺陷的倾向，表现在回答问题上，支吾搪塞、答非所问；表现在言行举止上，神色不安，抓耳挠腮，避开招聘者视线等。此类应聘者或者虚荣心较强,或者有明显的缺陷和弱点,还有戒备心理、怀疑心理、完善心理、恐惧自卑心理等心理因素。

一般说来,缺乏自信的人,多是性格内向、勤于反思而又敏感多疑的人,于是采取消极退避的方式以保护自尊。正是为了追求一种不使自尊心受到伤害的安全感,为了不在别人面前暴露自己的弱点,于是不敢坦率地介绍自己,不敢大胆地推销自己。他们唯恐别人瞧不起自己,实际上正是由于他们低估了自己,而别人对他们的轻视态度,常常是由于他们自己的自卑和退避所造成的。在面试过程中,有的应聘者也希望给对方留下好印象,可又总是怀疑自己的能力,不相信自己能够做到,仿佛自己的一举一动都是在公众面前演出,所以只要置身于陌生人面前,便会产生不知所措的惊慌。有的人会出现脸红、低头、干笑、出冷汗等笨拙的动作,有的人还会出现喉头颤抖、发音吐字不清,甚至嗓子突然失声、全身发软等现象。这些缺乏自信的表现,往往给对方缺乏生气、能力低下、适应性差的感觉,从而导致面试失败。

2. 注意面试中的"口技"禁忌

(1) 抢答　有的应聘者为了获取招聘者的好感,总喜欢抢着表现自己,比如在谈话上往往喜欢试图控制对方。这样一来,两人的表现变得像是在做一场虚假的交易,很可能一事无成。聪明的应聘者往往是顺其自然。应该说爱插话者的真正目的也许是出自好心,但人们往往非常讨厌这种现象。因而,在求职面试时,无论当时多么激动兴奋,无论见解多么独到和超群,无论别人的看法或观点多么不够成熟或近于荒谬,应聘者都必须竭力避免插嘴。只有这样,招聘者才不至于因为你的打岔"被冲"而感到心中不快。

(2) 唠叨　说起话来没完没了,喜欢唠叨,令人有些反感。再者,言多必失,往往会坏事。所以,说话也要有所节制。关键在于说话时要动脑筋,该长则长,该短则短。同时还要善解人意,注意观察对方的神态,对方不想再听的话,应及时止住,否则,会引起对方反感,最终导致对方漫不经心,左耳进、右耳出,使面试的效果大打折扣。

(3) 自诩　自诩是一种以自我为中心的不切合实际的言语辐射,它往往使交流对象感到失去了自己的交际价值。自诩有自我吹嘘和借夸两种表现形式。自我吹嘘者往往言过其实地突出自己的某些情节、某项成就、某种特长,这常常会让招聘者产生反感心理,对你的才能乃至人品产生怀疑,反倒破坏自己的形象。借夸则是故意搬出与自己相似或相近的某个人,把他的品行才干方面的一些与自己相关的杰出表现大肆渲染,作一番夸耀;或者大言不惭地吹嘘自己与某些名人、大人物的交往,借此抬高自己的身价。这也是一种变相的自夸,同样令人生厌。

(4) 逢人诉苦　有些人总是愁眉苦脸地逢人便诉苦。诉说自己的委屈和种种不幸。果真不幸,倒也能引起同情,若是将睚眦之怨,小不如意也当作不幸,面试时逢人诉苦,则会引起面试者的反感。这类人大都是心胸狭隘的人,斤斤计较,对恩怨得失,终日耿耿于怀,肯定不会讨人喜欢。

(5) 强词夺理　这种应聘者在面试中并不多见。不服输和爱慕虚荣的心理是这种现象产生的两种主要原因。一般情况下,在面试过程中,氛围比较好的时候,应聘者就会逐渐产生错觉,容易放松警惕,好像进入了"飘飘然"的境界,不太注意自己说话的逻辑性、严谨性和表达方式。这时受到虚荣心的驱使,即使由于招聘者设置的一点小小的言语障碍都可能导致强词夺理。强词夺理不仅会使应聘者失去言谈中的优势,还会把自己陷入无言以对的紧张状态之中。所以明智的做法是采取招聘者的意见。

(6)乱开玩笑、使用外语和方言　面试时能恰如其分地表现幽默感当然很好,如果不善于幽默或控制幽默,最好别去"冒险"。因为面试地点毕竟不是开玩笑的场所,弄不好会给别人留下轻浮的印象。外语和方言有时候能显现出讲话者的某种能力,有时候能体现出幽默,但是假如招聘者听不懂,那就最好别用,不然就会使招聘者感到是故意卖弄学问或有意不让他听懂。

(7)滥用流行语　应该用招聘者熟悉的语言与之谈话。在与招聘者交谈时,尽可能不用招聘者难以听懂的流行语,否则会让招聘者感觉你是在有意卖弄或故弄玄虚。说话时,应注意语调、语速和语言的美感。忌讳"你明白不明白"或"你懂不懂"之类的口头禅,更别滥用某些形容词如"简直是天方夜谭"等,也千万别陷入心理学上所谓的"喃喃自语"。有人认为说出那些很流行的网络语言,或者那种所谓的很另类的流行词语,便会缩小同他人的距离,他们把长得漂亮叫作"条挺""盘亮",觉得这样可以显示自己的与众不同,其实这样的讲话用在日常熟悉的朋友、同学之间的交谈是可以的,但是如果用在这样的面试场合,只会表现出应聘者格调不高,素质也不高,起到相反的作用。

【实训课堂】

一、请指出下面这封求职信存在的问题,并进行修改。

求职信

尊敬的公司负责人:

您好!

我叫王××,男,21岁,是××学院的毕业生。在我四处奔波好几个月找不到一份称心如意的工作时,忽然从《××晚报》上看到你公司的招聘广告,不禁欣喜万分,决定毛遂自荐,应聘你公司的技术部或公关部职位。

大学期间,我非常热爱自己的专业,学习十分刻苦,门门功课都很优秀。我还辅修了企业管理课程,在管理方面形成了一些不成熟的思路,希望能有一个实践机会,而你公司的招聘,正好能给我一个展示自我价值的天地。

同时,我参加了大量的社会实践,先后做过服务员、推销员、售货员、技术员、家教等工作,课余的时候,经常一天做两份兼职。长期的实践,锻炼了我全面和非凡的才能。

我应聘你公司,主要是想干一番事业,并不计较福利待遇和个人得失。我坚信你绝不会失望,请一定在×月×日前给予答复,否则会因错失我这样的人才而给公司造成损失。

此致,敬礼!

王××
2013 年 5 月 16 日

二、请利用各种渠道(网络、报纸、杂志、社交媒体等)获得一份与所学专业对口的招聘公告,并在了解招聘单位(公司、事业单位等)相关信息基础上,撰写一封求职信。

三、请指出以下简历存在的问题,并进行修改。

个人简历

姓名：王××
联系地址：长沙市××路××号
邮政编码：××××××
联系电话：135××××××××
求职意向：营销部、企划部、办公室、广告部
资格能力：2009年6月毕业于××学院传媒管理系，主修课程——市场营销学、消费者行为学、商情调查与市场预测。

四、请用自己的求职信制作"个人简历"等相关材料，并尝试到人才招聘会进行求职演说。

五、态势语言训练

（1）邀请同学上讲台站立，环视全班同学，由同学评论其眼神、表情、仪表、着装、体态等方面是否大方、得体。

（2）学生以小组为单位，分别登台亮相，并作一分钟演讲，自由发挥，由同学评论其身姿是否大方、得体。

（3）请一组同学参加游戏，所有人背朝组织者站成一排。组织者先让第一个同学转过来，给他一个词或句子，再由他表演给下一个同学，以此类推，看看最后一位同学猜出的词或句子与第一位同学的表演有多少差别。

（4）参与游戏的同学2人一组，分别用2分钟向搭档介绍自己，注意全程不能借助语言和文字，全部用肢体语言来完成，如通过自己身上的某些特征、标志、手势和表情等。活动结束后，用语言确认自己获得的信息是否准确。

六、请将下列问题分为封闭式和开放式两类，然后进行回答练习

（1）你喜欢学生生活吗？

（2）你最喜欢学生生活的哪些方面？为什么？

（3）你能遵守纪律吗？

（4）在危急关头你能保持冷静吗？

（5）你曾经历的最大失败是什么？你是怎么对待这次失败的？

（6）你曾作出的最艰难的决定是什么？为什么？

七、分析下列面试成功/失败的原因

（1）小丽毕业于一所职业院校，应聘一家电子企业的文员职位。她在做自我介绍时这样说："我从××职业技术学院毕业，有两年的工作经历，能熟练运用英语，擅长口译，做过半年兼职翻译，受到外商的一致称赞。去年，参加了为期两个月的秘书培训班，并获得了多项结业证书……"事后，小丽告诉她朋友："当时还有很多话要说，但看到对面墙上的挂钟马上就到11:30，立即意识到不能多说了。"后来，这家企业录用了小丽。

（2）在一次招聘会上，一位从某职业院校毕业的女生，面试过程中向面试官诉苦："我的父母下岗了，家里很困难，这些年……"说到这里，该女生声音哽咽，落下泪来，"如果这次面试成功，我们全家都会对您感激不尽。"面试官面色凝重，纷纷安慰该女生。后来，该女生没有收到该企业的入职通知。

项目二　初入职场

任务一　有效运用介绍的口才艺术

情境导入

在训练营组织的一次情境模拟中，张梅老师让各个团队的学员一一登台做自我介绍，互相认识一下。以下是一个叫郝芸的女孩做的自我介绍："我叫郝芸，芸是芸芸众生的芸。我告诉大家一个秘密，你们要经常喊我的名字，你们就会得到好运。因为我的名字的谐音就是好运！请大家记住我，我会带给你们好运的！"

听完之后，坐在场下的刘香眼前一亮，产生了想跟这位学员交往的念头。如果是你，你会很快记住郝芸并愿意和她交往吗？

知识加油站

一、介绍的概念

介绍，是社交中人们互相认识、建立联系的必不可少的手段。介绍，可以分为自我介绍和居中介绍。自我介绍是在没有中间人的情况下自己介绍自己，实际上是一种自我推销，给别人留下第一印象。居中介绍，是指介绍者以第三者（中间人）的身份向被介绍的双方说明各自的基本情况，使被介绍双方快速相互认识。

二、自我介绍的具体形式

1. 应酬式

应酬式自我介绍，适用于某些公共场合和一般性的社交场合，如旅行途中、宴会厅里、打电话时。它的对象，主要是进行一般接触的交往对象。应酬式的自我介绍，内容最为简洁，往往只包括姓名一项即可。例如，"您好！我是李子敏。""我叫王发成。"

2. 工作式

工作式自我介绍主要适用于工作之中，是以工作为中心的自我介绍，有时也称公务式自我介绍。工作式自我介绍主要介绍本人姓名、供职单位及部门、担任的职务及从事的具体工作等三项内容，通常缺一不可。例如，"你好！我叫××，是××市教育局职教处的科员。""我是×××，在××大学××书院教书。"

3. 礼仪式

礼仪式自我介绍适用于庆典、仪式、演出等一些正规而隆重的场合，这些场合一般要对交往对象表示友好、尊敬。介绍内容也包含姓名、单位、职务等，此外还应加一些谦辞、敬语，以礼相待交往对象。例如，"各位来宾，大家好！我叫×××，是××集团市场部总监，我谨代表公司对大家莅临本次新品发布会表示热烈的欢迎和诚挚的感谢！"

4. 交流式

交流式自我介绍主要适用于社交活动中，它是一种主动寻求与交往对象进一步交流沟通的介绍形式，希望对方进一步认识了解自己，也称社交式自我介绍或沟通式自我介绍。交流式自我介绍，除了介绍姓名、工作外，一般还介绍自己的籍贯、兴趣及与交往对象某些熟人的关系等。例如，"我叫×××，在×××××汽车公司上班，我和您大学室友是一个部门的同事。""你好，我是××大学外国语学院××系××××级×班的××，咱们俩是校友。""我在×××××一家公司工作，老家是××××的，听说您也是××人，咱们是老乡了。"

三、自我介绍的技巧

1. 把握时机

要在适当的场合、适当的时间内做自我介绍，最好在对方有空闲又有兴趣时。自我介绍要简洁，以半分钟左右为宜，有特殊情况时最长也不宜超过1分钟。有名片、介绍信的，建议在做自我介绍的同时递给对方，以节省时间。

2. 创新表达

自我介绍的目的是让对方认识并记住自己，因此不妨打破常规，可以采用新颖角度、幽默语言，从而加深留给交往对象的印象。例如，如果想让对方迅速记住自己的名字，可以用谐音、关联等方式来解释姓名，解释得越巧妙，留给别人的印象就越深刻。如开篇郝芸的介绍就是如此。

3. 注意态度

某种程度上，态度决定一切。因此，进行自我介绍时要实事求是，真实诚恳，不可王婆卖瓜，自吹自擂。还应落落大方，彬彬有礼。语气要自然，语速要正常，语音要清晰。

四、居中介绍的基本要求

1. 顺序正确

社交中有很多约定俗成的礼节，长幼尊卑是其中之一。按照"尊者优先了解对方""女士优先"等礼节，居中介绍时应该先把后辈介绍给长辈；把职务低者介绍给职务高者；如果双方年龄、职务相当，则先把男士介绍给女士；把未婚者先介绍给已婚者；把后来者先介绍给先到者；把家人先介绍给同事、朋友；等等。如果有领导与贵宾被邀请参加重要会议，支持人应先介绍来宾，再按领导职位高低依次介绍。如果在座谈会或正式宴会上，主持人可以按照座位顺序依次介绍。

另外，来宾中的已婚夫妇要分别介绍。如丈夫将妻子介绍给男性朋友，按照"女士优先"礼节，应先将男性朋友介绍给妻子；当妻子介绍丈夫给女性朋友时，也是遵照"女士优先"礼节。

2. 称谓恰当

称谓代表着一个人的身份、地位和风俗习惯，称谓恰当，会使人产生愉悦的心理感受，从而拉近沟通双方的距离。一般来说，公务员、企业家在乎头衔，学者、艺术家重视名誉，老百姓看重辈分。就拿简单的姓名来说，不同国家、地区、民族的人名组合，姓与名的排列顺序不尽相同，在称呼时也应注意。

3. 用语礼貌

为表示对他人的礼貌和尊重，介绍时通常应用敬语或祈使句。例如，"很荣幸介绍各位认识，这位是……这位是……""陈×，我可以把你介绍给蒋××吗？""请允许我来介绍，这位是……"

4. 态势得体

态势也是一门沟通语言，得体的态势在交往中发挥着重要作用。居中介绍时，介绍人应站在双方中间，伸出被介绍者一侧的手臂，两眼平视被介绍者，面带微笑，然后眼光转向另一方。

一、自我介绍应注意的事项

1. 注意时间

自我介绍要简洁、言简意赅，尽量节省时间，以半分钟为佳，不宜超过一分钟，且越短越好。话说得多了，不但显得啰嗦，而且交往对象不一定记得住，也未必感兴趣。

2. 注意内容

自我介绍的内容包含三项基本要素：本人的姓名、现供职单位及部门、担任的职务和从事的具体工作。在自我介绍时，这三项基本要素应一鼓作气连续报出，这样既有助于给人完整的印象，又可以节省时间。要真实诚恳、实事求是，不可自吹自擂、夸大其词。

二、居中介绍应注意的事项

① 介绍人与被介绍人都应起立,以表示对对方的尊重和礼貌。

② 在会议、宴会、谈判桌上,介绍人和被介绍人可以不需要起立,被介绍双方点头微笑致意即可;如果被介绍双方相隔较远,可举手表示致意。

③ 待介绍人介绍完毕后,被介绍双方应微笑点头示意或握手为礼,并说:"您好""很高兴认识您""久仰大名""幸会,幸会"等,必要时还可以进一步做自我介绍。

④ 在社交场合为他人做介绍时,除了介绍双方的姓名、工作单位外,还可以为双方找一些共同话题。比如双方相似的经历、共同的爱好兴趣及各自的特长等,拉近双方的距离,为双方进一步交往打基础,例如,"林哥,这位是童先生,他以前也在×××工作过""亲爱的,这位是我大学室友×××,她也喜欢画画"等等。

任务二　写作计划

情境导入

分镜头一

对每一位大学生而言,要想不断进步,有所成就,养成及时总结、制订计划的习惯十分重要。在一次阶段性训练结束后,张梅老师向学员们提出了一个希望,那就是希望学员们基于这段职场模拟生活的体验与思考,结合个人实际,厘清思路,拟订一份自己的职业发展规划,并在此基础上,制订一份目标恰当、切实可行的个人短期计划。

分镜头二

自古言:"凡事预则立,不预则废。"刘香在一次模拟公司中层干部会议上就公司接下来的目标和工作重点进行了部署和安排,并要求各部门围绕公司发展目标和工作重点制订年度工作计划。一分耕耘、一分收获,刘香和她的队友们相信:他们一直以来的勤奋与付出一定会为他们公司未来的发展打下坚实的基础,他们也同样期待未来会有更多的与他们同样怀揣创业梦想和激情的大学生,在学校、社会的关注和支持下走向创业之路……

知识加油站

一、计划的概念

计划是单位或个人对未来一定时间内要做的工作、学习、活动从目标、任务、要求到措施预先作出预想和安排的事务性文书。通常说的设想、规划、安排、方案、打算等，也属于计划。

二、计划的特点

1. 预见性

制订计划是对未来作出科学的预见，这就要求制订者在行文前，必须对各种可能出现的情况有清醒的认识，对工作的目的、措施、办法有一个正确的设想。因此，没有预见性也就没有计划，预见性是计划的主要特点。

2. 程序性

在制订计划时，对先干什么、后干什么，要有周密的时间安排与要求。执行计划时又有阶段性和轻重缓急。因此，制订计划必须有每个阶段的时间要求及相应的安排，要体现计划的周密和程序性。

三、计划的种类

（1）按内容分　有工作计划、学习计划、教学计划、生产计划等。
（2）按时间分　有年度计划、学期计划、季度计划、月份计划、周计划等。
（3）按范围分　有国家计划、单位计划、部门计划、个人计划等。
（4）按性质分　有综合性计划、专题性计划等。

四、计划制订和实施过程

评价计划制订质量的重要标准是计划的可执行性，可是，要想写出一个执行性强的计划，仅仅掌握计划的格式是远远不够的，计划的制订和实施是一个完整的过程，撰写只是其中的一个环节。

完整的计划制订和实施过程包括激发、调查、决定、组织、实施、成就六个步骤。

五、计划的撰写格式

计划通常由标题、正文和落款三部分组成。

1. 标题

计划的标题有以下几种形式：

（1）四要素标题　由"计划制订单位+适用时限+计划性质+文种"构成，如"××建筑工程安装公司 2000 年房地产项目开发计划""××大学××学院 2015—2016 年第一学期教学工作计划"。

（2）三要素标题　由"适用时限+计划性质+文种"构成，如"2015—2016年第一学期教学工作计划""第三季度房地产营销工作计划"。

（3）两要素标题　由"计划性质+文种"构成，如"教学工作计划""营销工作计划"等。

2．正文

计划的正文由开头、主体、结尾三部分组成。其中，结尾部分可省略。

（1）开头　开头相当于序言或导语。前言通常采用两种写法：

① 依据式开头，即用简明扼要的文字说明制订计划的依据、目的、缘由等。

② 概述式开头，即简要概述前一段工作的情况，叙述制订本期工作计划的指导思想、缘由、依据和目的。

（2）主体　主体应该具备目标、措施、步骤三要素。正文多采用分条列项的结构方式，应尽可能具体，具有操作性。

① 目标。计划的目标应具体明确，即写明"做什么"（将要完成什么任务或要达到什么目标）、"做多少"（完成多少指标）、"何时做"（要求在多长时间内完成）三个方面，包括要完成的具体工作在数量、质量和时间上的要求。如"至2016年10月25日独立完成高数第三册全部课后习题，正确率达90%"等。

② 措施。要写明为了保证任务的完成和目标的实现，必须采取的主要措施和主要方法以及将提供的必要条件等，即要明确"怎么做"（采取什么方法、什么措施来完成任务，由谁来做等）。

③ 步骤。在明确目标和措施的基础上要进一步安排具体步骤，写明实现计划的程序和安排，特别是对重要阶段、重要节点的安排。一般来说，这个环节要写清楚如下要点："分派什么人"，"什么时间，多长时间"，在"什么地点、场合"，"采用什么方式"，"利用什么资源"完成"什么任务"。

（3）结尾　结尾可以用来提出希望、发出号召、展望前景、明确执行要求等，也可以在条款之后就结束全文，不写专门的结尾部分。

3．落款

计划最后还要署明单位名称或个人姓名及制订计划的具体时间，如果以文件的形式下发，还要加盖公章。

写作避雷针

撰写计划时要注意以下事项：

（1）目标必须明确　确定的任务目标在数量、质量上要明确，并突出重点，分清主次先后。

（2）方法、措施以及步骤必须具体可行　采取的方法、措施及步骤在时间、人力、物力、财力安排上要具体可行，并且做到有实施、有检查。

（3）结构形式应合理　拟写时应根据内容的需要，采用适当的结构形式，灵活使用表格式结构，尽量量化，做到条理清晰、一目了然。

计划例文

××童装店×年"六一"儿童节工作计划

为紧扣"六一"儿童节商机，推广品牌，促进销售。现根据我商店的实际情况，确定×年"六一"儿童节工作计划如下：

一、目标

序号	类别	指标	同比
1	销售计划	160万元	比去年的120万元增长33.3%
2	活动天数	6天	比去年的4天增加2天
3	平均流动资金	65万元	比去年的80万元下降18.8%
4	毛利率	40.79%	比去年的38.79%上升2%
5	利润	97万元	比去年的75万元增长29.3%

二、措施和做法

1. 抓好产品质量，扩大市场占有率。对产品定期抽样检查，力争正品率达到99%，其中90%的产品质量符合市优和部颁标准。

2. 全面分析和预测市场上各种类型童装的生命周期，合理选择进货渠道，采购适销对路的原料，增加花色品种，妥善安排工作，做到款式新颖、面料舒适，并做好必要的储备，以满足市场需求。

3. 开拓新产品，设计新品种，对库存商品不断更新换代，使产、销、调、存形成良好的运行状态。

4. 采取门市销售、预约销售和集会展销等形式，扩大销量。

5. 提高服务质量，引发消费者的购买兴趣，唤起消费者的潜在需求。

尽管×年的任务是艰巨的，但我们有一支热爱商店的职工队伍，我们有信心完成我们的奋斗目标。

××童装商店经理办公室
×年×月×日

[简析] 本工作计划的一大特色是表格与条文能很好地结合。计划正文的前言部分概述了制订计划的依据和工作思路；主体部分则先用一张表格，明确、具体、简洁地将计划的目标呈现出来，然后用条文式的方式写明实现目标的五项措施和具体做法，可操作性强；结尾部分表明了实施计划的信心。本计划的不足之处有两个：一是计划中没有写明落实措施和做法的具体步骤，二是各项任务没有具体落实到由什么人做。

任务三　有效运用交谈的口才艺术

情境导入

法国古董商皮埃尔被朋友们称为"社交润滑剂",他一张口就能够调动别人的愉悦情绪。然而,皮埃尔并不是口若悬河、无的放矢的滑稽大王,他有自己的一套"润滑原则":"不在任何场合讲任何人的坏话,不传播任何坏消息,即使是纽约世贸大厦被飞机撞毁的消息,也由新闻记者去传播吧,我只谈那些能带给人们欢乐和他们感兴趣的话题。没有比谈论别人的缺点更破坏自己形象的事情了!我在谈话中努力寻找对方感兴趣的话题,我先询问别人的兴趣,如果恰好我也对他的兴趣在行,我们就能很快进入状态。由于对歌剧、品酒、油画和古董知识的了解,我结识了不少潜在客户,开拓了新的商业机会。"皮埃尔认为,闲谈是建立个人良好形象的最好方式,因为它能让人轻松、愉快,以最快、最简洁的方式消除人与人之间的距离。

知识加油站

一、交谈的概念

交谈是人与人之间交往中最基本的口语表达形式,是两人或两人以上,为交流思想、沟通感情、互通信息、商议解决问题等而进行的双向交流谈话形式。古人云:"一言之辩,重于九鼎之宝;三寸之舌,强于百万之师。"高超的语言艺术在人际交往中具有不可低估的威力。成功的交往活动通常离不开成功的交谈。要提高交谈的质量,首先从交谈的礼仪入手。

二、交谈的基本礼仪

1. 态度诚恳

交谈首先要有一个正确的谈话态度,即诚恳、坦率、真诚,这样才能唤起双方彼此之间的信任感和亲切感,加深对方对自己的好感,从而增进了解,为增进友谊奠定基础。如果交谈时心不在焉、糊弄应付,就会话不投机半句多,影响谈话效果。

2. 表情自然

表情是态势语言里最丰富的部分,喜怒哀乐都可以通过表情来反映。交谈时,表情要自然,不要刻意表现出某种特定的表情,从而给人留下不真诚的印象。表情应该是内心情感的自然流露,交谈时态度诚恳、坦率、真诚的人,表情也会是自然、真诚的。

3. 语调适当

语调语气也是说话者真情实感的自然流露，恰当地运用语调语气，能增强语言魅力，增加话语的感情色彩和表达效果，给交谈营造一个多姿多彩的氛围。面对不同的交谈对象，要适当选用相应的语调语气。和夫妻、家属等亲密者交谈，应选择"气徐声柔"的语调语气，增强温馨感；与领导、长辈、师者交谈，应选择"气平声谦"的语调语气，表达敬爱之情；和下级、晚辈或年幼者交谈，应选择"气舒声长"的语调语气，让人感到亲切；和朋友、同事交谈，应该"气平声沉"，增强谈话间的诚挚、信任；如果谈话对象是陌生人，语调语气应该"气缓声轻"，给人以礼貌感。

4. 举止得体

作为话语的辅助性态势语言，举止在交谈中也发挥着重要作用。所谓举止得体，包含站姿、坐姿、手势等要与谈话时的语言、氛围配合得当。严肃、正式的谈话场合，坐姿要端正，不能弯腰驼背，不能懒散地靠在椅背或沙发上，更不能双腿开叉、高跷二郎腿；手上不要有过多的小动作，如用笔敲桌子、玩弄小物件等，更不能用手指人。

5. 话题贴切

交谈要有话题，不着边际的交谈往往持续不了很久。话题应该得当贴切，选择得当，交谈就成功了一半，选择不当，交谈就容易中断、错位，并很快走进死胡同。可以对方感兴趣或擅长的事情为话题。只有双方都对某一话题感兴趣，才能你一言我一语地交谈下去。作为新入职场的人，身边基本上都是刚认识的同事，交谈时宜从平淡处开口，不宜冒昧提出太深入或太特别的话题。最简单的是谈天气，或从所处的环境中寻找话题。比如，"最近天气变化好快啊""你今天这身衣服真漂亮，好有气质，请问在哪儿买的"等等。

三、交谈的技巧

1. 赞美的技巧

在社交场合与职场沟通中，赞美是不可缺少的部分。几句适度的赞美，可使对方内心愉悦，长处得到别人的肯定，就会感到自我价值得到认可，从而为交谈和进一步的沟通创造条件。

（1）赞美要恰到好处　交谈中赞美交谈对象时要注意控制好火候，分寸要拿捏得当，要张弛有度、收放自如。赞美就像一道美食，适量地品尝会让人回味无穷，吃多了就有可能取得相反的效果。根据一个人的个性，因人而异、适度地进行赞美，会收到非常好的效果。

（2）赞美要发自内心　良好真诚的关系会让人产生亲切之感，只有有了亲切之感，人与人之间的相互吸引就大。真诚对待职场中的每一个人，不论他的职位高低，以真诚对待他人，同样会收获对方的真诚。

（3）"雪中送炭"胜过"锦上添花"　赞美的力量无穷大。最需要赞美的不是那些功成名就的人，而是有自卑感或身处逆境的人。他们一旦被人当众真诚地赞美，便有可能振作精神，大展宏图。因此，最有实效的赞美不是"锦上添花"，而是"雪中送炭"。

2. 批评的技巧

（1）请教式批评　有人在一处禁捕的水库网鱼时，远处走来一位巡逻员。捕鱼者等着挨批，但没想到巡逻员不仅没有大声呵斥，反而和气地说："先生，你在这里洗网，下游河水会怎么样呢？"捕鱼者听后连忙道歉。

（2）委婉式批评　委婉式批评又称间接式批评，其特点是含蓄蕴藉，不伤被批评者的自尊心。一位顾客在一家高档餐馆就餐时，把餐巾系在脖子上。这种不文雅的举动让其他顾客很反感。怎么办呢？既要不得罪顾客，又要提醒他。侍者想了想走过去跟顾客说了一句话："先生，您是刮胡子呢，还是理发？"话音刚落，顾客立即意识到自己的失礼，赶紧取下了餐巾。

（3）三明治式批评　这是一种形象的比喻，即厚厚的两层"表扬"，中间夹着一层薄薄的"批评"。即表扬—批评—再表扬。这种批评方式效果较好，被批评者容易接受。这种方法如熟练运用，就能做到批评人而不得罪人，有助于提高情商，改进人际关系。

交谈时应注意以下禁忌：

（1）忌居高临下　不管身份多高、资历多深、学识多广，都不应该"高高在上"，而应该放下架子、放低身段，与他人平等交谈。

（2）忌自我炫耀　交谈中不要炫耀自己的财富、背景和成就等，更不要拐弯抹角地吹嘘自己，以免使人反感。

（3）忌口若悬河　口若悬河的潜台词是目中无人，不尊重交谈对象。如果对方对你所说的话题、内容不懂或不感兴趣，切记仍然滔滔不绝地说个没完没了。

（4）忌心不在焉　交谈中要善于倾听，目光要集中到交谈对象身上，思想要集中到对方所说的话上，而不是心不在焉、左顾右盼、神情木然、眼神空洞，从而让对方产生"你没在听""你不在乎"的感受。

（5）忌随意打断　随意打断交谈对象说话，是一种没有教养的行为。没有人愿意自己正在说话时被人插嘴、打断。

（6）忌节外生枝　节外生枝也就是通常所说的"跑偏了"。交谈应该紧紧围绕双方或多方约定的话题来进行，而不是东拉西扯、不着边际，容易让谈话无疾而终。

（7）忌挖苦嘲弄　谈话中可以适当地加入幽默、玩笑的元素，但要把握好度，玩笑过分容易变成挖苦嘲弄。特别是在人多的场合尤其不可如此，否则会伤害对方的自尊心。

（8）忌故弄玄虚　刻意地神秘就是故弄玄虚。习以为常的事，切莫"加工"得神乎其神；自己掌握的信息、了解的事情，也不应卖关子、玩深沉，让人捉摸不透。故弄玄虚，很容易遭人反感。

（9）忌短话长说　现代社会节奏快，每个人的时间都很宝贵。因此，谈话中切记不要短话长说，要适可而止，说完就走，提高谈话的效率。

任务四　写作总结

情境导入

不知不觉中,"模拟公司"实训中心举办的第一期培训即将结束,张梅老师组织学员们根据培训期间团队及个人的表现,评选出了最佳团队、最佳队长、最佳学员、最具潜力学员。张梅老师还决定在培训结束前举办一次"培训班学习总结暨表彰大会"。本次大会除要求教师助理、团队队长对个人任职表现进行述职,各团队优秀学员上台发言外,还邀请了实训中心领导为本期培训班的获奖者颁发获奖证书和奖品。回顾、总结,并撰写个人年度述职报告。

一、总结的概念

总结是单位或个人对过去一个时期内的实践活动作出系统的回顾归纳、分析评价,从中得出规律性认识用以指导今后工作的事务性文书。

二、总结的特点

1. 回顾性

总结是在做了一个阶段工作或完成了一项任务之后,进行回顾、检查和研究,结合实际,参照理论,看到成绩,总结经验,找出不足与教训,并把它条理化、系统化,引出规律性的认识,用以指导今后工作的事务性文书。总结是在事后进行的,那些正在构想中,尚未做或未完成的事情,不能作为总结的内容。

2. 自身性

总结回顾的都是本人或本单位的实践活动。它以本人或本单位为总结对象和总结范围,写的都是本人或本单位经历过的事情,不能写别人的事,更不能把别人做的事变为本人或本单位做的事,也不能把别人的经验变为自己的经验。总结一般用第一人称写作。

3. 客观性

总结是对过去确实发生过的事情进行回顾、分析,因此,它必须以客观事实为依据,真实地、客观地分析情况,总结经验,不应言过其实、沽名钓誉,也不必文过饰非、隐瞒不足。只有客观而真实地进行总结,才能达到总结的真正目的,体现总结应有的价值。

三、总结的种类

（1）按内容分　可以分为工作总结、生产总结、学习总结、教学总结、会议总结等。
（2）按时间分　可以分为月度总结、季度总结、学期总结、年度总结、阶段总结等。
（3）按范围分　可以分为全国性总结、地区性总结、部门性总结、本单位总结、班组总结等。
（4）按性质分　可以分为综合总结和专题总结两类。

四、总结的撰写

总结的撰写格式一般由标题、正文和落款三个部分组成。

1. 标题

总结的标题大体有以下几种写法：

（1）公文式标题　由"单位名称+时间+内容+文种"组成，如"××公司 2016 年度工作总结"。
（2）文章式标题　即概括总结核心内容的标题，如"科技兴厂人才兴业"。
（3）双标题　即同时使用公文式标题和文章式标题，如"搞好审计调查为宏观决策服务——××市审计局 2016 年度工作总结"。

2. 正文

总结的正文通常包括开头、主体和结尾三部分，即要从"做了什么—做得怎么样（好，好在哪里；不好，不好在哪里）—今后怎么办"这几方面进行总结。

（1）开头　一般概述基本情况，即简要交代在什么情况下，做了什么工作，取得了哪些成效等，给人一个总体形象。即要说明"做了什么"。

（2）主体　这是总结的核心部分，占据的篇幅较多。主要包括以下两方面内容：

1）成绩和经验：这部分应写明取得了哪些成绩，是经过怎样的努力取得的，采取了哪些有效的办法与措施。这是总结的重点和中心，也是总结的目的所在。写总结不能简单地就事论事，而要结合对主要做法的叙述，对工作作综合分析，提炼出带理论色彩的鲜明观点，找出工作中带有规律性的东西，即要说明"好，好在哪里"，这部分应详写。

2）存在问题：总结工作，应持"一分为二"的观点，既要肯定成绩、经验，又要找出问题和教训。这部分内容应说明工作中还存在哪些应解决的问题而暂时没有解决，应做的工作没有做好或没有做扎实，即要说明"不好，不好在哪里"，这部分一般略写。

（3）结尾　总结的结尾部分通常写对未来的展望，主要是今后努力的方向。它是根据已经取得的经验，针对存在的问题，提出切实可行的改进措施和工作打算，指出今后的努力方向，起到明确方向、表达决心和展望前景的作用，即要回答"今后怎么办"的问题。

3. 落款

落款即撰写总结的单位名称和日期。如果标题中已出现单位名称，在落款时可不再写单位名称。

撰写总结的注意事项有以下几点：

1. 注意积累，占有材料

总结是较长时间内工作的回顾，在整个工作过程中，应时时处处当有心人，为写总结积累材料。

2. 详略得当，重点突出

总结选材不能求全贪多、主次不分，要根据实际情况和总结的目的，把那些既能显示本单位、本部门特点，又有一定普遍性的材料作为重点选用，写得详细、具体，而一般性的材料则略写或舍弃。能否总结出带有规律性的认识，是衡量一篇总结质量高低的重要标准。

3. 突出特点，抓好重点

总结要有独到的发现、独到的体会、新鲜的角度、新颖的材料，切忌千篇一律，缺乏个性。

4. 实事求是，一分为二

写总结必须从客观实际出发，实事求是地反映本单位的情况，恰如其分地评价工作。对成绩要充分肯定，对问题要客观分析，不浮夸、不虚构、不隐瞒、不缩小，这样才能发扬成绩，纠正错误，更好地改进工作。

 总结例文

会计金融学院学生会卫生部 2021 年下学期工作总结

不知不觉中，本学期的工作即将结束，回顾本学期卫生部的工作，既有值得我们高兴的成绩和成功的经验，也有许多不足之处。下面就我部本学期的工作情况总结如下：

一、成绩

在本学期卫生部的工作中，我们主要做了以下几件事：

1. 完善了卫生部的制度建设（略）

2. 抓好了卫生监督工作（略）

3. 开展了卫生普查工作（略）
4. 举行了"我爱我家"宿舍风采大赛活动（略）
5. 进行了卫生干部自身素质建设（略）

二、体会

通过一学期的真抓实干，我们有如下工作体会：

作为学生干部，必须增强自我服务意识，学生会活动只有做到"一切以同学们的根本利益为出发点"，才能够获得同学们的信任。（略）

作为学生干部，必须提高自身的工作能力和素质。（略）

三、存在的问题

在取得成绩的同时，我们的工作中也存在不足。如对毕业班的卫生情况抓得不是很严，检查结果不理想……这有待于我们进一步改进工作方法。

四、今后的建议

（略）

会计金融学院学生会卫生部
2022年1月12日

［简析］本文是一篇极为典型的年度工作总结，全文叙议结合，叙述条理性强，分析总结较深入。

【实训课堂】

一、结合自己的实际情况，写一份下学期课外阅读计划。

（1）要求　有明确的目的，充分认识课外阅读多方面读物的作用；有可行性，措施要具体，时间上要予以保证；结构完整，语言简练，符合格式要求。

（2）建议　可结合专业课程的学习，选择多方面读物进行阅读；注意阅读方法，并能做阅读笔记，提高课外阅读的效率。

二、通过对自己在本学期学习或工作情况的总结，拟订一份下学期的个人学习或工作计划，要求目标明确，切实可行，采用条文式，语言简洁准确。

三、请为自己的姓名设计一个巧妙的解释方式，让别人很快记住并且不易忘记。

四、案例分析

这一单没谈成

江苏××良集团下属的××国际大酒店需要添置一系列的客房家具，其价值约数百万元。酒店的总经理准备向××公司购买这批设备，双方协商好见面详谈购买事宜。这一天，××公司的销售负责人打来电话，说将于上午九点钟来拜访酒店经理。谁知上午八点半刚上班他们就来了，双方一见面，××公司的销售人员就很自来熟地对酒店总经理说："×总，给我一张你的名片吧，否则我都不好联系你啊。"×总很有礼貌地将名片给了他，但是随即见他连看都没有看就将自己的名片塞进了后屁股口袋里。×总微微皱了一下眉，结果可想而知，这一单没谈成。

（1）这一单业务，××公司的销售人员为何没有谈成？
（2）本案例对你有什么启示？

项目三 职场新手

任务一 与同事和睦沟通

情境导入

在模拟公司实训课堂上,张梅老师给学员们讲解了一些职场相处之道。她举了这样两个案例:

【案例1】

沟通不畅,同事反目成仇

A是公司销售部的一名销售员,人比较随和,与同事的关系都不错。但是,最近一段时间,不知道为什么,同一部门的销售员B忽然处处和A过不去,两人合作的工作任务也故意拖着让A多承担,有时候还在办公室在同事面前指桑骂槐,甚至还抢了A的好几个老客户。

起初,A觉得都是同事不好意思计较,忍一忍就算了,但是,发现B越来越嚣张,于是,A也不肯忍了,一赌气告到了经理那儿。经理把B批评了一通,但结果是,B和A从此成了冤家对头。

【案例2】

企业总经理助理林女士的沟通感悟

林女士说,有些总经理助理觉得自己是领导身边的红人,不把周围的同事放在眼里,动辄颐指气使,把自己当成所谓的领导,这样往往导致自己人缘极差。不尊重别人,自然也就得不到别人的尊重。我们是大型国企,我给公司总经理做助理近6年了,无论是资历,还是人际关系,自以为很有心得。我觉得与同事和睦相处要做到谦和、真诚、友善、宽厚。

总经理助理整天围着领导转,难免会给其他同事造成一些压力和误解。当与同事沟通时,同事往往会把总经理助理看成是"领导的人",对他有畏惧感,不向他说实情,导致有些实际情况无法了解,也就不可能如实地反映给领导了。这个时候,总经理助理要把握好自己的身份和说话的方式,让同事感觉到他是在平等友善地跟同事沟通交流,而不是替领导发号施令。有时候,还要站在对方的立场考虑问题,因为沟通的目的是解决问题。比如,有些事情的确存在着客观困难,一时半会儿不好解决,而领导又要求尽快解决,怎么办?换位思考,理解同事的难处,然后通过沟通一起找到解决的办法。这样不但能赢得好人缘,还能得到同事的尊重和感激。

分享完这两个案例后，张梅老师引导学员们讨论：
（1）案例1：导致A和B成为冤家对头的主要原因是什么？
（2）案例2：林助理为什么如此重视与同事和睦相处？如何理解林助理与同事和睦相处之道？这对我们有何启示？

一、要与同事和睦沟通

职场新人每天见面最多的人，是自己的同事。与同事和睦沟通，建立良好的工作关系，有利于给自己营造良好的工作环境，提高适应职场的速度和工作效率。如果不能与同事和睦沟通，会给同事留下不好的印象，从而不能顺利完成职场角色的转变，也不利于整个团队形成凝聚力。因此，与同事和睦沟通十分重要。

案例1中销售员A所遇到的麻烦，在工作中常常会出现，关键在于如何妥善解决。在一段时间里，同事B对他的态度大有改变，A理应有所警觉，应该考虑是不是哪里出了问题，是不是B对自己产生了误会。此时，正确的做法应该是主动及时地与B进行一次坦诚的沟通，问问B，是不是自己什么地方做得不对。若能及时沟通，他们之间的误会和矛盾可能就会烟消云散。但是，A只是一味忍让，忍不下去就去找经理告状。而经理的一番批评反而加剧了两人之间的矛盾。同事之间成为冤家对头，对个人身心健康、对工作、对公司都会造成不良影响。

二、与同事和睦沟通的方法和技巧

1. 保持真诚

真诚的微笑是一种令人身心愉悦的面部表情，反映自己心底坦荡，善良友好，而非虚情假意。在与同事沟通中保持微笑，能让同事自然放松，无形中就缩短了双方的心理距离，有利于深入沟通和交往。

2. 保持谦虚

谦虚是一种美德，在职场中，适当的谦虚可以增强同事对你的好感。如果喜欢自吹自擂，容易让同事产生反感，时间长了，同事会对你敬而远之。

3. 懂得尊重

"若要人敬己，先要己敬人"。尊重是一种修养，一种对他人人格和价值的充分肯定。在职场交往中，尊重同事、他人，意味着站在对方的角度想问题、做沟通。只有尊重同事，才能赢得同事的尊重，沟通才能变得愉悦和睦。

4. 学会欣赏

每个人都希望得到来自别人的肯定性评价，这是人性中最深刻的心理。尤其是对一些有自卑心理、自我怀疑的人，一句肯定性评价也许可以改变他的一生。对职场新手来说，学会欣赏和赞美同事，可以让和睦沟通事半功倍。不过赞美别人时要把握分寸，不宜言过其实，给以不真诚之感。

5. 善于倾听

倾听的背后是尊重和关心对方。尊重对方在沟通交往中的平等地位，关心那些工作、生活、家庭中出现烦心事的同事，倾听对方的话语和倾诉，并把自己的情感融入其中，这样会加深同事之间的信任和情感。

6. 宽容他人

职场中几乎每天与同事交往，难免产生误会、受委屈、发生不愉快。对此，最明智的选择就是学会理解宽容他人。换位思考，就可以把一些负面情绪消解，从而避免双方关系因误解而变糟。需要注意的是，宽容是有限度的，宽容过头就变成了纵容。

7. 少争多让

职场也是名利场，争权夺利、明争暗斗充斥其间。对职场新人来说，切不可沾染这些不良的职场习气，要用积极的心态去对待同事的升迁、嘉奖，在保持一颗平常心的同时，应更多地关注自身的努力。工作面前多争一争，利益面前多让一让，不仅能增添人格魅力，还能增进与同事之间的情感。

8. 勿议是非

自古以来，喜欢搬弄是非的人都被正人君子嗤之以鼻。职场也是如此，背后说人长短、议论是非，即便所议论的人确实存在问题，也不是一种堂堂之举。何况一些不负责任的言论，说者无意，听者有心，传到被议论的同事耳朵里，会破坏同事间的和睦关系。长此以往，在同事心中的形象也就可想而知了。

三、与不同性格同事的沟通

1. 沉默寡言型

与不善交际的同事沟通，要寻找对方感兴趣的问题和比较关心的事进行交流，一旦谈到对方擅长或感兴趣的事，不善言辞的同事也会滔滔不绝起来。

2. 争强好胜型

职场上这种同事很常见，无论大事小事都要争个高低，跟同事共事聊天总想压别人一头。对于这种同事，可以保持适度的谦让，也可以置之不理。在适当的时机也可以付之行动，挫其锐气。

3. 脾气急躁型

脾气急躁的人往往"刀子嘴，豆腐心"，和这样的同事沟通时，应该用平心静气化解他的急躁上火。最好的办法是等他火气消退之后,再细细道来,以理服人,赢得他的认可。总之,切不可火对火,硬碰硬,这样只会让事情变得更糟。

4. 工于心计型

职场上有一类人,表面上客气和善,其实城府很深,喜欢将想法和看法装在心里,反而从别人的谈话中寻找竞争的机会。和这种同事沟通一定要有所保留,不应和盘托出,否则会在以后的交往中常常陷于被动地位。

5. 傲慢无礼型

在傲慢无礼的同事眼里,他是世界的中心和制高点,周围人都比他矮一截。这样的人自高自大、唯我独尊,缺乏自知之明。和这样的同事沟通,应该速战速决,不给他展示傲慢的机会,挫挫他的凌人盛气。

6. 固执己见型

固执的人很难听见周围人的意见,尤其在职场上,涉及协同工作时,固执己见的同事非常影响团队的凝聚力和工作效率。和这种同事沟通,一定要找出无懈可击的理由让其接受和信服。这样一来,他即使当面抗拒,内心已开始动摇了。

7. 口蜜腹剑型

这种同事堪称职场毒药。碰到这样的同事,最好的方式是敬而远之,能躲就躲。如果这种人打算亲近你,应该找一个理由想办法避开,尽量不要一起共事,实在推托不了,就要时时注意,事事留意,以备日后对证。

 【案例1】

广告公司的A、B、C、D、E

A是广告公司的总经理助理,B是A负责引进的公司合伙人,C是公司前台接待,D是设计部经理秘书,E是行政部秘书。

场景一

年初,广告公司与电视台签订了一份合同,承办电视台半个小时的汽车栏目。为了更好地办栏目,公司引进了一个新的合伙人B。B非常有能力,进入公司后,电视栏目的业务发展得很不错。但优点明显的人,缺点往往也同样明显。总经理助理A与新合伙人B在工作中产生了一些摩擦。一天,A代表总经理与B讨论一个策划方案,两个人产生了争执。因为B太过固执,A有点恼火,随口说了句:"不行就散伙吧。"B听了后不再说话,拂袖而去。A立刻意识到自己失言了,马上追回B,并诚恳地向对方道歉。

在进一步的沟通中,B对A讲述了自己的看法,觉得A说出"散伙"两个字让他听起来特别刺耳。原来B才离婚不久,所以对"散伙"一词特别敏感,特别伤心。A再三表示歉意,请求他的谅解,B冷静下来,也觉得自己有点偏执。于是,两人心平气和地继续讨论策划方案,找出解决问题的更好方法。接下来的沟通非常顺畅,合作也很愉快。A越来越聪明,不失时机地对B的好点子和好方案表示认同并感谢,经常说一些赞美的话:"B先生,我们很需要您的帮助,依您的经验和能力,这个计划一定能够顺利实施并获得成功。"

受此鼓励，B越发卖力，广告公司承办的电视栏目也越办越好。

场景二

公司前台接待C比较时髦，爱打扮。一天，C穿着新买的衣服走进公司，总经理助理A看到她由衷地赞美道："今天好漂亮哟，穿了件新衣服。这衣服的颜色很适合你，穿在你的身上显得很清爽！"C很开心，道了声"谢谢"。设计部经理秘书D看到C也上前搭讪："今天穿新衣服哟！"C正要开心回应，却听见秘书D紧接着问："又是在步行街淘的吧？"C灿烂的笑容立刻冻结在脸上。虽然C一向爱去步行街淘便宜衣服穿，但是她很介意别人当面这样说，感觉特别没面子。更让她不爽的是，行政部秘书E看到她的新衣服竟然直截了当地说："这衣服的款式不适合你，你胖了点，穿这种款式绷得太紧，不好看。"说得C一时间脸涨得通红，一整天都不开心。

案例讨论：

（1）如何评价本案例两个场景中A、B、C、D、E各自的表现？

（2）根据本案例，概括和总结与同事和睦、有效沟通的说话技巧。

与同事沟通时应注意以下禁忌：

1. 不谈论私事

虽然谈论私事能证明同事间的亲密关系，但办公室不是互诉心事的场所。调查数据显示，只有不到1%的人能严守别人的秘密。因此，个人私事不宜在办公室倾诉，尤其是失恋、婚变等个人问题。对老板、同事有意见，更不应该在办公室里向他人袒露。

2. 不好争喜辩

同事之间在某些问题上有分歧很正常，当别人提出不同意见时，不要急于反驳、争辩，应该先认真倾听对方的陈述。在了解了对方的观点及理由后，再语气平和地陈述自己的观点和理由。不同意对方的观点，但要尊重对方说话的权利，切不可抱着"自己是对的，对方是错的"的心态，这样只会适得其反，损害双方的关系。

3. 不传播"耳语"

"耳语"就是小道消息，即一些道听途说、未经证实的消息。在一个公司、单位里，不夸张地说，有人的地方就有"耳语"，事关上司的"耳语"可能更多。"耳语"能满足一些人的猎奇心理，但会影响公司、单位的和谐环境。面对"耳语"应做到"三不"：不打听、不议论、不传播。

4. 不当众炫耀

在职场交往中，过于张扬的人容易引起同事的侧目，如果一个人喜欢当众炫耀自己的背景、财富、长相等优势，无形之中会伤及同事、他人的自尊和自信，会引起别人的排斥心理乃至敌对情绪。因此，在与同事相处过程中，应该认真做事，低调做人，即使业务能力得到领导赏识，也不宜张扬。

5. 不直来直去

一般情况下，心直口快是一种难得的品质。其实，不分场合、不看对象的直率，往往会成为职场沟通的障碍，特别是有求于对方或发表不同见解时，更不能直来直去，而应该委婉一些。

6. 有些"实话"不必说

一般同事关系，有关健康的问题，最好不要问，也不要泄露。比如，你问同事："你最近在掉头发吗？"听起来很关心同事，却可能戳到了别人的痛处。也许对方正在苦心掩盖掉头发的状况，却被你一语道破，难免心中不悦。职场上，与同事相处，务必要管住自己的嘴巴，以免莫名其妙地得罪人，甚至触犯到别人的利益，犯下职场大忌。

7. 揭短的难听话不能说

【案例2】

说话爱揭别人的短

小张是办公室文员，性格内向，不太爱说话。可每当就某件事情征求她的意见时，她说出来的话总是很刺人，而且她的话总是在揭别人的短。一天，办公室的同事穿了件新衣服，别人都称赞"漂亮""时尚"之类的，可当人家问小张感觉如何时，小张就直接回答说："你身材太胖，穿这衣服显得特别臃肿，不适合。"紧接着又补说了一句："这颜色你穿有点艳，根本不适合。"这话一出口，搞得当事人很生气，而且周围大赞衣服如何如何好的人也很尴尬。虽然小张也会因为自己说出刺耳的话不招人喜欢而后悔，但她就是管不住自己的嘴巴，照样说一些让人接受不了的话。久而久之，同事们把她排除在集体之外，不愿意搭理她了。

其实，日常生活中衣着之类的琐碎小事，完全不必太过认真，不应该以自己的审美观来揭别人的短、说难听话，让同事觉得你生性刻薄、难以相处。要明白，赞美与欣赏他人，是人际关系的点缀与润滑，而能够真诚地赞美与欣赏他人，也是自己美德的体现。

8. 招惹是非的话不要说

【案例3】

职场新人嚼上司私生活被批

小邓性格外向，十分开朗，有话藏不住，喜欢发布新闻。进入职场没多久，就与办公室里的同事打成一片。一天，她和同事下班回家，看见上司的车里坐了一个年轻漂亮的女孩。第二天一上班，小邓就在办公室大声公布了她的新发现，引得大家哈哈大笑。没想到当天下午，上司就召见她单独训话，严肃地告诫她以后在上班时间少说与工作无关的事。小邓闷闷不乐地回到自己的办公室，令她伤心的是，没有一个同事过来安慰她。小邓逐渐发现，办公室里除了她，别人几乎很少说与工作无关的话，更别说提及别人或自己的私事了。

人多的地方，难免会有闲言碎语。比如领导喜欢谁、谁最吃得开、谁又有绯闻等。这就是招惹是非的话。作为职场新人，应该谨言慎行，管好自己的嘴巴，坚决不说招惹是非的闲话。

任务二　写作条据

情境导入

刘香是文心传媒公司市场部门新入职的员工。最近，市场部正在筹划一场团建活动，前往长沙开展素质拓展。费用由部门经费分担一部分，部门全体员工每人均摊一部分，约 400 元。收到该通知的前一天，刘香刚刚签了一份房租合同，向房东缴纳了三个月的房租和一个月的押金，手上能支配的资金所剩无几。正盼望着过几天公司发工资来"续命"，部门又在筹划团建活动，刘香左思右想，一筹莫展。眼看报名就要到最后期限，刘香情急之下只好向刚刚认识的邻桌同事说明来意，同事爽快地答应了她。刘香满怀感激，并再三承诺过几天发工资后就把借钱还清，并执意写了一张借条留给同事做凭据。

刚刚放下写完借条的笔，就接到房东的电话，说有一个紧急事项需要面对面沟通，刘香只好向部门负责人说明原因，并在办公系统里提交了一张请假条。联想到手头上正有事情在处理，因为电话没打通，她就又写了一张留言条放在桌上，上面写了几句交代和嘱托的话给另外一个同事。

知识加油站

一、条据的概念

条据指的是日常工作和生活中，为办理涉及钱财和物品的各种手续而留下的存根，或者为说明某种情况和理由而留下字据作为凭据的简便文书。条据具有简便性、凭证性和严肃性等特点。在日常生活中，常用的条据分为两大类，一类是凭证式条据，如借条、欠条、收条、收据和领条等；另一类是说明式条据，如请假条、留言条、托人办事条等，也称便条。

二、借条、欠条、收条和领条的概念

借条是在向单位或个人借用少量钱、物时，经借人拟写并出具的具有凭证作用的简便文书。借条当事人双方的行为既可以是公务行为，也可以是私人行为。借方在归还钱款或物品时要收回借条，及时销毁，以防被他人利用。

欠条是单位或个人在付钱时，不能全部或部分付清时，而写给对方的作为约期付清的具有凭据作用的简便文书。欠条当事人双方的行为既可以是公务行为，也可以是私人行为。欠条一般要把所欠原因写明。当所欠钱款或物品全部归还后，应当收回欠条，及时处理。

收条是在收到单位或个人所给付的钱款、物品时，经收人拟写并出具的具有凭据作用的简便文书。收条当事人双方的行为既可以是公务行为，也可以是私人行为。

领条是在领到单位或个人的钱款、物品时，经领人拟写并出具的具有凭据作用的简便文书。领条当事人双方的行为一般是公务行为，特殊情况下也可以是公私双方行为。

三、一般条据的写作格式

诸如借条、欠条、收条和领条这些条据，其写作格式比较简单。有的手写，有的打印好后填写并签字。无论是哪种形式，都应该包括标题、正文和落款三部分，具体每个部分应写明的内容如下：

1. 标题

写在正文正上方居中位置，字体比正文字体稍大，一般由文种名称构成，如借条的标题是"借条"，欠条的标题是"欠条"，收条的标题为"收条"，领条的标题为"领条"。

2. 正文

正文是条据的主体部分，借条的正文内容可多可少，民间个人手写的借条正文比较简单，主要写明出借人姓名、借款金额和币种，有的还会写明借款偿还日期。标准的借条，正文部分应写明借款目的、出借人姓名、借款金额和币种、借款起止日期、借款期限及借款偿还方式等。欠条的正文写明欠了什么人或什么单位的什么财物，以及财物的数量，并注明偿还的日期。收条、领条的正文要写明收到、领到的财物数量和规格等情况，以及收到、领到的日期。

3. 落款

条据的落款处要写明借款方、欠款方的名称（单位）或姓名（个人），单位要加盖公章，个人要亲笔签名，有需要时应加盖私章，再在下方写明开具条据的日期。借条的单位名称或个人姓名之前一般要写"借款人"或"立据人"字样；欠条的单位名称或个人姓名之前一般要写上"欠款人"或"立据人"字样；如果送交财物的人不是当初的借入方或欠方，而是经手人，则收条或领条的单位名称或个人姓名前一般写"经手人"字样，如果收取、领取财物的人不是当初的借出方或债权方，则应在姓名前写"代收人"字样。

四、正规收据的格式

正规收据是企事业单位在经济活动中使用的原始凭证，主要指国家财政部门印制的盖有财政票据监制章的收付款凭证，主要用于行政事业性收入，即非应税业务。这种正规收据一般非手写，而是打印出来以后填写具体的内容。由此可见，正规的收据格式主要以表格的形式存在，并不像写一般的借条、欠条、收条或领条一样一句话概括。但总体来说，它也包含标题、正文和落款。

标题是"公司名称+文种"，正文先写收据开具的日期和对应的编号，然后以表格形式注明收到财物的名称、规格型号、数量、单价和金额，有备注的要写清楚备注信息，再在"合计金额"栏写明财物对应的大写金额数；落款写在表格下方，注明开具收条的单位名称、联系电话和经办人姓名，有时省去单位名称和联系电话。

五、请假条、留言条的撰写格式

请假条和留言条的撰写格式与书信类似，主要包括以下几个部分：

1. 标题

标题用来标明条据的性质，如"请假条"。留言条的标题可写可不写。

2. 称呼

称呼是对接收请假条的领导或有关负责人的礼貌称呼。称呼与标题相隔一行，在首行顶格写，称呼后面加冒号。

3. 正文

写完称呼后，另起一行空两格写正文。请假条要写清楚请假的原因及起止时间。留言条要求留言者将自己对对方说的话和请对方办的事或预约见面的时间、地点等阐述清楚。

请假条正文结尾处应写上"此致""敬礼""特此请假""请准假""请批准为盼"等结束语。留言条可不写此项内容。

4. 附件

若就医后请病假，需附上医生出具的病情诊断书；若请事假，也应请相关单位或人士出具证明。留言条是否有附件视具体情况而定。

5. 落款

落款在正文的右下方与正文相隔一行，写上请假人或留言人的姓名，姓名的下面写明请假或留言的具体时间。

一、撰写条据的十大禁忌

（1）忌空白留得过大　若条据的内容部分与签章署名之间的空白留得太大，则容易被持据人增添补写其他内容，或将原内容裁去，在空白处重新添加新内容。

（2）忌大写、小写分不清楚　写条据时，如果只有小写，没有大写，或小数点位置不准确，数字前头有空格，或大写、小写不相符，都容易被持据人添加数字或修改，甚至由此而引发民事纠纷。

（3）忌用褪色墨水书写　用中性笔或其他易褪色的墨水书写条据，如果保存不当、受潮或水浸时，字迹会变得模糊不清，并给某些别有用心的人用化学制剂涂抹留下可乘之机。

（4）忌不写条据日期　没有日期的条据，一旦发生纠纷，事实真相常常难以查清，对诉讼时效的确定也容易造成困难。例如，欠条的诉讼时效从其注明的还款期限之日起计算为两年（一般诉讼时效为两年），超过两年，债权人的债权将不再受到法律的保护，从而丧失在诉讼中的胜诉权。

（5）忌条据内容表述不准确　有的条据把"买"写成"卖"，"收"写成"付"，"借给"写成"借"等，一字之差，意思就完全相反，带来的后果也可想而知。

（6）忌名字不写齐全　社会上同名或同姓同名的人很多，如果条据上有名无姓或者有姓无名，都会给对方留下行骗的机会和赖账的理由，从而让自己陷入被动。

（7）忌不认真核对　请别人或由对方写的条据，应字斟句酌，认真核对，尤其是财物的金额、数量、借、还等关键日期，一旦落笔成白纸黑字、签字盖章，想后悔都来不及。

（8）忌使用同音同义字　姓名不要用同音同义字、多义字代替，否则也容易发生责任不清的纠纷。必须以身份证上的名字为准，这样才具有法定的效力。

（9）忌印鉴不规范　由他人代笔书写或代笔签名，而本人只在上面按一个手印，发生纠纷时，也很难认清责任。

（10）忌还款时不索回条据　还款还物时，对方若称一时找不到借条或欠条，应该让其写一张数据留存，这样才不至于给日后留下隐患。

二、撰写请假条、留言条的注意事项

① 字迹要工整，方便辨别。

② 摆正身份，有礼有节。请假条是写给上级领导的，言语上要不失礼貌，尊重对方。留言条的语言视具体情况及当事人双方之间的关系而定，该礼貌时要礼貌。

③ 语言简洁、准确。无论是请假条还是留言条，语言都要简洁，不能拖沓，而且要准确、得体、无误。如向上级领导请假，在结尾处就不能用"请一定批准"这种逼迫式、无商量余地的口吻，也不能用"望批准"这种上级对下级的口气，而应该用"请您酌情批准""恳请批准"或"盼准假"这样的表述，以示尊重。如留言时，若双方平时关系平等且十分熟悉，用语可随意些；若属初次打交道，则要以礼相待，尊重对方；若对方是长辈或上司，除礼貌用语外，必要时要用征询商量的语气。

　　　　　　　　　　　　　　　　　　　　　　请假条范例

　　　　　　　　请假条

尊敬的××（职务）：

　　您好！

我因为××××（事由），需请假××××（请假时间），敬请批准（文种惯用语）。
　　此致
敬礼
　　附：××××证明一张

请假人：×××
×年×月×日

请假条

尊敬的李经理：
　　我今天早上突然腹泻，四肢无力且伴有低烧，经市一医院诊断为病毒性肠炎，需输液治疗，故无法前来上班，暂请假2天（4月21—22日），请予批准。
　　此致
敬礼
　　附：市一医院诊断证明一张

×××公司研发部　王衡
2021年4月20日

　　[简析]这张请假条格式规范，内容简洁明了。正文部分写明了请假的理由，提供了批假的依据，写明了具体的请假起止期限，"请予批准"强调了请假要求；"此致/敬礼"表现了员工对上级的礼貌、尊重；所附的"市一医院诊断证明一张"提高了获假率；最后写明了请假人的姓名和请假时间。这样的请假条易于被领导批准。

留言条例文

尊敬的马主任：
　　我是单位人事科干事姚梅，今天我来办公室找您，想跟您商量一下下周一单位职工春季运动会的事，正巧您不在，我下班前半小时再找您。因事情紧急，请一定等我。另留下我的手机号码以便联系：18684××××21。
　　谢谢！

姚梅
3月9日中午12：30

　　[简析]这张留言条内容清楚，格式规范。顶格写留言对象的称呼，正文部分留言者在对自己的姓名、身份做了介绍后，便开门见山、简单明了地将托付对方的事情进行说明，并留下了另约见面的具体时间、地点和联系方式，最后落款署名和时间也很清楚。

任务三　与上司有效沟通

情境导入

参加工作后，刘香慢慢发现工作上有一些事情需要跟上司沟通。作为职场新人，她担心自己不能与上司顺畅地沟通，于是向张梅老师请教。张梅老师给她分享了一个案例：《深受器重的总经理助理》。

【案例】

深受器重的总经理助理

林女士是一家大型企业总经理助理。

整天和老板打交道，林助理的策略是"多听，少说，多做"。她深切体验到，总经理助理的主要工作就是上情下达，按照老板的指示行事。作为助理，学会主动倾听是一种关键能力，因为绝大多数情况下，很多决策与规定都是老板已经拍板了才会告诉助理。这个时候，作为助理只要听明白老板的话，准确领会他的意图，然后去执行即可。比如，老板交代重要事情时，林助理总是集中精力洗耳恭听，从来不会轻易地打断他，中间适当地用"嗯""好的"之类的词语，伴随着适当的表情神态，来回应老板的话。老板在吩咐完后会问是否清楚了，此时如果确实有些话没有听明白，林助理会适时提出来，及时确认指令。正是因为善于主动倾听，尊重老板，林助理逐渐得到了老板的信任和器重。

当然，金无足赤，人无完人，在老板身边工作的林助理有时也难免会说错话、办错事。有一次，林助理在给老板起草的讲话稿中把一个重要数据搞错了。其实，财务部门上报的材料本身有错，她未能核实纠正，导致老板在与客户的商务沟通中非常尴尬。回来后，老板把她叫到办公室，批评了几句，见她没有任何辩解，老板就不批评了："你先回去吧，以后注意。"林助理诚恳地说了句"谢谢老板指教"，便悄然退出了。

在自己因犯错挨老板骂时，林助理的经验是千万不要多说话，只要站在那里，表现出悔改的神态，尽管让老板骂就是了。一般情况下，老板在批评你几句后，见你没有辩解，会主动收住话的。林助理并未辩解是财务部上报的材料本身有错，她的观点是，出了差错不要把时间浪费在抱怨别人上，而是要低下头自我检讨为什么先前没有把工作做好。

与领导沟通，主动的态度十分重要。总经理助理的工作是以领导工作为轴心进行上下、左右、前后同步运行的辅助性工作。辅助性决定了助理工作的被动性，怎样变被动为主动？林助理有四个方面的经验：一是争取同领导一样了解和掌握全局性工作；二是争取同领导一样了解和掌握每个时期的中心工作，能够分清工作的轻重缓急，主动排除干扰中心工作的事项；三是研究领导工作的思路，分析领导的意图，并加以理解、完善和落实；四是积累和储存相关工作资料，该记住的要记熟，该保存的要保存。有了这四个方面的基础，工作中才能与领导有一致的认识，才有共同语言，商量工作时，补充和修正的意见才能提到点子上。日常工作中，要善于将领导的决策内容、实施方案和一个时期的中心工作进行分解、立项，明确先做什么，后做什么和怎样做等，按计划列出一个明细运行图。

因为公司的发展日趋庞大，公司管理也产生了一些新问题。有时候老板还主动征求林助理对一些问题的看法。林助理发现，总经理性格直爽，比较开明，是个善于沟通、乐意与下属沟通的老板。于是，她会注意场合，选择时机，讲究技巧，巧妙地建言献策，向老板阐明自己对事情的看法，并提出建议。尤其是当老板偶有疏忽、决策失误时，林助理会十分巧妙地给老板补台，以高度的责任感鼎力相助。

一天上午，林助理接到总经理的电话去他办公室。进门一看，老板像是刚跟谁吵过架似的，脸色非常难看。原来，他接到一封交往多年的代理商钱经理的来信，指责由于公司经常交货不及时而影响了其声誉，信中措辞激烈并威胁要断交。难怪老板怒气冲冲。他已写好了一封回信，措辞同样激烈，关照林助理："马上给我快递出去！"

老板回信的内容是这样的："钱经理，我没有想到会收到你如此无礼的来信！你大概忘记了你是靠了我们公司才发起来的！如此忘恩负义，断交也罢！"

林助理从总经理室退出来后没有去寄快件，而是回到自己的办公室大脑飞快地转动起来。很显然，老板今天有些情绪化，这么处理问题肯定不妥。这位钱经理上个月还来过，老板请他吃饭，还是自己安排的。钱经理是山东人，性格挺豪爽的。他是自己公司产品在河南、山东等几个省的总代理，每年的合同金额都接近一个亿，是自己公司屈指可数的大客户。如果这封回信就这么寄走，那可是泼出去的水收不回了。现在市场竞争这么激烈，要再找一个像钱经理这样的代理商，实属不易。断交和断绝一切生意来往肯定不是老板真实的想法，还是等他消了气后再去请示。黄昏时分，下班之前，林助理主动来到总经理办公室，问老板要不要把给钱经理的信寄走。老板此时已经心平气和，让林助理把信退还给他。当她转身离开的时候，老板叫住她，微笑道："小林，谢谢你！"

案例比较长，刘香耐心地听完了张梅老师的分享，并跟老师进行了充分的讨论：林助理得到老板信任和器重的缘由是什么？

讨论结束后，刘香对如何与上司进行有效沟通有了更深入的理解和认识，她决定将这些理解、认识运用到实践中。

一、上司的类型和脾性

俗话说，到什么山头唱什么歌。职场新人要想与上司进行积极、有效的沟通，首先要了解上司是什么样的人，只有了解了上司的类型和脾性，沟通起来才更有针对性，才能达到比较理想的效果。

1. 威严型

这是职场上比较常见的一种领导类型。威严型领导为了在下属面前树立权威,增加威信,经常在下属面前说一不二,要求下属必须完全服从指令,不接受质疑和反驳。这种类型的领导与下属的交流,是从上至下的单项交流。对下属的支持性行为较少,指挥性行为较多。

2. 亲和型

与威严型领导相比,亲和型领导少了一丝严肃,多了一丝随和。他们与下属之间的互动更频繁,而且是双向进行的。既有自上而下的命令,也有自下而上的反馈。亲和型领导愿意倾听下属的感受,喜欢帮助下属认识自己,使每个人充分发挥自我价值,更好地为团队工作。

3. 支持型

支持型领导对下属的关注度很高,下属不仅有发言权,还有决策权。他们希望下属能够成长起来。在工作中喜欢请下属参与决策,为下属创造宽松的气氛和许多锻炼机会,认真听取下属的意见和建议,让下属主动发言,以提高工作热情和积极性。

4. 授权型

充分授权型领导,在工作中经常把决策过程委托给下属去完成。在决策过程中,该类型领导只负责制定发展战略,后续工作都由下属来完成。他们相信下属的能力,给予下属充分的自主权。充分授权型是一种自下而上的沟通方式,领导的支持性行为较少,指挥性行为也少。

二、与上司沟通的原则

在职场中的各种沟通对象中,"上级领导"这个群体往往具有位高权重、能力过人、稳重老练、好为人师、人脉较好等特征,在沟通过程中尤其注意遵循以下基本原则:

1. 服从至上

领导之所以是领导,原因在于其掌握全盘情况,考虑问题比较周全,处理问题能从大局出发。无论业务能力还是经验学识,领导都是一个团队中的佼佼者。因此,在与领导沟通时,应坚持服从原则,这是一切组织通行的原则。如果拒不服从,组织就无法形成统一的意志和严密的整体,就会变成一盘散沙,不能正常发展。

2. 不卑不亢

当然,遵循服从至上,并不意味着在领导面前唯唯诺诺,一味附和;也不意味着可以恃才傲物,目中无人,而要以平等的人格相互对待,坦诚相见,不卑不亢。首先,在工作中要维护领导的威信,尊重领导的地位,领导安排的工作及时完成并及时反馈。同时,尊重不意味着讨好、奉承,也不意味着低声下气。现实生活中,一些人习惯把领导看得高高在上,把自己的位置摆得过于低下,领导说的话就是圣旨,照单全收;另一些人怀揣着自己的私利,不惜降低人格去迎合、奉承、讨好领导,绝大多数有主见的领导,对于这种一味奉承、随声附和的人都会比较反感。

3. 工作为重

上下级之间的关系主要是工作关系，因此下级在与领导沟通时，应该把工作作为沟通的重心。既要摒弃个人的恩怨和私利，也要摆脱人身依附关系，在任何时候、任何问题上的沟通都主要是为了工作，以团队利益为重。切记不要对领导一味地讨好献媚，阿谀奉承，以致丧失独立人格，掉进职场应避开的陷阱。

4. 非理想化

在与领导沟通中，下属不能用自己在头脑中形成的理想化模式来要求现实中的领导，这样极容易造成对领导的消极评价。坚持非理想化原则，就必须全面、客观地看待领导，既要看到其优点和长处，又要接受其缺点和短处，而不是以一个完美主义的标准评价、要求领导。

三、与上司沟通的策略技巧

1. 认真倾听，尽职尽责

与上司沟通时，要保持"多听，少说，多做"，倾听上司讲话，不仅要了解讲话的意思，还要能体会言外之意，把握要点。这样才能答复对题，办事对路。与上司沟通交流时要凝神去听，带上笔记本记下要点。上司讲完后，若有不清楚的地方应该及时询问并了解清楚。

2. 主动适应，灵活变通

由于性格、爱好、经历不同，不同的上司有不同的思维方式和工作习惯，对下属的要求也不一样。有的上司只愿意把握大局，看重结果，有的上司则事无巨细皆不放松；有的上司喜好包办型秘书，希望秘书打理好自己的一切；有的上司则不希望秘书涉入太多。作为下属，要学会从上司的言行举止中了解其性格，并采用相应的沟通方式。

3. 善解人意，提供服务

上司也是普通人，人人有本难念的经。聪明的下属应该理解上司，积极为上司提供支持和服务，为上司分担压力，排忧解难。在公司里要想脱颖而出被领导重用和提拔，就应该善于从领导的角度发现问题并解决问题。如果清楚地知道上司想要完成什么任务，最好能帮上忙。能够采取前瞻性措施来帮助上司达成目标，上司也会视你为部门中有价值的成员。

4. 积极请示，及时汇报

与上司沟通，很重要的一点是工作中积极请示，及时汇报（如何口头表达或写作请示与报告，将在任务四中详细讲解）。

5. 防止越位，避免擅权

与上级沟通，找准自己的位置最重要。要知道什么事情该问，什么事情不该问；什么事情该做，什么事情不该做；要把握好积极主动的尺度，不能去问、去管超出自己职权范围的事。对于超出自己工作、职权范围的工作，即使能力足够，也不要插手。作为下属，一定要有自知之明，切勿喧宾夺主。这样，才能得到上司的信任和赏识。

【案例】

不同的领导，不同的沟通方法

范斌是洪基房地产公司的秘书，已经工作多年，一向勤勤恳恳、兢兢业业。原公司经理是个依赖型的人，范斌能把需要为领导安排的事情做得井井有条、细致入微。一些文件、报告经过她的处理之后，减轻了领导的工作量，领导对她特别满意。今年公司新换了一位郑经理，听说比较挑剔。同事们都认为范斌经验丰富，将与郑经理有关的工作都推给了她。

某日，将要被公司收购的另一家地产公司送来了一份公司经营报告。范斌接手之后，发现报告写得不成章法，于是进行了一定的调整后交给郑经理。让她意外的是，郑经理先问了她一句："这份报告是对方的原稿吗？"看她说不是之后，郑经理又说："请报告负责人明天来公司口头汇报吧。"虽然郑经理没有多说什么，但从他不快的表情上范斌知道自己做了一件傻事。她用自己原来的工作方式处理了这件事，却不符合现任领导的风格。她立刻微笑着对郑经理说："对不起，郑经理，我修改了原稿。不过我的电脑里有原稿底样，我马上打印给您。刚才我自作主张，是我的失误，实在对不起。"当范斌把原稿放到郑经理面前时，她看到郑经理的脸色由阴转晴，才稍微放心。从此，对于应该交给郑经理的资料，范斌再也不敢擅自修改，而且对一些事情的处理也不再像以前那样主动高调地发表意见，从而取得了郑经理的信任。

四、向上级请示汇报的技巧

1. 认真聆听，做好记录

作为下属，明白领导的意图和工作的重点最简洁有效的方式就是边听边记。我们中国有一句古话叫"好记性不如烂笔头"，认真聆听，然后记下来，再慢慢理解和揣摩。建议采用"5W2H"的方法来记录。

"5W"——谁传达指令（who）、做什么（what）、什么时间（when）、什么地点（where）、为什么（why）。

"2H"——怎么做（how）、工作量（how much）。

"5W2H"是我们理解工作信息的导向，如果领导没有说明白其中的任何一点，你都要主动询问，并记录下来。

2. 理解透彻，恰当反馈

为避免理解上出现差错，在接受上级的指示后下属应进行恰当的反馈。当对领导的指令理解模糊或者不是很确定时，不要"想当然"，心存侥幸，而要立即向上级就重要问题进行确认。同样，在执行任务的过程中，倘若遇到心存疑问之处，也要及时跟上级沟通，避免你所做的工作达不到领导的要求。

3. 巧妙请教，及时汇报

在工作进行的过程中，向领导请教和汇报有两个好处。一个好处是让领导掌握你的工作进度，得到领导的指点。遇到难题向领导请教，领导会帮你一把，给你增加一些资源、一些好点子。即使最后工作没有按预期完成，领导因为早就知道状况，也不会有太大的心理落差。另外一个好处就是显示你对领导的尊重，给足领导面子，以满足领导的成就感。

五、说服上级的技巧

1. 选择适当的时机

建议与领导沟通时最好选择在上午 10 点左右或午休结束后的半小时里，此时下属适时提出问题和建议，比较容易引起领导的关注；另外，无论什么时间，如果领导心情不好，下属最好不要打扰他。

2. 灵活运用事实数据

作为下属在提出建议或者推广新的提案时，要事先收集和整理好有关数据和资料。用事实和数据说话，说服力强，易被领导接受和认可。切忌夸夸其谈，言之无物。

3. 预测质疑，准备答案

作为下属在提出建议和设想时，最好对领导提出的疑虑进行充分的思考和准备，真正做到胸有成竹。如果领导对建议和设想提出质疑，下属毫无准备，当然不能说服领导，同时还会给领导留下逻辑性差、思维不够缜密的印象。

4. 简明扼要，突出重点

在说服领导时，要简明扼要，重点突出地说出自己最想解决或领导最关心的问题，而不要东拉西扯，分散领导的注意力。因为领导的时间难以把握，很可能下一分钟就有电话打进或有重要事情而打断你们的谈话。

5. 面带微笑，充满自信

在与人沟通的时候，一个人的语言和肢体语言所传达的信息都很重要。作为下属若是对自己所提的建议或提案充满信心，那么他面对领导，应该是表情自然、大方自信，这样才能感染领导，说服领导。反之，表情紧张、局促不安，会让领导有建议或提案不可信任的感觉。

6. 尊重领导的决定

无论你的建议多么完美，也只是站在自己的角度考虑的。因此，阐述完你的建议后应该给领导留一段思考的时间。即使他否定了你的建议，你也要感谢领导的倾听，同时让领导感觉到你工作的积极性和主动性。

任务四　写作请示与报告

情境导入

最近一段时间，文心传媒公司承接了一个重大项目，由于总经理办公室人手不足，刘香被临时抽调到总经理办公室工作。项目实施期间，刘香表现出比较强的写作能力及良好的沟通能力，于 8 月份被正式调到总经理办公室接替上一任秘书的工作。

　　岁末年初，文心传媒公司在集团公司的大力支持下，全体员工团结一心，超额完成了集团公司下达的任务目标，特别是在国际文化艺术周活动中，公司为该活动提供文化艺术表演策划、舞台造型设计、公关活动策划、会务服务、展览展示服务，公司获得 400 多万元收益，活动组织与服务得到政府领导的一致称赞。为了总结经验，表彰先进，勉励员工，文心传媒公司决定于元旦节前召开年终总结表彰大会。总经理办公室主任让刘香先准备好一份呈送总经理办公会议讨论的文件，请示最终获批。公司拟于 12 月 27 日召开年终总结表彰大会。

　　会议如期举行，刘香负责做好领导讲话记录。为进一步扩大会议影响，会后，总经理办公室主任要求刘香将所做的会议记录整理成会议纪要，并制作成简报下发到公司各部门，将相关材料上报至集团公司。

　　讨论：在该项目执行过程中，刘香需要完成哪些文案的写作任务？

一、请示的适用范围

　　根据《党政机关公文处理工作条例》（中办发［2012］14 号）（以下简称《条例》）之规定：请示适用于向上级机关请求指示、批准事项。

　　作为呈请性的上行文，使用时应慎重，通常在下列情况时使用：

　　① 下级机关遇到新情况、新问题，在处理时因无章可循，无规可依，需要上级机关给以指示。

　　② 下级机关在处理较为重要的事件和问题时，因涉及有关方针政策，必须慎重对待，需要报请上级机关批准。

　　③ 下级机关在工作中遇到问题，由于职权、条件的限制，没有权力或能力实施，需要上级帮忙解决。

　　④ 下级机关对有关方针、政策和上级机关发布的规定、指示有疑问，需要上级机关给予解答。

　　⑤ 下级机关之间在较重要的问题上出现意见分歧，需要上级机关裁决。

二、请示的写作格式

　　1. 标题

　　有以下两种形式：

　　（1）"发文机关+事由+文种"　　如"新兴卷烟厂关于生产销售高档黄金叶及其定价的请示"。

（2）"事由+文种"　如"关于成立老干部办公室的请示"。

在标题的拟制中要着力写好事由，以便上级机关快速把握下级机关请示意图。另外，"请示"含有请求、申请之意。因此，标题中不宜再出现"请求""要求""申请"之类的词语。同时，不能把文种请示写成"请示报告"。

2. 主送机关

请示的主送机关是负责受理和答复请示事项的上一级机关，应使用全称或规范化简称。

3. 正文

一般由发文缘由、请示事项与结束语构成。

（1）发文缘由　说明请示的原因、目的、背景和依据等，即明确请示的问题及为什么要请示。既要把困难和问题的事实讲清楚、说明白，理由更要说充足，以求得上级的理解和认同，并尽快得到答复。

（2）请示事项　请求上级机关指示、批准的具体内容。它是正文的核心，应写得具体明确。为便于审批，还可进一步提出切实可行的办法、措施和建议。如果事情复杂，可分条列项阐述。对于次要情况或参考资料可作附件呈送。

（3）结束语　请示必不可少的一部分，不能遗漏，更不能含糊其词。一般根据内容的需要使用恰当的惯用语，如"当否，请批示"，"妥否，请指示"，"以上请求如无不妥，请批复"等。

4. 落款

落款一般在成文日期之上、以成文日期为准，居中编排发文机关署名，印章端正、居中下压发文机关署名和发文日期，使发文机关署名和发文日期居印章中心偏下位置，印章顶端应当上距正文（或附件说明）一行之内。

成文日期一般右空四字编排，用阿拉伯数字将年、月、日标全。

三、报告的含义及特点

报告属于陈述性的上行文，其适用范围很广，不仅在已发布的党、政、人大、司法、军队机关的公文处理规范中都规定了这一文种，而且在一般的企事业单位商务活动中也常常用到该文种。但是，不同机关对"报告"作出的定义也不同。

《党政机关公文处理工作条例》（2013 年）中规定：报告，适用于向上级机关汇报工作、反映情况，回复上级机关的询问。

《人大机关公文处理办法》中规定：报告，适用于汇报工作、反映情况、提出建议。

《国家行政机关公文处理办法》中规定：报告，适用于向上级机关汇报工作，反映情况，答复上级机关的询问。

《中国人民解放军机关公文处理条例》（2005 年）中规定：报告，用于向上级机关汇报工作、反映情况和意见建议，回复询问。

报告这一文种具有以下特点：

内容的汇报性。一切报告都是下级向上级机关或业务主管部门汇报工作，让上级机关掌握基本情况并及时对自己的工作进行指导。

语言的陈述性。因为报告具有汇报性，是向上级讲述做了什么工作或工作是怎样做的，有什么情况、经验、体会，存在什么问题，今后有什么打算，对领导有什么意见或建议，所以行文上一般都用叙述法，陈述其事。

行文的单向性。报告是下级机关单位向上级机关单位行文，是为上级机关单位的领导提供依据，一般不需要受文机关的批复，属于单向行文。

成文的事后性。多数报告都是事情做完或发生后，向上级机关单位作出汇报，是事后或事中行为。

双向沟通性。报告虽不需要批复，但却是下级机关单位以此取得上级机关的支持和指导的桥梁，同时上级机关也能通过报告获得信息，了解下情，成为上级机关单位决策指导和协调工作的依据。

四、报告的种类

按照性质、内容，报告可分为以下四种类型：

1. 工作报告

工作报告是指向上级机关汇报工作情况的报告，包括综合性工作报告和专题性工作报告。综合性工作报告是综合汇报某阶段的工作，对某阶段各方面的工作作一个总的汇报，总结经验教训，提出今后的设想等；专题性工作报告是就某一项工作向上级机关进行汇报。

2. 情况报告

情况报告是向上级机关汇报出现的新情况、新问题，特别是突发事件、特殊情况、意外事故及处理情况的报告。

3. 答复报告

答复报告是答复上级机关询问事项的报告。这种报告是被动行文，必须有针对性地实事求是地回答，不可避而不答或答非所问，也不要旁及无关的问题，答复前要作深入调查。

4. 报送报告

报送报告是向上级报送文件、物件时使用的报告，正文通常非常简略，只需写明"以上报告如有不妥，请批示"等即可。

五、报告的写作规范

报告的结构一般包括标题、主送机关、正文和落款四个部分。

1. 标题

报告的标题一般有两种形式，一是"发文机关+事由+文种"，如"××省人民政府关于××年度法治政府建设工作情况的报告"；二是"事由+文种"，如"关于第三产业发展问题的调查报告""党建工作述职报告"等。需要注意的是，报告应用文一般不能单独以"报告"二字作为标题。

2. 主送机关

主送机关一般是发文单位的直属上级机关，有且只有一个。如果是涉及多个上级机关单位都需要知晓的事项，可以将主送机关定位直属上级机关，对其他机关进行报告的抄送。

3. 正文

报告的正文一般包括三大部分：报告缘由、报告事项和结语。

（1）报告缘由　交代报告的写作目的、根据、意义或原因，概述基本内容或基本情况。概述完毕后通常以"现将……情况报告如下"的句式，引出正文的具体报告事项。

（2）报告事项　说明报告涉及的具体情况，总结成功经验，指出存在的问题，提出解决办法、改进措施以及今后的工作设想等。根据报告的不同类型，报告事项的内容也不同，比如报告工作情况的，这部分就应着重对于工作成效和过程进行阐述；报告建议的，这部分就应侧重于对建议的描述以及原因的说明。总之，内容较多的报告，可分条列项，由主到次进行排列。

（3）结语　正文的结语部分通常只有几个字，且是比较规范的语言，通常使用惯用语，如"请查收"和"特此报告"（适用于工作报告、回复性报告和情况报告）、"以上报告，若无不当，请批转有关单位执行"（适用于呈请性报告和检查性报告）等，不宜写成"以上报告，请指示"这样的句式。

4. 落款

报告的落款部分与其他公文格式一样，包括发文机关名称和成文日期，同时还要盖上相应的印章。标题中如果有发文机关名称，则可在落款处省略。

一、写作请示的注意事项

1. 不能多头主送

请示一般只写一个主送单位。如果多头主送，往往造成收文机关之间因为责任不明确而相互推诿，问题也就难以解决。对于受双重领导的单位，或者请示需要同时送其他机关的，应根据请示的事项，主送办理的机关，抄送需知晓的机关。

除领导直接交办的事情外，一般不得将请示直接送给领导者个人。

2. 需逐级请示

请示一般按隶属关系逐级请示，不得越级行文。如遇事情紧急、情况重大，不越级就将贻误工作，或多次请示上级机关但未得到批复，可做特殊情况处理。在越级行文的同时，必须同时抄送给被越过的直接上级机关。

3. 请示的事项应当明确具体

具体来说要做到以下几点：

一是如果请示批拨资金、物资，要写明金额或品名、规格及数量等；

二是如果请求上级就某项工作给以指示或给予批准，应提出自己的意见或切实可行的处理办法、措施；

三是如果有两种以上的方案或意见，应表明自己的倾向性意见；

四是如果事情复杂或内容较多，应分条列项阐述，力求条理清晰、重点突出；

五是用语要明确，不能含糊其词，语气要得体，常用"拟如何如何"。

4. 坚持一文一请示

为便于领导及时批复，在写作请示中，只能是就一项工作或一个问题来行文，即坚持一文一请示原则，不得在一份请示中提出两个或两个以上请示事项。

5. 事前请示

请示一般是在问题发生或处理前行文，下级机关只有得到上级机关的批复后，方可按上级意见开展工作，不可先斩后奏。

二、写作报告的注意事项

1. 内容必须真实可靠

报告都要忠于事实，无论是报告的成绩或经验，还是问题或教训，都应做到"有喜报喜、有忧报忧"，不能虚报情况、歪曲事实、捏造数据或掩盖问题。

2. 叙述必须简明扼要

以汇报单位为主的，应做到突出重点，把主要事实讲清楚，但这并不意味着把具体情形写得过于烦琐，而应以总结性的叙述方式行文，因此写作时一定要控制字数，3000 字以内为宜。

3. 观点必须精练清晰

以表达报告者观点、需要对自我进行评价、对今后工作提出建议或意见等为主的，应做到观点精练清晰，意见明确，不能含糊其词，不能说空话或废话，且每条意见都必须切实可行。

4. 不能夹带请示事项

报告一般不需要得到批复，如果报告中夹带了请示事项，会给上级机关单位带来不便，容易贻误工作。相应地，结语不能用请求类语句，如"以上报告如有不妥，请批示""以上报告当否，请指示"等。

5. 行文必须重视时效

任何报告都应重视时效性，都应该在报告事项发生的第一时间就针对实际情况向上级作出报告。

6. 不应添加联系人

因为报告一般不需要上级答复，因此报告内容之后不应标明"联系人""联系电话"和"地址"等内容。

7. 报告结论忌猜测性

因为报告都是以事实为依据写作的，因此在写作过程中要避免出现猜测性结论，即尽量不使用"可能""大概"这类词语。

8. 不带命令式语气

报告是下级对上级做出的，是上行文，所以在内容中绝对不能使用带命令语气的词句。

9. 避免流水式行文

很多类型的报告都会涉及具体情况的罗列，容易出现"流水式"汇报，为了避免这种情况，写作时应将"情况"和"分析总结"相结合，对需要解决的问题提出具体解决措施，切忌只提情况而不作分析、只提问题而不给出解决办法。

请示例文

××商贸集团第五分公司关于拨款新建冷库的请示

××商贸集团总公司：

近年来，随着人们生活水平的不断提高，人们对农副产品的需求量也不断上升，我分公司所经销的产品在市场上的占有率有了明显提高。为了进一步促进销售，我们与周边地区的多个养殖场、鱼塘等实行联营，保证了新鲜货源的供应。但是，目前由于肉、鲜蛋、鱼虾等副食品大量增加，公司原有的冷库已不能满足需要，制约了公司业务的拓展。为此，经公司调研讨论，拟在公司附近的三余屯地区再建一个储存量可达 200 吨的冷库（详见设计方案）。经预算，冷库建设共需人民币 500 万元。由于时间紧迫，问题突出，故恳请总公司拨款 500 万元予以支持。如蒙批准，我们将责成一名副经理分管此项工作，于今年 9 月开工，争取明年 6 月底竣工并投入使用，创造效益。

以上请示当否，请批复。

附件：××商贸集团第五分公司新建冷库设计方案

商贸集团第五分公司
2016 年 3 月 10 日

［简析］这份请示是请求批准的请示，采用完整式标题，事由是"拨款新建冷库"。因为请示的目的是希望上级批准、同意、解决有关问题，为了达到这一目的，正文开头写明新建冷库的原因。请示事项部分具体而明确地交代了新建冷库的选址、规模和建设时间等，以说明冷库建设的可行性和可操作性。

报告例文

关于冷库建设及使用情况的报告

商贸集团总公司：

　　我公司在接到总公司关于冷库建设的批复和建筑经费后，当即成立了冷库建设工作组，会同当地有关部门协商冷库建设事宜，完善冷库建设方案，选择公司附近的三余屯地区作为新建冷库的地点。目前，新建冷库已如期完工并投入使用。现将冷库建设及使用情况报告如下：

　　一、采取股份制方式筹集资金。我公司严格按照国家政策进行筹款，采取股份制方式共筹集资金100万元，加上总公司所拨建筑款500万元，确保经费按期到位。

　　二、运用招标方式选择施工队伍。为确保工程质量，我公司严格按照招标程序，选择有信誉、有资质的施工队伍，最终确定由本省建筑工程公司第三建筑队负责施工。

　　三、加强工程管理，确保工程质量。我公司选派有经验、有能力、责任心强的王明副经理负责冷库建设工作，加强工程质量管理。冷库于2015年9月动工，2016年9月竣工。经验收，工程质量完全达标。

　　四、完善冷库设施，按期投入使用。工程竣工后，我公司经过20多天的布置、安装、设备调试，又自筹资金购置了一套冷冻设备，冷库于2016年10月1日正式投入使用。冷库占地面积为4000平方米（80米×50米），上下两层，分四个区域，分别储存肉类、蛋品和海鲜，储存量达200吨。新建冷库由于规模扩大、交通运输便利、冷冻设备效果显著，投入使用3个月来，我公司营业收入就比去年同期增长了20%，极大地鼓舞了员工的士气，促进了公司的发展。

　　特此报告。

商贸集团第五分公司
2016年11月1日

　　[简析] 这是一篇专题性工作报告，发文机关在完成了一项专门工作或解决某项问题之后，立即向上级部门报告有关工作的开展情况。开头写明报告的缘由：在接到总公司同意新建冷库的批复和建筑经费后，分公司开始了冷库建设工作，目前冷库已如期完工并投入使用。然后用"现将冷库建设及使用情况报告如下"过渡到下文。正文部分用几个观点句分别报告冷库的建设和使用情况，层次清晰，用语简明扼要。

【实训课堂】

一、案例分析

　　小张本是个心直口快的人，说话向来不会含蓄委婉，所以经常得罪同事。一次，饮水机没水了，他对同事小刘说："帮个忙换桶水吧，就你闲着。"小刘一听不高兴了："什么就我闲着？我在考虑我的策划方案呢。"小张碰了一鼻子灰。

小张跑到销售部："吴经理，你给我把这个月的市场调查小结写一下吧。"吴经理头也没抬，冷冷地说："刚当上管理员，说话就是不一样。"显然，吴经理生气了。小张想，我也没说什么呀。他顺手拿起打印机旁的一份"客户拜访表"问："这是谁制的表？"吴经理的助理夺过表格："你什么意思？"

当天，几个同事在一起谈话，让小张说说对公司管理的看法，小张竹筒倒豆子一吐为快："我认为目前我们公司的管理非常混乱，有令不行，有禁不止，简直一个乡下企业。"大家不爱听了，认为他话里有话。

一会儿同事小王问小张："××事情可不可以拖一天，因为手头有更重要的事情要做。""有这么做事情的吗？你别找理由了，这可是你分内的事，反正又不是给我做，你看着办！"小张声色俱厉地说。小王也不甘示弱，说："喂，请注意你的言辞。你以为你是谁呀？我就是没时间。"小张气得发抖："我怎么了？本来就是这回事嘛，我不过是实话实说。"

思考：小张的同事关系为何如此紧张？如果你是小张，会怎样改善同事关系？

二、情境模拟

1. 目标

（1）训练与同事沟通的技巧。

（2）体会与同事进行和睦沟通的重要性。

2. 情境

小颖是一个直肠子的女生，心里总搁不住事儿，有什么就说什么，从来不会隐瞒自己的观点。毕业后她分到一家旅行社工作，有时看见有的同事在办公室抽烟，她会说："不要在办公地点抽烟。"看见有的同事用单位电话聊私事儿，她会劝阻："这是上班时间，不要浪费公司的资源。"看见有的同事上班时间吃东西，她会提醒："上班时间不要吃东西。"……她也是出于好心，因为这些情况如果被经理看到，免不了挨批。可是，好心没好报，她这样做的后果是，把同事们都得罪了。同事们对她意见很大，甚至集体活动也不通知她参加。她也很生气，就向经理反映，没想到经理也不怎么支持她，反倒弄得她更加被动。

思考：假如你是小颖，看见同事的上述表现后，你会怎样与同事沟通？

3. 形式

分组进行，可以五人一组，其中一人扮演小颖，三人扮演同事，另一人进行监督和评价，每个人都轮流扮演小颖。

4. 规则

（1）在演练过程中，每位同学都要严肃认真，言行要符合规范。

（2）在实际模拟时，全体同学一起对某一小组的表现进行评论。

三、假如你是某公司的员工，上级把一项临时性的工作任务安排给你，而你又不愿意做这项工作。在这种情况下，你怎样与上级进行沟通，才能说服上级把这项工作安排给别人而又不会对你产生不好的印象？

项目四　职场新秀

任务一　跨部门有效沟通

情境导入

马杉的烦恼

新的一天开始了。文心传媒公司市场部秘书陈兰刚刚坐到电脑前，"大销售"马杉也风尘仆仆地赶到了。

"你说，咱们公司那些管理行政、财务的人怎么回事？我为这表述忙得没日没夜，好不容易说服了客户，摆平了招标方，这后院还起火了！"马杉提高了嗓门。

"怎么回事？"陈兰很疑惑。

"昨天我缺一份公司的营业执照复印件，先找行政科，他们说得到财务科去拿。好不容易找到会计，她说要经过财务总监同意才行，而财务总监手机又关机。这不急死人吗？"

"几点的事呀？"

"昨晚八点。"

"咳，都下班了，再说，人家也不知道你急着找他呀！"

"这当'乙方'的真倒霉！既得'攘外'，又得'安内'，怎么回到公司就不能做回'甲方'呢？"（供应商通常在合同中被定义为"乙方"，客户为"甲方"，故销售人员常自嘲为"乙方"）

"我和其他部门的人吃饭的时候，他们还老说：'你们销售多好呀，一切资源、投入都是你们优先。我们这些部门累个半死也没人看见，而且谁都能冲着我们喊……'"

讨论：马杉的烦恼主要来自什么方面，是什么原因导致的？从中深刻领悟跨部门沟通对于个人及部门顺利开展工作的重要性。

一、跨部门沟通的概念

跨部门沟通是管理沟通中的一种，是为达到一定的管理目标而进行的沟通，但它又不同于一般的管理沟通，是组织结构中处于同一个层级上的个人或群体之间的沟通。公司中的组织人员就像人的骨干，组织沟通则是人的血液。如果血液不通，人体就会瘫痪；如果组织缺乏沟通，则整个组织就会陷入停顿，发展停滞不前。

因此，在企事业单位，跨部门沟通意义重大。员工和中层主管花在内部沟通上的时间占其工作时间的 40%～50%，而对于高层主管，这个比重会更高。许多快速发展的成长型企业，随着市场的拓展，部门设置越来越多，职责分工越来越细，然而跨部门之间的沟通却越来越难以协调，常常影响公司整体的运作效率，很多公司领导者为之苦恼不已。如何提高公司内部沟通的有效性，成为亟待解决的一大问题。

二、跨部门沟通存在的障碍

组织内部不同部门之间，往往会因为一些原因导致沟通不畅或出现矛盾冲突，深入挖掘部门沟通问题的根源，识别存在于跨部门沟通中的障碍，有助于更好地化解部门之间的沟通问题，为沟通扫清"障碍"。

1. 不容忽视的"部门墙"

【案例 1】

一次无效的会议

在 A 企业的季度工作会议上，营销部经理说："最近的销售不好，我们当然有一定的责任，但更主要的原因是对手推出了更新的产品。"研发部经理紧接着说："我们最近推出的新产品是少了些，不过这主要是由于研发预算太少了。就那么一点预算还被财务部门给削减了大半。"财务部经理马上接着解释："公司成本在上升，我们没钱呀！"这时，采购部经理跳起来说："采购成本上升了 20%，是由于中东地区一个生产铬的矿山发生爆炸，导致不锈钢价格的急速攀升。"于是，大家异口同声地说："原来如此。"言外之意便是：大家都没有责任。最后，人力资源部经理发言："这样说来，我只好去考核中东地区的矿山了？！"

企业中常常有这样一种现象，如果在会议上让不同部门的人谈谈哪个部门最累或者最重要，往往大家会说自己的部门最累或最重要。但一旦公司在运营中的原因，让大家找一下是哪个部门的原因，各个部门之间又会互相推诿，极力维护本部门的利益，于是问题部门似乎总也找不出来。这种现象也称本位主义，就像各部门之间的一道无形之墙，看不到也摸不着，但却真实存在，阻碍着部门之间的沟通和交流。

2. 组织分工不明确

【案例 2】

到底谁来做

A 企业要举办一个比较有规模的游泳比赛，通过比赛进行品牌宣传。高层领导要求品牌管理部、人力资源部和其他部门的几个管理骨干组成一个项目组，合力完成这项工作。而对于具体谁来负责和做什么并没有说清楚，因为大家以前都没有做过这么大型的活动，也没有一个执行方案出台。高层领导要求大家出一个方案，但大家都等着对方来出这个方案。于是，这个项目就一直处于难产阶段。

很多企业的岗位描述非常详细，规定了各岗位的任职人员该做什么、不该做什么，从正、反两方面对职责进行了框定和排除。虽然这种岗位描述工作做得非常细致，但往往只能描述60%的岗位职责，而另外40%的职责没有界定清楚。对于一些需要多部门合作的项目，有些部门会趁机推脱，部门之间的矛盾摩擦就此产生。

3. 缺乏同理心，只顾自家事

【案例3】

居高不下的投诉率

A公司某款产品的品质出现了问题，这个问题导致该款产品的使用投诉率很高。售后服务部在公司会议上反映这个问题后，这个问题还是反复出现，客户投诉率依然很高，售后服务部感到非常棘手，但却没有得到实质性的解决。

企业中很多工作一个部门无法单独完成，需要两个或两个以上部门共同协作才能完成。如果部门之间的沟通协作能力差，就会影响工作效率，从而给企业带来损失。造成这一问题的原因之一是缺乏同理心，由于绩效考核和管理制度等方面的原因，很多部门往往只把眼光放在自己部门的"一亩三分地"上，只管"分内之事"，不管他人瓦上霜。抱着"多一事不如少一事"的心态，部门之间不会形成真正的协作。

4. 不和谐的人际关系

【案例4】

沙龙突然被叫停

小范是一家咨询公司的客户经理，她经常组织一些针对客户的主题沙龙活动。一次，她精心策划的金融行业沙龙突然被老板叫停。原来，平时就与她面和心不和的咨询经理背地里参了她一本，称她请的专家不乏公司的竞争对手，难道要公司出钱替对手宣传吗？最终，小范策划的活动"黄"了，里外还得罪了不少人。

每个公司都是由一个个个体组成的，有人的地方就有人际关系。人际关系处理不好，不仅影响员工私底下的交往，很多时候还会伤及公事。尤其是需要跨部门完成的工作，如果员工给同事留下了"难与人打交道"的印象，那么跨部门的同事就更有理由不配合完成工作任务。在同等能力条件下，如果有良好的人际关系，会让跨部门团队协作产生良好的化学反应；如果与同事关系疏远甚至关系紧张，那跨部门沟通几乎会停滞，因而也就不会有真正的协作。

5. 客观存在的个人差异

世界上没有两片相同的叶子，同样，也不会有两个一模一样的人。在公司、单位，人与人之间会因为年龄、性格、阅历、思维方式、价值观、兴趣爱好的不同，而在行事风格和沟通方式上存在差异。在跨部门沟通过程中，如果不了解沟通对象的风格，或者不能容忍他人的个性差异，必将导致与他人沟通困难，从而达不到理想的沟通目的。

三、有效的跨部门沟通的策略和技巧

要打破各部门间各自为政的状态，形成和谐的沟通氛围，要从跨部门的根源问题入手，打破部门壁垒。树立正确的沟通观念，掌握跨部门有效沟通的策略，沟通就可以变得顺畅、高效。

1. 做到知己知彼

【案例5】

终于签到的单子

一大早，客户经理赵欣就接到一位客户的电话，她的第一单生意终于获批，让她去签合同。赵欣十分高兴，来公司近一年了，还没有签到单子，为了这个单子，她可是跟了半年多，总算修成正果。她兴冲冲地直奔客户公司，顺利地签下了合同。合同签完后，涉及款项划转等事项，赵欣回到公司找财务部去沟通细节。财务经理却说凡是公司正式签订的合同都要统一经过深圳总部把关。赵欣一听就晕了，之前关于合同细节，她在部门例会上和财务经理沟通过的。现在合同都签了，难道再倒回去从总部重来一遍？客户岂不更加不耐烦了？任凭赵欣好话说尽，财务经理还是坚持原则。虽然心情极为不爽，赵欣还是冷静下来，不厌其烦地和总部财务沟通，及时跟踪合同进展，在她积极耐心地跟进下，总部很快反馈了最新意见。最终，款项顺利进账。经历此事后，赵欣每次在签订合同前都会与总部及时进行沟通并及时了解相关的业务流程制度。

要想让跨部门的沟通更加顺畅，就得多了解其他部门的业务运作情况，做到知己知彼无疑是一个非常奏效的方法。很多时候，跨部门沟通出现问题往往是因为双方之间相互不了解。因此，各部门之间在日常工作中应该加强走动交流，了解其他部门的工作职责、运营状况，从公司发展的角度来理解本部门和其他部门之间的合作关系。

2. 明确部门权责

【案例6】

成功的周年庆活动

A企业成立十周年了，十年来经过公司全体员工的努力，企业开始走向繁荣昌盛。公司决定召开一次十周年庆典活动，邀请新老客户及支持过公司发展的各部门领导参加。行政总监李明被任命为活动筹备组组长，负责整个活动的筹备和组织工作。李总监找来助理小柳，请他写一份具体的策划方案，并告知将有多个部门一起参与，在策划方案中要体现什么部门需要完成什么任务。柳助理接到任务后，首先确定了整个活动的流程及准备事项，然后根据这些任务把活动筹备的人分成了几个小组，有秘书组、接待组、会务组、后勤组等，并明确了每个组的负责人、工作内容和工作职责。庆典方案经多次修改并经李总监和公司老总审核通过后，行政部就召集其他部门负责人召开了公司庆典活动协调会，明确各个部门需要派出的人手及相应的分工和职责，强调合作期间各部门认真履行职责及随时沟通的重要性。这些措施极大地保障了十周年庆典活动的顺利进行，最后活动取得了圆满成功。

多部门协作才能完成的任务或项目，只有权责明确，才能避免相互推诿。对于一些需要合作的工作任务和项目，应事先沟通约定好，经理与经理之间、员工与员工之间，规定各自负责的内容，界定好权责模糊不清的事项。有效的协作建立在权责明晰的基础上。项目分工、任务分解，明确到个人，沟通就会顺畅很多。

3. 运用双赢策略

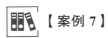【案例7】

一次成功的说服工作

A 公司现任 CEO 于国发在以前的公司做项目总监时，发现公司有一批进口设备开箱率很高，达到 11%。项目组向运营总监反映过多次，但事情一直没有得到彻底解决。于国发十分清楚，设备问题不仅会影响项目进展，如果运营总监处理不当，还会影响其声誉。他做了一份报告，把目前设备存在的问题总结了 11 项发送给运营总监，十分诚恳地指出如果处理不当将引发的后果。第二天，他就收到运营总监的回复，表示会尽快妥善处理。最终，公司很快更换了供应商，项目也如期完工了。

人无利，沟不通。由于部门之间没有从属关系，相互之间无法用命令的形式规定对方该做什么。因此，只有从大局出发，强调共同解决问题的重要性，从双赢的立场上设计部门之间的合作方式，建立利益联结关系，通过实实在在的利益，让对方接受你的意见和建议，才能达到有效的跨部门沟通。

4. 尊重个体差异

【案例8】

被疏远的小冯

A 部门与 B 部门是一家公司的两个部门，A 部门业绩好，由于部门经理是领导面前的红人，加之其为人又较为强势，导致 A 部门成为公司的强势部门，A 部门内的员工也变得较为强势；B 部门经理在公司不太强势，甚至一点脾气都没有，是公司的弱势部门。因此，强势的 A 部门的同事包括助理都整天用鄙视的眼神和语气来对待 B 部门。别说是 B 部门的员工找 A 部门的员工配合完成工作得求着他们，即使是 B 部门经理要找 A 部门的员工帮忙办事，也要和颜悦色。有一次，B 部门经理因急用一份资料而打电话让 A 部门的小冯帮忙找一下并送交给他。小冯在电话里说："我很忙，你自己来拿吧！"B 部门经理再没脾气，听了也很难受，自尊心受挫，但也只能自己去拿。过了不久，A 部门经理被其他公司高薪挖走，B 部门经理被委任为 A 部门经理。三天后，小冯收到了解聘通知书。

龙生九子，各不相同。不同个性的人组成一个部门，同一个部门内部，同事之间的沟通交流尚且要求同存异，何况跨部门与不太相熟的同事沟通协作。因此，在与其他部门的人交往时，首先要了解每一位交往对象的脾气特点与行事风格，然后做到尊重每个人，包容其不同的个性差异，最后注意选择适合对方的沟通方式，并在协作过程中尽量依从他人的行事风格。

5. 内部客户理念

【案例9】

跨部门难报的出差费

小王刚进公司半年，第一次出差后，来到公司财务部报销出差的费用，刚来公司不久的会计小李接待了他。小李看到小王递给他的报销单，便对他说："对不起，你的发票不能报，领导还没签字。另外，即使报，也不能报这么多，比如交通费这部分，你只能报火车票，但你坐了飞机，多出的部分得自己承担，还有你的住宿费用标准为每晚150元，但你花了300元，超出的也得自己承担。还有，这张会务费，怎么没有盖财务专用章啊，这个不能报，你要让他们补。"一听说报销有这么多问题，小王顿时诧异了，说："没听说这些规定啊？"会计就打开公司内部财务信息网站，点出有关报销规定的页面，对他说："这上面都有，你们应该自己了解啊！"小王听了只好悻悻地回去，感觉十分受挫和懊恼。后来，小李在帮人报销的过程中，发现有不少人对公司的报销制度不是很了解。于是，他向领导建议，在新员工培训时把这块内容加进去，让他们一进公司就了解相应的财务制度，少走弯路；对于公司的老员工，则请相应的经理提醒他们在办事前务必查看相应的财务制度，免得做了事却报不了费用，产生抱怨。这些措施实施后，小李明显感觉报销工作顺利多了。

跨部门工作，虽说是配合与协助其他部门，实际上就是为本企业内的其他部门服务。对于企业的外在客户，大家都知道要提供热情周到的服务，那么对企业内部的员工，是不是也应该热情周到？目前，很多企业都提出了"内部客户"理念。该理念认为，工作服务的下一个环节就是本职工作的客户，要用对待外部客户、最终客户的态度、思想和热情为内部客户服务。目前，很多企业在内部倡导这一理念，不仅制定规章制度，更把它作为企业文化建设的一部分。

6. 注意沟通方式

说话的方式与说话的内容一样影响沟通效果。在跨部门沟通中，为了达到预期效果，就更要注意说话的方式，选择恰当的沟通时机。用什么方式说话，永远比说什么话更重要。跨部门之间，由于不存在直接的上下级关系，相互之间是一种协作关系，甚至有时候只是让他人义务帮忙。因此，在沟通过程中更要注意态度。尊重为先，真诚待人，语气委婉，懂得赞美他人和耐心倾听。当对方感受到诚意，才会感觉舒适，进而更愿意进行跨部门协作。

7. 主动及时沟通

主动沟通是跨部门沟通的第一要义。跨部门之间需要合作完成的项目，不是开一次会交代一下任务就可以万事大吉的。即使规定了具体的完成时间，为了更好地掌握工作进度，也应随时保持联系，主动跟进和了解整个项目其他板块的完成情况，掌握最新动态。正所谓有督促才有进度，保持主动持续的沟通，才能早日完成跨部门协作项目。

8. 准确传递信息

调查数据显示，企业中，任务完成不好、项目结项效果不佳，50%以上的原因在于任务接收者与任务发布者对于任务的理解不一致。沟通，就是传达个人的思想、情感和信息。

在跨部门沟通中，除去为增进感情的思想、情感沟通外，更重要的是信息的传递。作为信息发起者，要把话说明白，要求其他部门做什么事、做到什么程度、什么时候完成，必须准确无误地说明，同时要注意反馈，确保信息接收者准确无误地理解信息发送者的意图。

9. 学会同理心倾听

倾听的关键在于用心，只有用心才能更进一步达到双方沟通、交流的目的。调查研究发现，在内部沟通中，很多人往往急于表达而疏于倾听，觉得其他部门的事情似乎与自己无关或关联性不强。在跨部门沟通中，如果双方或至少一方多一些专注倾听，并予以及时积极的反馈，就可以极大地提升沟通的有效性。

任务二　写作岗位竞聘书

情境导入

分镜头一

模拟公司新一期的训练营开课了。在各团队组建工作尚未全部完成之际，张梅老师宣布：通过公开竞聘的方式选出教师助理 2 名，各团队队长各 1 名。同时，张梅老师还特别规定，竞聘上岗的教师助理和团队队长，将根据自己的岗位级别享受相应级别的岗位津贴（成绩加分）。

分镜头二

在仔细阅读了团队队长岗位职责说明书后，陈晖决定竞选团队队长一职。在认真地撰写完成岗位竞聘书后，陈晖心里还是十分忐忑，尽管大一时就参加过班长的竞选，但不知为什么，这次竞选团队队长却让她颇为紧张。与此同时，教师助理一职的竞聘准备工作已在临时代理的组织下紧锣密鼓地进行着……

一、竞聘书的概念及特点

竞聘书属于日常应用文书的一种，它是以介绍说明为主要表达方式，阐述竞聘人员竞争某一职务或岗位时向招聘者表明有关事宜的一种应用文书。其作用在于介绍竞聘者的主要情况，表达竞聘者的择业意愿，展示竞聘者的能力才华，为竞聘者谋取理想的职务或岗位服务。也是招聘者了解掌握竞聘者的情况，从而决定对其聘用与否的重要依据。

竞聘书的特点主要有以下三个方面：

（一）介绍的简明性

竞聘者通过竞聘书向招聘者介绍自己的情况和被聘用后的打算等，从而实现被聘用的目的。竞聘书首先要简明、客观、准确，要在有限的篇幅内传达出大量的有用信息。竞聘者必须把握关键，做到条理清晰，简洁明了，以使招聘者进行权衡比较，为自己被聘用争取主动。所以，竞聘书绝不能也不应该像传记那样，写成长篇大论，而应简明扼要。

（二）表述的论说性

竞聘书虽以简明的介绍为主，但它与一般性的说明文体有所不同，竞聘书在介绍说明中强调议论的作用。特别是在说明竞聘的有利条件、被聘用后的打算和设想时，要环环相扣，从多方面多角度有理有据地进行议论和阐述，把自己的观点表述清楚，争取得到招聘者的认同。竞聘书的议论应结合说明来进行，并以说理为主，顺理成章，不落俗套，使人信服。

（三）语言的谦诚性

谦诚性是竞聘书语言表达的主要特点。竞聘者通过竞聘书来实现被聘用的目的，除了阐明自己竞聘的有利条件外，同时还要给人谦虚、诚恳、平和礼貌的感觉。因为招聘者是不会接收狂妄傲慢的竞聘者并委以重任的。所以，竞聘书十分讲究语言的艺术，既要注意不能曲意逢迎，又要注意不能趾高气扬；既要生动有文采，打动人心，又要谦诚可信，情感真挚。

二、竞聘书的结构和内容

竞聘书从结构上看，主要有称谓、祈请语或致谢词、介绍基本条件、被聘任后的打算、希望和结语、落款和附件六部分。

（一）称谓

称谓写在开篇第一行，要顶格写招聘单位名称或个人姓名。单位名称后可加"领导""负责同志"；个人姓名后可加"先生""女士""同志"，也可不写名而以姓氏加职务来写，如"罗总经理""张厂长"。在称谓后要写上冒号"："。竞聘书与一般私人书信不同，所以称谓要恰当，郑重其事。

（二）祈请语或致谢词

招聘信息一发表，竞聘者往往很多，那么招聘者要看的竞聘书自然也很多。由于时间有限，所以竞聘书在开篇一般于问候之后，紧接着写上祈请招聘者能看完此书信的话，以引起招聘者的体恤之情，使其能卒读其文。而出席招聘答辩会进行宣读或演说的竞聘书，在称谓之后即应用"感谢给予机会让我参加答辩，恳请评委和与会同志指教"等礼节性致谢词导入答辩正题。因为一般答辩会在竞聘者宣读或演说完竞聘书后，该竞聘者的答辩也即结束，接着要继续进行其他人的答辩。所以，要在开始时致谢。

（三）介绍基本条件

这部分可分为两个层次：①用简洁的文字写明姓名、性别、年龄、民族、政治面貌、文化程度、职务、职称、简历等，而对自己与竞聘岗位有密切关系的工作经历和资历，要详细具体系统地写明，并提出所要竞聘的职务和岗位，使招聘者明了竞聘者的基本条件与要求。②重点写好竞聘者的政治素质和业务能力。政治素质主要指对党的路线方针政策的认识程度，以及在重大历史时期的表现等，对于竞聘干部岗位的人员来说，还要写明责任心，遵纪守法等情况。业务能力指竞聘者所具有的观察、分析、认识和解决业务问题的能力，可结合竞聘者以前的工作业绩或学习成绩（如科研成果、突出贡献、获奖情况等）来写，借以表明竞聘者的业务素质，直接证明竞聘者具有招聘的岗位所应具备的任职条件。

（四）被聘任后的打算

写竞聘者假设被聘任后对所任职务的工作目标及措施。它具有表明"施政纲领"和态度的性质。可粗线条地进行表述，应写出两方面内容：①基本目标。写出一旦被聘任后所应完成的主要任务，所要达到的目标。目标的确定要具有客观性、现实性和先进性，要定性定量结合，能量化的尽量量化，以使招聘者进行比较评议。目标还要围绕人们对竞聘岗位关注的热点、难点和重点而明确提出，不宜太多太杂。②实现目标的措施。基本目标必须有相应的具体措施来保证，因此，措施十分重要。措施要针对目标有的放矢，有可操作性，实事求是，切实可行。这部分可以巧妙结合对招聘者的评价和称赞来写。

（五）希望和结语

写出向招聘者提出的希望或要求。如"希望您能为我安排一个面谈的机会""盼望您的答复""我期待着好消息"等。这段属于竞聘书内容的结尾，要适可而止，不可啰唆，不要苛求对方。结语写表示祝颂的话，要另起一行，空两格写"此致"或"祝"，再另起一行，顶格写"敬礼"或"工作顺利"等相应词语，均不加标点。不必过多客套，以免画蛇添足。

（六）落款和附件

落款包括竞聘者的姓名和写竞聘书的日期，写在文末右下方，姓名在上，日期在下。姓名前不必加谦称的限定语，以免有阿谀之嫌或受轻视。日期要年月日俱全，均需大写。附件是对竞聘者评价的凭证，是竞聘书不可忽视的组成部分。附件可在文末注明。如"附件：1. 获奖复印件5份；2. 科研成果复印件6份；3. 学历、职称复印件2份……"同时把附件钉在一块附于竞聘书后一起邮寄。附件贵精不贵多，必须有分量，足以证明竞聘者的能力才华。

三、撰写竞聘书应注意的问题

竞聘书是竞聘者能否被聘用的重要依据，其写作质量不仅反映竞聘者的文字水平，也是竞聘者的理论水平、思想觉悟、业务能力等诸多方面的综合反映。因此，竞聘书除了要观点鲜明，内容充实，结构严谨，语言通顺之外，还要求写作者要有言行一致、实事求是的态度，做到文如其人。写作时要注意以下几点：

（一）有的放矢推销自己

在自我介绍中，姓名、性别、年龄、文化程度等情况要简明准确，对于与竞聘岗位有关系的工作经历和资历等要系统翔实地具体说明，关系不大的则可一笔带过。如竞聘公关部长，就应详细介绍身材、容貌、性格、口才、交际能力、应变本领及相关业绩等，而如果竞聘电脑维修师，上述这些介绍则关系不大，但电脑专业知识水平、操作经历和维修业绩却不可忽视。

（二）能力才华充分展示

竞聘书是给招聘者最好的"介绍信"，只有充分展示自己的能力才华，才能引起招聘者的注意和兴趣。美国专门教人谋职技巧的德比公司副经理安尼·文斯托克说过："你所要做的就是把你的长处亮出来。"新英格兰金融集团前副总经理帕克·库勒也说过："你的实力如何，自信心怎样？你的体力、精力是否充沛，是否全神贯注？办事果断否？成熟老练否？反应灵敏否？其实，这一切我们都想了解。你要用你工作中或在校时的具体实例来证明自己的才干。"因为这些是用人单位最为关心的。当然你所介绍的情况务必真实，诚实是为人之本，不能为达到被聘任的目的而采取欺骗手段，华而不实。

（三）知彼情形贴近感情

要想使竞聘书打动招聘者，感情沟通是不可忽视的重要方面。应在竞聘书中对招聘者予以中肯的评价和恰如其分的称赞，赞扬其精神、魄力和见识，赞扬其奉献品格和美好未来……当你在文中如数家珍地赞美这些时，就把你与用人单位的距离在感情上大大拉近了，甚至使其把你当成"自己人"。这就需要你对招聘者做充分的调查研究，否则，很难有好效果。美国西北大学职业部主任维克多·林奎斯特在对320家公司招聘人员进行调查后发现，那些对公司不甚了解的竞聘者，一般都没有被聘用。"他毫无准备而来，说明他办事不够认真，说明他对聘用与否抱无所谓的态度"（美国通用电气公司的人事部主任珍尼特·桑林）。招聘面试如此，写竞聘书也是如此。

（四）境界要高认识要明

竞聘书写作还要体现出竞聘者很高的思想境界和对工作的明确认识。虽然竞聘书不是议论文，不必长篇累牍地论述某一职业的意义作用和竞聘者的思想觉悟，但是，对所应聘的岗位没有认识，或只为了"挣钱多""待遇好""清闲自在""能出国"……这样是不能被聘用的。任何一个招聘者，都希望任用思想境界高，对工作有明确认识，愿意竭诚为单位效力，具有奉献精神的人。

（五）言简意赅长短适宜

竞聘书如果写得太短，一来难以介绍清楚自己，难以表达自己的认识和感情，二来显得不够认真，不够郑重。但写得太长，又会影响对方的时间，使人望而生厌，看而腻烦。因此，竞聘书要言简意赅，文约事丰，长短适宜，以千字左右为好。有些内容，如发表的论文，获奖情况等，可另附表、附文，以便使竞聘书简洁明快。

岗位竞聘书例文

班长竞聘书

各位同学：

你们好！

今天，我走上演讲台的唯一目的就是竞选"班级元首"——班长。我坚信，凭着我新锐不俗的"官念"，凭着我的勇气和才干，凭着我与大家同舟共济的深厚友情，这次竞选演讲给我带来的必定是下次的就职演说。

我从没有担任过班干部，缺少经验，这是劣势，但正因为从未在"官场"混过，一身干净，没有"官相官态"和"官腔官气"。少的是畏首畏尾的顾虑，多的是敢作敢为的闯劲。由于我一向生活在最底层，从未有过"高高在上"的体验，对摆"官架子"看不惯、弄不来，就特别具有民主作风。因此，我的口号是"做一个彻底的平民班长"。班长应该是架在老师与同学之间的一座桥梁，能向老师提出同学们的合理建议，向同学们传达老师的苦衷。我保证做到在任何时候、任何情况下，都先是"想同学们之所想，急同学们之所急"。当师生之间发生矛盾时，我一定明辨是非，敢于坚持原则。特别是当老师的说法或做法不尽正确时，我将敢于积极为同学们谋求正当的权益。

班长作为一个班组的核心人物，应该具有统御全局的大德大能，我相信自己是够条件的。首先，我有能力处理好班级的各种事务。因为本人具有较高的组织能力和协调能力，凭借这一优势，我保证做到将班委的积极性都调动起来，使每个班委成员扬长避短，互促互补，形成拳头优势。其次，我还具有较强的应变能力，所谓"处变不惊，临乱不慌"，能够处理好各种偶发事件，将损失降到最低。再次，我相信自己能够为班级的总体利益牺牲一己之私，必要时，我还能"忍辱负重"。最后，因为本人平时与大家相处融洽，人际关系较好，这样在客观上就减少了工作的阻力。

我的治班总纲领是：在以情联谊的同时以"法"治班，最广泛地征求全体同学的意见，在此基础上制订出班委工作的整体计划；然后严格按计划行事，推选代表对每个实施过程进行全程监督，责任到人，奖罚分明。我准备在任期内与全体班委一道为大家办九件好事：

（1）借助科学的编排方法，减轻个人劳动卫生值日的总长度和强度，提高效率；

（2）联系有关商家定期送纯净水，彻底解决饮水难的问题；

（3）建立班组互助图书室，并强化管理，提高其利用率，初步解决读书难问题；

（4）组织双休日同乡同学的"互访"，沟通情感，加深相互了解；

（5）在得到学校和班主任同意的前提下，组织旨在了解社会、体验周边人们生存状况的参观访问活动；

（6）利用勤工俭学的收入买三台二手电脑，建立电脑兴趣小组；

（7）在班组报廊中开辟"新视野"栏目，及时追踪国内改革动态，和通勤生结成

互帮互促的对子;

(8) 建立班级"代理小组",做好力所能及的代理工作,为有困难的同学代购物件、代寄邮件、代传信息等;

(9) 设一个班长意见箱,定时开箱,加速信息反馈,有问必答。

我会是一个最民主的班长,常规性工作要由班委会集体讨论决定,而不是由我一个人说了算。重大决策必须经过"全民"表决。如果同学们对我不信任,随时可以提出"不信任案",对我进行弹劾。

同学们,请信任我,投我一票,我一定会经得住考验,成为你们所期待的公仆!相信在我们的共同努力下,充分发挥每个人的聪明才智,我们的班务工作一定能搞得十分出色,我们的班级一定能跻身全院先进班级的行列,步入新的辉煌!

谢谢大家!

竞聘人:×××
2016年9月12日

[简析] 在这篇班长竞聘书中,竞聘者客观地分析了自己的劣势所在,不回避问题,并机智地变劣势为优势。竞聘者提出以情联谊的同时以"法"治班,民主制订班委会工作计划并责任到人,以及任期内将为大家办九件好事等一系列"施政方略",还提出了希望大家支持的请求。竞聘书对竞选的职位认识到位,见解独到,语言简洁,力求口语化,竞选态度鲜明,信心十足,对赢得大家的认同并拉到选票有较好的感染力和说服力。由于听众是同班同学,彼此熟悉,因而竞聘者不必介绍自己的政治面貌、学历、职务等。

任务三　与下属高效沟通

情境导入

综合部李经理进文心传媒公司不到一年,颇受总监赏识,不管是专业能力还是管理绩效,都获得了大家的肯定。在她的细致规划下,综合部一些原本停滞已久的工作,重新启动并顺利推进。

部门总监发现,李经理到综合部以来几乎每天加班。他经常第二天在办公室看到李经理电子邮箱的发送时间是前一天晚上10点多,接着又看到当天早上7点多发送的另一封邮件。李经理总是最晚离开,上班时第一个到。但是,即使是在工作最吃紧的时候,其他同事似乎都准时走,很少跟着她留下来。平常也难得见到李经理和她的部属或同级主管沟通。

总监对李经理如何与其他同事、部属沟通工作感到好奇,开始观察她的沟通方式。原来,李经理在她部门是以电子邮件来布置工作。她的下属除非必要,也都是以电子邮件回复工作进度,很少找她当面报告和讨论。电子邮件似乎被李经理当作和同人沟通交流的最佳工具。

但是,最近大家似乎开始对这样的沟通方式产生意见。总监发觉,李经理的部属逐渐对部门失去向心力,除了不配合加班,还只执行交办的工作,不太主动提出企划或问题。而其他各个主管，也不会像李经理刚到综合部时，主动到她办公室聊天。大家见了面，只是客气地点个头。开会时的讨论，也都是公事公办。

了解到这些情形后，总监找李经理谈话，李经理认为效率是最需要追求的目标，所以她希望用最节省时间的方式来沟通。总监以过来人的经验告诉李经理，工作效率虽重要，但良好的沟通绝对会让工作的推进更加顺畅。

知识加油站

一、上级下达命令的方式与技巧

"喂，你进来一下。""小王，请你进来一下。""小李，把盘子洗一下。""小李，麻烦你把盘子洗一下。"以上表达方式哪种更受员工的欢迎？主管对员工下达命令时应掌握哪些技巧？

命令是上级对下级特定行动的要求或禁止。命令的目的是要让下级按照上级的意图完成特定的行为或工作；命令也是一种沟通，只是命令带有组织阶层上的职权关系，它隐含着强制性，会让下级有被压抑的感觉。如果上级经常用直接命令的方式要求下级做好这个、完成那个，也许部门看起来非常有效率，但是工作品质一定无法提升。

为什么？因为直接命令剥夺了下级自我支配的权利，压抑了下级的创造性思考和积极负责的心理，同时也让下级失去了参与决策的机会。命令虽然有缺点，但为确保下级能按组织确定的方向与计划去执行，命令是绝对必要的。那么，上级应如何下达命令呢？

（一）正确传达命令意图

下达命令时，上级要正确地传达命令，不要经常变更命令；不要下达一些自己都不知道缘由的命令；不要下达一些过于抽象的命令，让下级无法掌握命令的目标；不要为了证明自己的权威而下达命令。正确地传达命令的意图，是比较容易做到的。只要采用"5W2H"法，就能正确地传达命令的意图。

[课堂互动]

"张小姐，请你将这份调查报告复印 2 份，于下班前送到总经理办公室交给总经理，请留意复印的质量，总经理要带给客户参考。"请根据"5W2H"法进行分析，体会该命令所传递的重点意图。

（二）使下级积极接受命令的技巧

上级应让下级正确了解命令的意图，让下级容易接受并愿意去执行。那么，如何提升下级执行命令的意愿呢？必须注意下列五个下达命令的技巧。

1. 态度和善，用词礼貌

就像前面谈到的问题一样，在我们身边，常有一些上级在与下级沟通的时候，忘记使用礼貌用语，例如："小张，进来一下"，"小李，把文件送去复印一下"。这样的用语会让下级有一种被呼来唤去的感觉，缺少对他们起码的尊重。为了改善和下级的关系，使他们感觉自己受尊重，上级不妨使用一些礼貌用语，例如："小张，请你进来一下"，"小李，麻烦你把文件送去复印一下"。要记住，一位受人尊敬的上级，首先应该是一位懂得尊重别人的上级。

2. 让下级明白工作的重要性

下达命令之后，应告诉下级这项工作的重要性，例如："小王，这次项目投标是否能成功，将决定我们公司今年在总公司的业绩排名，对公司来说至关重要。希望你能竭尽全力争取成功。"通过告诉下级这项工作的重要性，以激发下级的成就感，让他觉得"我的领导很信任我，把这样重要的工作交给了我，我一定要努力才能不负众望"。

3. 给下级更大的自主权

一旦决定让下级负责某一项工作，就应该尽可能地给他更大的自主权，让他可以根据工作的性质和要求，更好地发挥个人的创造力。例如："这次展示会由你负责，关于展示主题、地点、时间、预算等请你作出一个详细的策划，下个星期你选一天，我们要听取你的计划。"此外，还应该帮助下级取得必要的信息。例如："财务部门我已经协调好了，他们会提供一些必要的报表。"

4. 共同探讨状况，提出对策

即使命令已经下达，下级也已经明白了他的工作重点所在，上级也已经相应地进行了授权，但也切不可就此不再过问事情的进展，尤其当下级遇到问题和困难，希望上级协助解决时，应该和下级一起共同分析问题，探讨状况，尽快提出一个解决方案。

5. 让下级提出疑问

上级可询问下级有什么问题及意见。例如："小王，关于这个投标方案，你还有什么意见和建议吗？"上级可采纳下级好的意见，并给予赞扬。例如："关于这点，你的意见很好，就照你的意见去做。"

二、上级赞扬下级的作用和技巧

 【案例1】

赞扬的力量

王先生在儿子8岁时给他买了一架钢琴，可是小男孩顽皮好动，不好好学，王太太为此经常训斥他，却丝毫不起作用。于是，王先生开始想办法让孩子喜欢弹钢琴。一天下午，当孩子为应付父母，随便弹了一首曲子准备溜走时，王先生叫住他说："儿子呀，你弹的是什么曲子？怎么这么好听，爸爸从来没有听过这么美妙的音乐，你再给爸爸弹一遍。"孩子听了很高兴，愉快地又弹了一遍。王先生告诉儿子喜欢听他弹的曲子，能不能每天弹一些，儿子高兴地答应了下来。现在，儿子每天放学回家后，第一件事就是弹钢琴，雷打不动。

问题与思考：

（1）王先生是如何通过赞扬培养孩子弹钢琴的兴趣的？

（2）上级如何在工作中运用赞扬的力量激励下级？

（一）赞扬的作用

赞扬他人，是我们在日常沟通中常常遇到的情况。要建立良好的人际关系，恰当地赞扬他人是必不可少的。赞扬能使他人满足自我的需求。一个人具有某些长处或取得了某些成就，他还需要得到社会的认可。如果你能以真心实意的赞扬满足一个人的自我需要，那么任何一个人都可能会变得更令人愉快、更通情达理、更乐于协作。因此，作为上级，应该努力去发现能对下级加以赞扬的小事，寻找他们的优点，养成一种赞美的习惯。

赞扬下级是上级对下级的行为及工作给予的正面评价，赞扬是发自内心的肯定与欣赏。赞扬的目的是传达一种肯定的信息，以激励下级。

（二）赞扬的技巧

作为一种沟通技巧，赞扬也不是随意说几句恭维话就可以奏效的。事实上，赞扬下级也有一些技巧及要点。

1. 态度要真诚

赞扬下级必须真诚。每个人都珍视真心诚意，它是人际沟通中最重要的尺度。英国专门研究社会关系的卡斯利博士曾说过："大多数人选择朋友都是以对方是否出于真诚而决定的。"如果你在与下级交往时不是真心诚意的，那么要与他建立良好的人际关系是不可能的。所以，在赞扬下级时，必须确认你赞扬的人的确有此优点，并且要有充分的理由去赞扬他。

2. 内容要具体

赞扬要依据具体的事实，除了使用广泛的用语，例如："你很棒！""你表现得很好！""你不错！"之外，最好加上对具体事实的评价。例如："你的调查报告中关于技术服务人员提升服务品质的建议，是一个能解决目前问题的好办法，谢谢你对公司提出这么有用的办法。""你处理这次客户投诉的态度非常好，并能有效解决问题，你的做法正是我们期望员工能做的标准典范。"

3. 注意赞扬的场合

在众人面前赞扬下级，对被赞扬的员工而言，他受到的鼓励当然是最大的，这是一个赞扬下级的好方式；但是采用这种方式时要特别慎重，因为被赞扬的下级的表现如果不能得到大家的认同，其他下级难免会有不满的情绪。

4. 适当运用间接赞扬的技巧

所谓间接赞扬，就是借第三者的话来赞扬对方，这样比直接赞扬对方的效果要好。比如，上级见到下属的业务员，对他说："前两天我和刘总经理谈起你，他很欣赏你接待客户的方法，你对客户的热心与细致值得大家学习。好好努力，别辜负他对你的期望。"

间接赞扬的另一种方式就是在当事人不在场的时候赞扬，这种方式有时比当面赞扬所起的作用更大。一般来说，背后的赞扬都能传达到本人，这除了能起到赞扬的激励作用外，更能让被赞扬者感到你对他的赞扬是诚挚的，因而更能加强赞扬的效果。

总之，赞扬是人们的一种心理需要，是对他人敬重的一种表现。恰当地赞扬别人，会给人以舒适感，同时也会改善与下级的人际关系。所以，在沟通中，我们必须掌握赞扬下级的技巧。

三、上级批评下级的方式方法

【案例2】

这样批评可以吗？

酒店里有一位员工，最近家中可能有些事情，已经连续两天迟到而且迟到时间都超过了10分钟。第三天他又迟到了。主管立即把这位员工叫到办公室，不听员工任何解释，就开始用斥责的口吻批评道："哎呀！你看你又迟到了，你怎么天天迟到？你这个迟到大王！你这样迟到还干不干活？"甚至还语带威胁："你如果再迟到一次，你等着吧，说不定把你开除。"

问题与思考：

（1）你觉得这位主管的批评方式正确吗？

（2）如果你是这位主管，遇到这种情况，你如何批评这位员工？

俗话说："金无足赤，人无完人。"发现下级的缺点和错误，及时地对其加以指正和批评是很有必要的。

（一）以真诚的赞美开头

俗话说：尺有所短，寸有所长。一个人犯了错误，并不等于他一无是处。所以在批评下级时，如果只提他的短处而不提他的长处，他就会感到不平衡，感到委屈。例如，一名员工平时工作颇有成效，偶尔出了一次质量事故，如果批评他的时候只指责他导致的事故，而不肯定他以前的成绩，他就会感到以前"白干了"，从而产生抗拒心理。心理学研究表明，被批评的人最主要的障碍就是担心批评会伤害自己的面子，损害自己的利益，所以在批评前帮他打消这个顾虑，甚至让他觉得你认为他"功大于过"，那么他就会主动放弃心理上的抵抗，对你的批评也就更容易接受。

【沟通故事1】

玫琳凯女士的"三明治式"批评法

玫琳凯十分讲究批评技巧。她主张，批评要用"三明治式"，将批评隐入两个大的赞美之间，力避单刀直入地训诫或指责，以免使人难堪。

玫琳凯在批评下级时总是先赞扬被批评者的优点，从赞美中隐喻或捎带批评，最后再给予鼓励。

玫琳凯在批评人时，绝不坐在办公桌后面与对方谈话。她认为办公桌是一个有形的障碍，办公桌代表权威，给人以居高临下之感，不利于交流和沟通。她总是邀对方坐在沙发上，在比较轻松的环境中进行讨论。

玫琳凯要批评一个人时，总是单独与被批评者面谈，而绝不在第三者面前指责。她认为，在第三者面前责备某个人，不仅打击士气，同时也显示批评者的极端冷酷。

她说："一个管理人员在第三者面前责备某个员工的行为，是绝对不可原谅的。"

故事启发：

"三明治式"批评法减少了批评对象的心理抗拒，从而达到使其顺利接受批评的目的。

（二）尊重客观事实

批评他人通常是比较严肃的事情，所以在批评的时候一定要客观具体，应该就事论事。要记住，批评他人并不是批评对方本人，而是批评他的错误行为，千万不要把对下级错误行为的批评扩大到对其本人的批评上。

【沟通故事 2】

陶行知的四块糖果

陶行知先生当校长的时候，有一天看到一位男孩用砖头砸同学，便将其制止并叫他到办公室去。当陶行知回到办公室时，男孩已经等在那里了。

陶行知掏出一块糖给这位男孩："这是奖励你的，因为你比我先到办公室。"接着他又掏出一块糖给这位男孩："我不让你打同学，你立即住手了，说明你尊重我。"男孩将信将疑地接过第二块糖，陶行知又说道："据我了解，你打同学是因为他欺负女孩，说明你很有正义感，我再奖励你一块糖。"

这时，男孩感动得哭了，说："校长，我错了，同学再不对，我也不能采取这种方式。"陶行知于是又掏出一块糖："你已认错，我再奖励你一块。我的糖发完了，我们的谈话也结束了。"

故事启发：

陶行知先生的四块糖果——第一块，奖赏男孩的信守诺言；第二块，告诉男孩要尊重师长；第三块，赞扬男孩的见义勇为；第四块，奖励男孩的知错就改。在批评教育时一定要尊重客观事实，这样的批评才能让对方心悦诚服地接受。

（三）不要伤害下级的自尊与自信

不同的人由于经历、知识、性格等自身素质的不同，接受批评的能力和方式也会有很大的区别。在沟通中，应该根据不同的人采用不同的批评技巧。但是这些技巧有一个核心，就是不损对方的面子，不伤对方的自尊。批评是为了让下级更好地工作，若伤害了他的自尊与自信，就很难使他变得更好。因此，批评时在用语上要讲究技巧。例如："我以前也犯过这种错……""每个人都有低潮的时候，重要的是如何缩短低潮的时间""像你这么聪明的人，我实在无法同意你再犯一次同样的错误""你以往的表现都优于一般人，希望你不要再犯这样的错误"等等。

（四）友好地结束批评

正面批评下级，对方或多或少会感到有一定的压力。如果一次批评弄得不欢而散，一定会增加对方的心理负担，使其产生消极情绪，甚至对抗情绪，为以后的沟通带来障碍。所以，每次批评都应尽量在友好的气氛中结束，这样才能彻底解决问题。在批评结束时，不应以"今后不许再犯"这样的话作为警告，而应该对对方表示鼓励，提出充满感情的希望，比如"我想你会做得更好"或者"我相信你"，并报以微笑。让下级把这次见面当成是你对他的鼓励而不是一次意外的打击，这样会帮他打消顾虑，增强改正错误、做好工作的信心。

（五）选择适当的场所

批评最好选在单独的场合，上级的办公室、安静的会议室、午餐后的休息室或者楼下的咖啡厅都是不错的选择。每个人都会犯错，上级要有宽广的胸襟包容下级的过失，本着爱护下级的心态，同时注意上面的几个要点。当下级需要批评时，不要犹豫，果敢地去做。正确、适时地批评，对下级和部门都有正面的功效。

【小资料】

批评中的"四忌"

一忌恶语伤人。每个人都有自尊心，领导者批评下级同样应在平等的基础上进行，态度上的严厉不等于言语上的恶毒。只有无能的领导者才去揭人伤疤。同时，恰当的批评语言，还显示出一个领导者的心胸和修养。所以，批评下级时绝不可恶语相向，不分轻重。

二忌捕风捉影，主观行事。上级批评下级，要使下级心悦诚服，没有以权压人、以势压人之感，很重要的一条就是要做到实事求是。所以，上级批评下级，切忌捕风捉影，主观行事。这就要求领导者必须心胸豁达，最忌讳神经过敏、疑神疑鬼、听信流言、无中生有。必须牢记"没有调查就没有发言权"。

三忌喋喋不休，没完没了。有效的批评往往能一针见血地指出问题的实质，使下属心悦诚服，而絮絮叨叨的指责却会增加下属的逆反心理，而且即使他能接受，也会因为你缺乏重点的语言而抓不住错误的症结。所以，如果下属能自我反省，承认错误，就不应太过苛求。

四忌针对个人，伤及自尊。这条非常重要。正确的批评应该做到"对事不对人"，这也是一条被无数事例所验证的法则。虽然错误与犯错误的人密不可分，但对事不对人的批评却更容易为下属所接受。

四、上级拒绝下级的注意事项

上级对下级说"不"时，既要保持自己的工作原则，又应保护下级的自尊心，激发下级工作的积极性，充分展现自己作为领导的风度。因此，必须注意以下几点：

（一）顾及下级的感受

上级对下级说"不"尽管较为轻松容易，但是，如果一点都不顾及下级的感受，也不会赢得下级的尊重，带来的只有嫉恨和离心背德。

同时，上级拒绝下级时也要讲究一个"巧"和"善"。"巧"就是灵活多变，抓住对方的心理，顺坡下驴，使对方没觉察时就被你拒绝。而心怀"善"字，即使下级被你拒绝了，也不会怀恨在心，你友善的态度消除了他可能产生的敌意。

（二）敢于说"不"，善于说"不"

有的时候，下级的观点、行为并不正确，而他自己却因为某种原因觉察不到，这时领导者就应勇敢地说"不"。如果对方是一个正直的人，他一定会很感激你，因为这也是对他的一种激励。你的行为肯定了他是一个正直的人，他能够认识、承认并改正自己的不足。

从这一层意义上可以看出，说"不"其实是激励的孪生兄弟，它们的表现方式虽然有所差别，达到的效果却是一样的。

（三）做到真诚与委婉

当下级向你提出某种要求时，他心中通常也会有某些困扰或担忧，担心你会不会马上拒绝，担心你会不会给他脸色看。因此，在决定拒绝之前，上级首先要注意倾听下级的诉说。这样既能让对方有被尊重的感觉，也能在你婉转地表明自己拒绝的立场时，避免使他感觉受到了伤害，或避免使他觉得你只是在应付。同时，上级倾听后再拒绝，还可以针对下级的情况，建议他如何找到适当的解决方法，这同样能赢得下级的感激。所以，上级拒绝下级时一定要真诚。

除了真诚，上级拒绝下级时还要尽可能地委婉。可以适当运用以下几个技巧：

1. 假托直言

直言是对人信任的表现，也是与对方关系密切的标志。但是多数情况下，直言因逆耳而不能收到预期的效果。在这种情况下，要拒绝、制止或反对对方的某些要求、行为时，可以假托非个人的原因而加以拒绝，这样对方就容易接受。

2. 反复申诉

当集体利益或自己的权利受到侵害时，上级要坚持自己的立场，但也不可急躁，应该学会在冲突的情境中有效地反复表达自己的意见。如此一来，也大多能够成功地做到委婉拒绝。

3. 模糊应对

这种方法很容易理解，即如果由于某种原因不愿意或不便于把自己的真实想法告诉对方时，就可以用模糊的语言来应对。

4. 热情应对

这种方式有一定的反差性，即明确表示你希望满足对方的要求，可实际上是心有余而力不足，请对方谅解，而不直接拒绝。这样做也能收到良好的效果。

5. 旁溢斜出

也就是说对对方提出的问题给予回避性的回答，而不是直接否定对方提出的不合己意的问题。

五、上级有效说服下级的技巧

【案例3】

"相信只有你才能起死回生"

有一位上司想派一名下属去边远的地方主管业务。

上司是这样说的："那里的业务已乱成一团麻，整个企业都已受到影响，如果不及时整顿，公司必将一败到底。因而我首先考虑了你，相信只有你才能起死回生。"

这位下属被派驻边远地区，心中原本不悦，但听到上司如此信任，委以重任，觉得自己是没有理由不好好干一番的。

问题与思考：

（1）这位上司采用了什么方法说服下属去边远地方工作？

（2）还有哪些方法可以用来说服下属？

领导过程有时就是说服的过程。领导在说服自己的下级时要掌握以下技巧：

（一）适度褒扬，顺水推舟

每个人的内心都有自己渴望的"评价"，希望别人能了解，并给予赞美。身为领导者，应适时地给予下级鼓励，褒扬下级的某些能力，引导他们更加卖力地工作。当下级由于非能力因素借口公务繁忙拒绝接受某项工作任务之时，领导为了调动他的积极性和热情，可以这样说："当然，我知道你很忙，抽不开身，但这种事情非你去解决才行，我对其他人没有把握，思前想后，觉得你才是最佳人选。"这样一来就使对方无法拒绝，巧妙地使对方的"不"变成"是"。这一说服技巧主要在于对对方某些固有的优点给予适度的褒奖，以使对方得到心理上的满足，减轻挫败时的心理困扰，使其在较为愉快的情绪中接受你的劝说。

（二）设身处地，将心比心

许多说服工作遇到困难，并不是我们没把道理讲清楚，而是由于劝说者与被劝说者固执地据守本位，不替对方着想。如果换个位置，被劝说者也许就不会"拒绝"劝说者，劝说和沟通就会容易多了。领导者在劝说下级时，尤其应注意这一点，并自觉地运用到工作中，以清除无形的情绪障碍。领导者站在被劝说者的位置上瞻前顾后，同时又把被劝说者放在领导的位置上陈诉苦衷，抓住被劝说者的关注点，就能使他心甘情愿地接受劝说。

（三）求同存异，缩短差距

平级之间、上下级之间或多或少都会存在"共同意识"。作为领导，为了有效地说服同事或下级，应该敏锐地把握这种共同意识，以便求同存异，缩短与被劝说者之间的心理差距，进而达到说服的目的。

（四）推心置腹，动之以情

古人云："感人心者，莫先乎情。"领导者的说服工作，在很大程度上可以说是情感的征服。只有善于运用情感技巧，动之以情，以情感人，才能打动人心。感情是沟通的桥梁，要想说服别人，必须跨越这一座桥，才能到达对方的心理堡垒，征服别人。领导在劝说别人时，应推心置腹，动之以情，讲明利害关系，使对方感到领导的劝说并不抱有任何个人目的，没有丝毫不良企图，而是真心实意地帮助被劝说者，为他的切身利益着想。

（五）克己忍让，以柔克刚

当下级与自己的意见和看法相左时，作为领导，切忌用权力去压制下级。如果那样做，下级的反抗会像收紧的弹簧一样随时扩张、爆发。高明的做法应该是克己忍让，对对方礼让三分，以柔克刚，让事实来"表白"自己。一旦领导这样做，其高风亮节必然会激起下级的羞愧之心，下级会由衷地佩服领导的度量，在无形中便接受了规劝与说服。这种容忍的风范和"四两拨千斤"的说服技巧常常能赢得下级真诚的拥护与尊敬。

（六）先行自责，间接服人

领导欲将某一困难的工作任务交付下级时，明知可能不为对方接受，甚至还会引起他的非难，但此事又太重要实在非他莫属。要说服他十分困难，不妨在进入主题之前先说一句："现在我要向你说这么一句话，虽然明知你会感到不愉快！"对方听了以后，便不好意思拒绝或非难你，因为你毕竟是领导。先行自责，就等于在对方的手脚上上了枷锁，使他无法拒绝你，无法拒绝你的意见，从而接受你的难题，达到间接说服人的目的。

（七）适加作料，轻松诙谐

领导者说服别人，不能一律板着脸、皱着眉，这样很容易引起被劝说者的反感与抵触情绪，使说服工作陷入僵局。在工作中，上级说服下级时，可以适当点缀些俏皮话、笑话、歇后语，从而取得良好的效果。这种加"作料"的方法，只要运用得当，就能把抽象的道理讲得清楚明白、诙谐风趣，不失为说服技巧中的神来之笔。

（八）为人置梯，保人脸面

领导要改变下级已公开宣布的立场，首先要做的就是尽量顾全他的面子，使对方不至于背上出尔反尔的包袱，下不了台。假定领导与下级在一开始没有掌握全部事实的情况下发生了分歧，作为领导，为了劝服下级，可以这样给下级铺台阶："当然，我完全理解你为什么会这样设想，因为你那时不知道那回事。"或者说："最初，我也是这样想的，但后来当我了解到全部情况后，我就知道自己错了。"为人置梯，可以把被劝说者从自我矛盾中解放出来，使他体面地收回先前的立场。在实际工作中，领导最好采取单独面谈的方式，让下级避开公众的压力，使其反省。这样，下级定会顺着你给出的梯子，走下他固执的高楼，并且还会因为你保全了他的脸面而对你心存感激。

任务四　写作述职报告

情境导入

分镜头一

"模拟公司"实训中心举办的新一期培训即将结束时，张梅老师再次组织学员们根据培训期间团队及个人的表现，评选出了最佳团队、最佳队长、最佳学员、最具潜力学员。跟以前一样，张梅老师还决定在培训结束前举办一次"培训班学习总结暨表彰大会"。本次大会除要求教师助理、团队队长对个人任职表现进行述职,各团队优秀学员上台发言外,还邀请了实训中心领导为本期培训班的获奖者颁发获奖证书和奖品。

　　分镜头二

　　忙忙碌碌中,某食品股份有限公司又将迎来新的一年。眼下,青梅还有一项重要的工作要做,那就是对自己过去一年担任公司总经理期间的岗位任职情况进行回顾、总结,并撰写个人年度述职报告。明天,她将拿着这份述职报告,到公司年度股东代表大会上进行述职。

一、述职报告的概念及种类

　　述职报告是指各级各类机关工作人员,主要是领导干部向上级、主管部门和下属群众用于陈述任职情况,包括履行岗位职责,完成工作任务的成绩、缺点、问题、设想,进行自我回顾、评估、鉴定的书面报告。

　　述职报告的种类,可从不同角度划分。

　　(1)按时间划分　可分为年度述职报告、阶段述职报告和任期述职报告。

　　(2)按内容划分　可分为综合性述职报告、专题性述职报告。

　　(3)按表达形式划分　可分为口头述职报告、书面述职报告。

二、述职报告的特点

　　1. 个人性

　　述职报告特别强调个人性,即个人对工作负有职责。述职内容是述职者在实际工作中执行岗位职责的实绩及其是否称职的自我估价等情况,述职者不能脱离这些内容随意发挥。

　　2. 专用性

　　述职报告一般是述职者对自己在规定的范围(职责范围)、时间(任职时间)内的政绩的归纳、总结,具有专用性。

　　3. 严肃性

　　述职报告的内容应该是对自己任职期间的业绩所作出的实事求是、恰如其分、认真严肃的叙述与评价。

三、述职报告的格式要求

　　述职报告的格式由标题、称呼、正文、结束语、落款等部分组成。

1. 标题

（1）文种式标题　只写"述职报告"这几个字。

（2）公文式标题　由"时限+事由+文种"构成，如"2012年至2016年任商业局长职务的述职报告"。

（3）文章式标题　用正题或正副配合，如"×年个人述职报告""思想政治工作要结合经济工作一起抓——××造纸厂厂长×××的述职报告"。

2. 称呼

称呼是述职者对读者或听众的称呼。向上级领导呈送的述职报告，应按照公文写作的规范格式撰写，正文之前的第一行顶格写明主送机关；如果是在一定的场合当场向领导或下属宣读的述职报告，则应当使用对听取述职报告的对象的称呼。

3. 正文

（1）开头　开头包括两方面内容：一是任职介绍，说明自己的任职时间、担任职务和主要职责，简要交代述职的内容和范围；二是任职评价，简明扼要地介绍任职以来的工作情况。这一部分力求简洁明了。

（2）主体　这是述职报告的核心，主要陈述履行职务的情况，包括三方面的内容：一是任职期间的任务完成情况，取得的主要工作成绩；二是存在的问题及经验教训；三是今后工作的努力方向、目标或打算。

（3）结尾　一般要求用格式化的习惯语来结束全文，采用谦逊式结尾、总结归纳式结尾或表决心式结尾等形式。

4. 结束语

述职报告的末尾还应有一个明确的结束语作为结束标志。如"述职至此，谢谢大家""以上报告，敬请批评指正"等。这类习惯用语既显示了对上级领导和下属群众的尊重，又在一定意义上表达了自己做好工作的愿望。

5. 落款

述职报告的落款包括署名和成文日期。署名包括述职者在单位担任的职务、姓名。如在标题下方有署名的，此处应省略。

四、述职报告与总结的异同

述职报告和总结既有相同之处，又有不同之处。

述职报告与总结的相同之处是，它们都可以谈经验、教训，都要求将事实材料和观点紧密结合。从某种程度上来说，述职报告可以借鉴总结的某些写作方法。

述职报告与总结的不同之处有以下三点：

1. 要回答的问题不同

总结要回答的是做了什么工作，取得了哪些成绩，有什么不足，有何经验、教训等。述职报告要回答的则是履行什么职责，履行职责的能力如何，是怎样履行职责的，称职与否，等等。

2. 写作重点不同

总结的重点在于全面归纳工作情况，体现工作实绩。述职报告则必须以履行职责方面的情况为重点，突出表现德、才、能、绩，表现履行职责的能力。

3. 表述方式不同

总结主要运用叙述的方式和概括的语言，归纳工作结果。述职报告则可以采用夹叙夹议的写法，既表述履行职责的有关情况，又说明履行职责的出发点和思路，还要申述处理问题的依据和理由。

一、避免把述职报告写成单位工作总结，单位工作与个人工作混为一谈

述职报告和单位工作总结都采用自述的方式，对已经发生过的事情进行回顾、反思、总结和评价。但是，它们毕竟是两个性质完全不同的文种：第一，内容范围不同。单位工作总结是回顾整个单位的工作，重视过程性和全面性，注重展示整个工作过程中的具体做法，是全方位地反映情况，以便读者清晰地了解什么工作做得好，什么工作做得不好以及为什么。而述职报告重在叙述个人履行职责的情况，着眼于汇报个人是否胜任某职、履行职责的能力如何。第二，写作目的不同。总结作为常规性的工作回顾，主要目的是总结成绩，发现问题，寻找带有规律性的认识，以利于今后在实践中更有效地推动工作向前发展。而述职报告是上级主管领导、人事部门或有关评审组织对述职人任职期间业绩和能力的考核依据之一，也是群众评议的基础。因此，述职报告写作要比照某一职务的岗位职责来写，对自己任期内履行岗位职责时所表现出的德、能、勤、绩等方面的情况进行自我评估，自觉接受领导的考核和群众的评议。第三，写作主体不同。述职报告的写作主体是个体，单位工作总结的写作主体是集体。那些担任领导职务的写作主体，既要对过去的工作情况进行总结，又要对过去履行职务的情况进行述职，很容易混淆这两个文种的界限。

二、避免把述职报告写成思想汇报，过多地谈认识

思想汇报是个人向组织汇报思想和工作情况的一种应用文体。思想汇报是一种抽象的"报告"，其内容主要是汇报思想情况。当然，思想情况也要靠工作或事迹来体现，但被体现的思想终究也是思想，而不是工作或事迹。述职报告是要把任职期间的思想和行为如实地展现出来，主要不是想过什么、想得怎么样，而是要实事求是。述职报告拒绝过多地谈思想认识，即使有深刻的思想认识也需要具体实践来佐证。思想认识不是不可以谈，而是要侧重谈依此思想怎么办的，有什么样的效果，反响怎样。述职报告也需要寻求规律性的认识，但要简洁，要以述职为基础。

三、避免把述职报告写成经验材料，谈喜不谈忧

经验材料是指党政机关、群众团体和企事业单位为了表彰先进、传播事迹、交流推广经验所写的材料。经验材料侧重成绩与经验，可以谈喜不谈忧。而述职报告必须贯彻实事求是的原则，要如实地反映情况，尊重客观事实，坚持一分为二的原则。工作成绩是工作能力、工作业绩的集中体现，也是树立威信、赢得良好声誉的有力武器。理直气壮地展示成绩是十分必要的。然而，大谈特谈成绩，一味地为自己唱赞歌，对工作中存在的问题和矛盾视而不见，甚至有意掩饰失误、失利、失败，这是不可取的。成功的述职报告不但善于总结成绩，还要善于归纳问题，做到谈喜又谈忧。

四、避免把下属的工作成绩写入自己的述职报告，贪人之功

述职报告的内容要求真实、客观、准确，不夸大自己的成绩，不弄虚作假，避免把下属的工作成绩写入自己的述职报告，"贪人之功，据为己有"。现代社会中，一项工作往往是大家分工合作完成的，在写自己的工作成绩时，应该写清自己在这项工作中担任的具体工作、所起的作用、取得的成果和存在的问题。领导干部主要担负组织、领导、指挥、协调工作，具体任务主要由下属完成。所以，在讲述工作成绩时要分清哪些是属于下属的工作成绩，哪些是属于自己的工作成绩。其中，自己独创的、具有实际效果和推广价值的做法应重点写好，包括自己对这项工作的重视程度、自己如何安排并指导实施的、出现的问题自己是怎样处理的等等。因而，要写入述职报告的，一定是与自己有关的，或组织协调，或监督指导，无"我"之事不提，无"我"之策不说。只有讲清个人所起的作用，才能看出述职者与政绩的关系。

五、避免离开岗位职责泛泛而谈，面面俱到

述职报告要围绕岗位职责，讲清楚自己"该干什么、怎么干的、干得怎么样"。着重反映在自己的职权范围内进行的具有个人特色、个人优势的领导、决策和实践活动，这是述职报告的写作重点，是述职报告的精华所在，也是组织和群众对述职人进行评议的主要依据。有一些述职者在写述职报告时，担心遗漏了自己的工作成绩，事无巨细，像流水账一样面面俱到，泛泛而谈。似乎成绩不小，仔细琢磨，就会发现所有的工作都平分秋色，毫无主次之分。甚至岗位职责之外的工作也大写特写，虽然一般来说做出较多成绩的干部、专业技术人员是能干的、有能力的，但这不等于说成绩和称职是一回事。因为，一个人离开职责干的事情越多，也不能证明其履行职责越好，反而证明其不务正业。这样的述职报告既不符合写作要求，也不会产生良好的效果。所以，述职报告写作既要紧紧围绕岗位职责，又要做到突出重点。

六、避免格式混乱，不伦不类

俗话说，没有规矩不成方圆。述职报告是任职者陈述自己任职情况，评议自己任职能

力，为上级领导考核和群众监督提供依据的一种文体，有自己特定的文体格式，不能看起来不伦不类，似是而非。因此，在写述职报告时，一定要注意使用规范的格式。具体格式如下：①标题。可简单标明"述职报告"，也可根据正文内容另行拟制（如正副标题形式），位于开头部分上端居中位置。②称谓。根据具体对象而写，如"各位领导、同志们"，要顶格写，后面用冒号。③正文。除前言需简要写明现任职务、职责、工作目标及对自己工作的整体评价外，主体部分重点写履行岗位职责的工作业绩。这是报告的核心，要用足笔墨，可分条或分小标题写。然后写问题和教训，接下来还可写今后的工作设想或努力方向，这两部分应略写。④结尾。另起一段，空两格写，通常以"特此报告，请审查"或"以上报告，请审查"之类的习惯语结束全文。⑤落款。述职报告的署名，由报告人签署，在正文右下方，写明"述职人×××"，署名下面写明具体时间。

述职报告例文

述职报告

各位领导、同事们，大家好！

　　我叫×××，时光荏苒，任职以来，承蒙全体教职员工的同舟共济，本人得到了长足的进步与发展。在此，我衷心感谢关怀、指导过我的上级领导和与我一起工作的全体教职员工，谢谢大家！

　　现在我就我任职以来的方方面面向在座的领导与同事们予以汇报，希望能得到实事求是的肯定、属实的评价与中肯的批评，以期使我的工作能得以良好的可持续性发展。

一、任职回眸与感悟

　　接手前任之职，这既是上级领导对我的信任，也是全体教职员工对我的信任。因此，我一直鞭策自己，一定要努力工作好，不能让领导们和同事们失望。

二、自我形象与工作形象的建设

　　作为一名普通的教育工作者和一名基层的管理人员，我做到谦虚谨慎、扎实进取。在我任职以来，在自我形象建设方面处处以身作则，履行应有的职责。

　　1. 惜时学习，与时俱进

　　注重学习，不断积累，这是我一向的学习信条。工作虽然千头万绪，不管工作多忙，但我每天都坚持学习理论与业务知识，一边学一边做，从无间断，为此，我还买来了许多与事业单位会计相关的资料学习钻研，同时也到网上学习，平时注重与同行相互交流，确保自己在工作中能够与时俱进。

　　2. 认真倾听，坚持民主

　　为了深入了解学校的动态与学校措施落实情况，特别是我坚持找教职员工畅谈，征求意见、询问情况，或办公室或餐厅或路边。我认为，倾听是民主办学的一个重要途径。在倾听过程中，发扬"知无不言，言无不尽，言者无罪、闻者足戒，有则改之，无则加勉"的精神。"有话好好说""有意见好好听"。

坚持"公开""公平""公正"。学校是一个小社会，我积极配合校长处理事务，得到一致的好评。

3. 务实勤政，廉洁奉公

个人的命运与学校命运是唇齿相依的，视校如家，视教职员工为家人是我个人的工作理念。基于此，自接任以来，我时时刻刻提醒自己，要摆正自己的角色与位置，要把学校利益放在第一位，要把教职员工的利益放在第一位，工作高于一切。

任职以来，我几乎没请过一天假，把工作放到最重要的位置。学校工作虽然繁忙，对于工作中出现的棘手事情，我会主动地迎难而上，不回避、不推却，不推脱任何责任。

4. 团结协作，人和政通，打造和谐教育

我认为，在学校管理中，从来就没有成功的个人，只有成功的团队。一个学校如果没有核心，缺乏以学校为利益的团队精神，人心不齐，就会形成五马拉车之局面，学校管理就会形成无政府态势。为此，我坚持学校的正确领导，积极维护领导的权威，尽量使同事之间多一份了解、多一份支持、多一份合作。

三、反思与不足

"金无足赤，人无完人"，我并不想用这句话来掩饰自己的不足。梳理一下我的工作，回头看自己，发现自己实在存在许多的不足。

1. 眼高手低

任职以来，我总希望自己能在这个岗位上实现自己的梦想，我有很多美好的计划与理想，但实施起来不是变了味就是不到位。

2. 过于追求完美

如果一件事情没有做到自己满意的地步，我总是吃不好，也睡不好，总觉得心里有个疙瘩，很不舒服。因为过于追求完美，对人对己要求都较为严格，往往只会主观努力而忽视客观存在。

3. 缺乏耐性

火急火燎的性格，实话实说，直来直往，得罪了人自己也不知道甚至拒绝解释。要干的事说干就干，往往是弄得别人难以接受。

4. 沟通不够

我总是想，人与人之间没那么多复杂的事，所以平时与同事、领导交流不多，沟通不够。故也造成许多误解，有说我清高的，也有说高高在上的。总之，这是本人缺乏与大家沟通的不足。

各位领导、同事们，在上级领导的关心下、在同事们的有力配合下，我做了一些工作，取得了一些成绩。但这些成绩归根结底都是大家的。总之，回顾自己任职以来履行职责的情况，我认为自己达到了职责规定，圆满完成了上级赋予的各项工作任务。

回顾过去，峥嵘岁月稠，展望未来，任重而道远，未来的道路充满着机遇和挑战，同样面临着巨大的压力，但我相信，只要精神不滑坡，办法总比困难多。我愿在上级领导的亲切关怀和指导下，团结和带领全体同人，齐心协力，同心同德，群策群力，奋发图强，以人为本，求真务实，勇于创新，铸师魂，养师德，树师表，以全面推行新课改教育理论思想为契机，努力为我镇教育事业的蓬勃发展而不遗余力地发挥自己应有的聪明和才智。我与在座的各位一样，总想在自己的事业上有所建树，如果大家觉得我做得不够，请你告诉我，我会竭力为之。

谢谢大家！

述职人：×××

×年×月

[简析] 这封述职报告言辞得当、条理清晰。其优点归纳如下：①职责明确，注意紧紧围绕自己履行的职责、工作目标以及完成的工作任务等情况来写。②详略得当，做到了重点突出且有新意。③实事求是，如实写成绩和问题。④语言朴实，态度诚恳，不夸夸其谈。

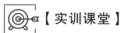【实训课堂】

一、案例分析与实操

小杨是某IT公司负责软件开发部门的经理，在平时的工作中总是需要其他部门，尤其是公司售后部门的协作或者帮助。可是在实际工作中，每当需要和其他部门协同工作时，这些部门的经理总是用各种理由搪塞或者推脱，要么说这项工作不是他们部门负责，要么就是说暂时没有时间帮忙。每次需要协同工作时，小杨都会十分头痛，不知道怎么才能解决这个问题。比如小杨所在部门刚刚接到的客户投诉电话就让他非常恼火，因为客户的投诉内容不是仅软件开发部门就能解决的，还需要售后部门的全力配合才能顺利解决。但是，当小杨给负责售后部门的刘经理打电话，要求其全力配合工作时，刘经理很不客气地拒绝了。

（1）案例分析　以小组为团队，分组研讨本案例中沟通失败的缘由。运用所学的关于沟通的知识进行分析：为什么两位经理的沟通如此不顺利呢？每组制作一份本案例的分析报告；派1名代表登台演讲，时间不超过5分钟。

（2）案例操作　从跨部门矛盾冲突的有效解决的角度，分组进行情境模拟演示，并制作书面沟通脚本。

二、你了解本系学生会干部和学生社团的竞选流程吗？如果你有兴趣，可以试着参加班级或学生社团的竞聘活动，并撰写一份岗位竞聘书。

三、情境模拟与分析

（1）假如你是一位主管，你的一名下属最近工作态度不是很积极，而且经常发表一些消极的言论，你打算怎么批评这名员工？

（2）假如你是公司某部门的负责人，有一项临时性的工作任务需要布置，当你把这项工作任务安排给员工小张时，没想到小张以各种理由拒绝接受这项工作。遇到这种情况，你会采取什么办法让小张接受这项工作任务？

四、请根据自己过去一年的工作情况撰写一份述职报告。

创业篇

项目一　　寻求创业项目

任务一　　设计市场调查问卷

情境导入

为了让各项目团队对自己的项目及未来的经营活动有更加明确的认识和准确的判断,指导老师张梅向各团队布置了围绕团队项目开展市场调研的任务。张梅还提醒团队,在未来的融资活动中,投资商通常最关心的问题将是项目在未来市场中投资回报的潜力。因此,各团队在开展市场调研的过程中,要善于使用量化的方法分析市场机遇,论证盈利模式,详细介绍预备采取的市场策略,以此论证自己的创业设想。

创业筹备会后,团队即着手围绕确定的创业项目开展深入的市场调查,但调查工作一开始开展得并不顺利。团队在前期撰写市场调查方案时,对调查目的、内容及实施步骤等缺乏明确的定位和合理、具体的设计,给后面调查活动的实施带来了极大的困难。在发现这些问题后,团队迅速对方案进行了调整,在确定调查主题、调查对象及调查内容的同时,还充分考虑到了市场调研在具体实施过程中的可行性和便利性。在队员们的齐心协力下,团队终于圆满完成了这次市场调研任务。

知识加油站

一、市场调查问卷的概念

搞清楚市场调查问卷前,先要明白什么是市场调查。市场调查是市场营销活动的起点,它通过一定的科学方法来了解和把握市场,在调查活动中收集、整理和分析市场信息,掌握市场发展变化的规律和趋势,为企业进行市场预测和决策提供可靠的数据和资料,从而帮助企业确立正确的发展战略。

调查问卷是开展市场调查的一种手段和载体,又称调查表或询问表。是以问题的形式系统地记载调查内容的一种印件。设计问卷是询问调查的关键。问卷必须具备的几个功能,即:能正确反映调查目的,问题具体,重点突出;能使被调查者乐意合作,协助达到调查目的;能正确记录和反映被调查者回答的事实,提供正确的情报;统一的问卷还便于统计和整理。

二、设计调查问卷应遵循的原则

（1）针对性　问卷上所列问题应该都是针对调查目的的，是必要的，可要可以不要的问题不要列入。

（2）通俗性　调查要得到被调查者的密切合作，就必须充分考虑被调查者的身份背景。不要提出对方不感兴趣的问题；尽量不要过多使用专业术语，也不能将两个问题合并为一个，以至于得不到明确的答案。使人感到困惑的问题会让你得到"我不知道"的答案。

在询问问题时不要拐弯抹角。如果想知道顾客为什么选择你的店铺买东西，就不要问："你为什么不去张三店铺购买？"你这时得到的答案是他们为什么不喜欢张三的店铺，但你想了解的是他们为什么喜欢你的店铺。根据顾客对张三店铺的看法来了解顾客为什么喜欢你的店铺可能会导致错误的推测。

利用问卷做面对面访问时，要注意给回答问题的人足够的时间，但又不至于打扰别人太长时间。一般应控制在 20 分钟内回答完毕。

（3）客观性　问题的词义要清楚，有利于使被调查者作出真实的选择，否则容易误解，影响调查结果。因此答案切忌模棱两可，使对方难以选择。避免用引导性问题或带有暗示性的问题，诱导人们按某种方式回答问题。

调查员要保持中立，不影响被调查答题，对任何答案也不要作出负面反应。如果别人回答，从未听说过你的产品，那说明他们一定没听说过。这正是你为什么要做调查的原因。

三、调查问卷的撰写格式

问卷的格式不是统一不变的，要根据调查的主题和内容进行适当调整，一般情况下一个完整的调查问卷是由标题、前言、主题问题和结束语四部分组成。

1. 标题

问卷的标题要概括性地表述调查的主题，让目标群体对问卷调查有一个大概的认识和了解，问卷的标题要简明扼要，重点要说明调研主题或调研对象。

如"在校学生中午在校就餐情况的调研"，标题中调查对象交代得非常清楚，即在校学生，目的是了解中午就餐的情况。

2. 前言

前言也就是卷首语，可以是说明性的，也可以是导读性的，一般要交代清楚调查的目的、调查的对象、回答问题的方式，调查的内容、调查的意义等，同时前言中还应该有对受调者表示感谢的话语，语气要诚恳，文字要简练，表达要清晰。

如"我们正在做关于农业税务的调查,我们将真诚听取您的意见,谢谢您的协作与支持！"

3. 主题问题

这一部分是整个调查问卷的主体部分，这一部分的问题要按照一定的逻辑进行排列，这一部分内容做得好坏会直接影响到回答率，从而影响整个调查的结果。

此部分应重点做好三点：一是问题的精准率，即所有问题都要用最简明的语言去提问，问题要紧紧围绕主题进行组织，与主题无关的问题要筛选掉；二是问题的逻辑性，即问题的排列要遵循一定的逻辑，也就是先后的顺序；三是同一问题的答案要有唯一性，也就是说，在给出的多个答案中不能互相包容。

4. 结束语

结束语中可以再次表示对应答者的感谢，以及对于一些容易疏忽的问题进行提醒，也可以是反馈信息的说明。

设计市场调查问卷应注意以下问题：

1. 必要性

问卷所提的问题应直接为调查目的服务，没有价值或无关紧要的问题不应列入。

2. 可行性

问卷应避免列出令人难以回答的问题，注意使用适合被调查者身份、水平的词句或用语。尽量避免涉及填卷人的心理、习惯和个人生活隐私的问题，以及时间久、回忆不起来或回忆不准确的问题。

3. 准确性

提问要简单明确，切忌模棱两可或难以理解。如调查商品消费情况，使用"您通常喜欢选购什么样的鞋"这样的表述，用词就不准确，因为对"通常""什么样"的含义，不同的人有不同的理解，回答各异，难以取得准确的信息。如改为具体的问题"您外出旅游时，会选购什么牌子的旅游鞋"，这样的表达就很准确，不会产生歧义。同时，问卷还要注意每个问题的措辞。词不达意、模棱两可、缺少重要句子成分都可能导致措辞不当，无法表达原意。

4. 艺术性

提问要讲究艺术，有趣味，避免对填卷人产生刺激而使其不能很好地合作。

 调查问卷例文

农村幼儿教师在职培训的现状调查

敬爱的老师：您好！

首先感谢您在百忙之中抽出时间参加此问卷的调查。本问卷采用匿名的形式，所收集的数据仅为科学研究所用，不会用于任何商业用途，并向您保证您的回答会受到严格的保密。您只需仔细地阅读题目，根据自己最直接的感受选择最接近您实际情况的答案即可。

请您在　　处进行填写以及在您所选的选项字母（单选）或□（多选）上打"√"，再次感谢您的合作与支持！

一、个人情况
1. 您的性别＿＿＿ 年龄＿＿＿ 任教年龄班＿＿＿ 是否参加过培训＿＿＿
2. 您的教龄？
A. 5 年以下　　B. 5～10 年　C. 11～15 年　D. 16～20 年　E. 21 年以上
3. 您的文化程度？
A. 初中及以下　　B. 高中/中专　C. 大专　　D. 本科　　E. 硕士及以上

二、目前农村幼儿园教师培训现状调查
1. 您参加过的培训是：（可多选）
□上级教育部门组织培训　□园本培训　□园外机构组织培训　□其他
2. 您参加过的培训的主要形式是：（可多选）
□专家讲座　　　　□外出观摩　□专家名师具体指导　□听课评课
□教研讨论　　　　□师徒带教　□园所交流　　　　　□案例研究
□互动式培训（通过双向交流来培训）
3. 您喜欢的培训形式有：（可多选）
□专家讲座　　　　□外出观摩　□专家名师具体指导　□听课评课
□教研讨论　　　　□师徒带教　□园所交流　　　　　□案例研究
□互动式培训（通过双向交流来培训）
4. 您参加过的培训主要内容是：（可多选）
□教学技能技巧　　□教育教学理论　□幼儿园环境创设　□教育科研
□外语　　　　　　□教学管理常规　□反思研究能力　　□政策文件
□急救护理　　　　□职业规划　　　□对话倾听能力　　□教师文化素养
□家长工作　　　　□师德修养　　　□园所文化　　　　□课程开发能力
□幼儿园特色课程　□多媒体技术　　□团队合作
5. 以下培训内容中，对您最有帮助的内容是：（可多选）
□教学技能技巧　　□教育教学理论　□幼儿园环境创设　□教育科研
□外语　　　　　　□教学管理常规　□反思研究能力　　□政策文件
□急救护理　　　　□职业规划　　　□对话倾听能力　　□教师文化素养
□家长工作　　　　□师德修养　　　□园所文化　　　　□课程开发能力
□幼儿园特色课程　□多媒体技术　　□团队合作
6. 在培训中，您最想提高的知识是：（可多选）
□教育技能技巧知识　　□幼儿教育政策法规知识　　□幼儿教育学知识
□幼儿心理学知识　　　□幼儿园管理知识
□任教领域前沿知识　　□对新课标、新课标理解和把握的知识
□教师专业发展方面的　□艺术知识　　　　　　　　□其他
7. 下列培训课程中，选出您最希望学习的五门课程：（可多选）
□音乐　　　　　□舞蹈　　　　□美工　　　　□幼教法规
□学前儿童游戏　□儿童文学　　□幼儿百科　　□幼儿家庭教育
□幼教科研　　　□师德修养　　□农村幼教管理

☐幼儿园教育活动指导　☐幼儿健康教育　☐时事政治　　☐幼儿心理与教育
☐农村幼教改革　　　　☐计算机基础

8. 如果可以选择，您愿意选择谁来做培训者？（可多选）
☐专家教授　　　　　　☐教育培训机构的培训人员
☐特级教师、名师　　　☐教研员　　　☐工作所在幼儿园的园长或优秀教师
☐教育科研部门的理论工作者　　　　☐优秀的一线骨干教师
☐某个领域的专家如儿科医生

9. 您最希望的培训时间：（可多选）
☐工作期间　　　　　　☐周末　　　　☐晚间　　　　　☐寒暑假

10. 通过培训，您从中取得了哪些收获？（可多选）
☐提升了教学技能技巧　☐改进了教学方法　　　　　　☐增强了教育科研能力
☐提升了自身师德素养　☐更好地完成了日常工作　　　☐更新了教育教念
☐增强了反思研究的能力 ☐增强了对话倾听的能力
☐增强了课程开发的能力

11. 根据您所参加的培训，您认为主要存在的问题有：（可多选）
☐培训内容不实用　　　☐培训过程实践性环节不够
☐培训时间安排不合理　☐培训形式过于传统　　　　　☐培训者不专业
☐各种培训五花八门，良莠不齐
☐培训过于笼统，缺少有针对性的分层，培训注重知识、技能的培训，各种能力的培训不足

12. 在考虑是否参加培训这一问题时，您考虑较多的是：（可多选）
☐年龄因素　　　　　　☐经济因素　　☐知识因素　　　☐文凭因素
☐其他

13. 如果您暂时还没有参加培训，原因是：（可多选）
☐自己的专业知识已经够用了　　　　☐自己不是正式老师
☐自己要花钱不划算　　　　　　　　☐家务、琐事繁重，抽不出身
☐学校经费有限，名额少，轮不到我
☐学校老师少，抽不出身　　　　　　☐培训走形式，参加不参加无所谓

14. 您所在的幼儿园是否设立了专门的教师培训制度？
A. 培训制度明确　　　B. 培训制度不明确　　　　　　C. 未设立培训制度

15. 您认为目前给教师的培训提供的机会是：
A. 能够提供充分机会　　　　　　　　B. 提供了机会但不充分
C. 只有很少一部分人有机会　　　　　D. 有些机会，但不是对每个人都平等

16. 您参加培训的频率是：
A. 经常（如，平均每周数次）　　　　B. 时常（如，平均每周一次）
C. 偶尔（如，每学期几次）　　　　　D. 极少（如，每年一次）

17. 您认为当前幼儿教师在职培训目标是否明确？
A. 非常明确　　B. 较明确　　C. 一般　　D. 较不明确　E. 很不明确

18. 您觉得当前幼儿教师在职培训内容的针对性和实用性：
A. 很好　　　　　B. 较好　　　C. 一般　　　D. 较差　　　E. 很差
19. 您觉得当前培训者的培训方式主要是：
A. 小组研讨　　　　　B. 案例分析　　　　　C. 课例研究　D. 其他
20. 您觉得当前幼儿教师在职培训的培训者的角色为：
A. 以教师为主体　　　B. 灌输式培训　　　　　　　　C. 两者结合
21. 您认为培训者对于培训效果的检验方式为：
A. 卷面量化　　　　　B. 幼儿教师的实践　　　　　　C. 其他
22. 您了解的幼儿教师在职培训是否只针对技能的学习？是　否
23. 您了解的幼儿教师在职培训是否注重教育价值观的转变情况？是　否
24. 您认为培训的实践环节是否充足？是　否

三、农村幼儿园培训需求状况调查
1. 您觉得自己是否需要参加在职培训：
A. 很需要　　　　　B. 需要　　　　　C. 可有可无　　　D. 不需要
2. 您是否有机会在幼儿园内得到职业培训？
A. 有　　　　　　　B. 没有
3. 幼儿园是否鼓励您自己决定您的职业培训？
A. 十分鼓励　　　　　B. 一般　　　　　　　　　C. 不鼓励
4. 您觉得目前的培训是否满足您的需要？
A. 非常满足　　　　　B. 一般　　　　　　　　　C. 不满足
5. 您参加教师培训的主要原因是：（可多选）
□上级规定，完成行政任务　　　　　□晋级评职称，增强竞争条件
□改进工作，提升专业水平　　　　　□开阔视野，获取前沿理念和知识
6. 您认为幼儿园教师需要在职培训最主要原因是：（可多选）
□专业成长需要　　□领导的硬性考核指标要求　　□培训是免费的
□开阔自己的视野　　□跟上现在的教育形势
□参加在职培训能够带来某些收益（如职称评定，工资奖金）
7. 您认为影响幼儿园教师参加在职培训的最主要原因是：（可多选）
□培训只是理论上的更新，对实践帮助不大　□工作都应付不过来，培训是负担
□自己能够很好地胜任工作，不需要培训　□想参加但没有时间
□都是照本宣科的培训，培训效果不佳
8. 在"教育教学专业能力"方面，您认为目前最欠缺的是：（可多选）
□多媒体，信息网络应用能力　　　　□分析处理教学内容，整合教材的能力
□教育科研能力　　　　　　　　　　□课堂教学组织与监控能力
□人际交往与师幼沟通互动能力　　　□运用教育教学评教能力
9. 您认为在职培训与您成为一名优秀教师之间的关系是：
A. 培训一定能使我成为一名优秀的教师　B. 培训有可能使我成为一名优秀的教师
C. 培训不太可能使我成为一名优秀的教师　D. 培训不可能使我成为一名优秀的教师

10. 您所接受的培训是否可以应用在您的工作中？
    A. 完全可以　　　　　B. 大都可以　　　　　C. 有些可以有些不可以
    D. 大都不可以　　　　E. 不可以
11. 您是否有机会发展新的技能？
    A. 有　　　　　　　　B. 没有
12. 结合您工作后参加过的所有培训，对自己的培训地位作一个总体评价：
    A. 多数时候是主动参与　　　　　　　B. 多数时候是被动参与
13. 您觉得参加过的培训，对工作帮助程度：
    A. 对工作帮助很大　　B. 有帮助　　C. 有一点帮助　　D. 没什么太大用处
14. 总的来说，您对您接受的培训的满意度如何？
    A. 非常满意　　　　　B. 较满意　　　C. 一般　　　　D. 较不满意
    E. 很不满意
15. 在促进农村幼儿教师在职培训这一方面，您是否有一些建议？

任务二　有效运用说服的口才艺术

情境导入

刘香自认为是个比较腼腆的人，平时言语不多，在职场交往中常常扮演倾听者的角色。但同事间的业务交流讨论难免会出现分歧的时候，此时，就要学会去说服对方，让工作按照自己的思路和想法来展开。由于口才不佳，每当这个时候刘香总是被同事主导，她有些苦恼，一时不知道怎么办才好。像往常一样，刘香求助了张梅老师。张梅老师向她分享了一个故事：《聪明的理发师》。

聪明的理发师

古时候有个宰相，一天，请来一个理发师给他理发。理发师给他理好发后，就给他修面。面修了一半，理发师忽然停下手中的剃刀，两只眼睛看着宰相的肚皮。宰相心想：肚皮有什么好看的呢？就问道："你不修面，却在看我的肚皮，这是为什么？"理发师回答说："人家说'宰相肚里好撑船'。我看大人的肚皮并不大，如何可以撑船呢？"宰相听了哈哈大笑，说："所谓'宰相肚里好撑船'，是说宰相气量大，对各种小事，都能容忍，从来不计较。"理发师听了，慌忙跪在地上，口中连连说："小人该死，小人该死。"宰相忙问："什么事？"理发师说："小人该死。在修面的时候，小人不小心，将大人左面的眉毛剃掉了，千万请大人恕罪。"宰相一听，十分气愤。他想，剃去了一道眉毛，如何去见皇上，又如何会客呢？正想发怒，但又一想，自己刚才讲过，宰相的气量最大，对那些小事，从来不计较，现在为了一道眉毛，又怎么能治他的罪呢？想到这里，宰相只好说道："拿一支笔来，将剃去的眉毛给我画上。"理发师就按宰相的吩咐，给宰相画上了一道眉毛。

一、说服的概念

生存在这个世界上，你不是说服别人就是被别人说服。说服，是一门精湛的处世学问，如何让被说服方主动地"起而行"，是检验你说服能力高低的标准。

所谓说服，就是摆事实、讲道理来使人相信、信赖、赞同其观点和主张。说服不一定要口若悬河，滔滔不绝，它可长可短、可多可少，其中的关键就在于说服中的玄机，也就是说服要有精妙的道理藏于其中，这些道理能让人心悦诚服，让人体会到你的用心进而接受你的要求。在生活中，很多时候都需要说服别人，面对的说服对象可能是你的父母、朋友、老板、顾客等，针对不同的对象，应该采取不同的说服方式，才能达到说服的目的。

二、说服他人的步骤

1. 吸引对方的注意和兴趣

为了让对方同意自己的观点，首先应吸引、劝说对象将注意力集中到自己设定的话题上。利用"这样的事，你觉得怎样？""这对你来说，是绝对有用的"之类的话转移他的注意力，让他愿意并且有兴趣往下听。为了不至于在开始时便出师不利，必须掌握以下几个方面：

① 留下良好的第一印象。也就是要穿着得体、以礼待人，脸上保持诚恳的微笑。
② 平时多留意自己的言谈举止，绝对要言行一致。
③ 主动与周围的人接触，建立良好的人际关系。
④ 再小的承诺也要履行，记住要言出必行。
⑤ 不撒谎，除非善意的谎言。
⑥ 提高与大众沟通的能力。

2. 明确表达自己的思想

明白、清楚的表达能力是成功说服中不可缺少的要素。对方能否轻轻松松地倾听你的想法与计划，取决于你如何巧妙地运用你的语言技巧。为了使你的描述更加生动，少不了要引用一些比喻、举例来加深听者的印象。适当引用比喻和举例能使人产生具体的印象；能让抽象晦涩的道理变得简单易懂；甚至使你的主题变成更明确或更为人熟知的事物。如此一来，就能够顺利地让对方在脑海里产生鲜明的印象。另外说话速度的快慢、声音的大小、语调的高低、停顿的长短、口齿的清晰度都不能忽视。除了语言外，你同时也必须以适当的表情、肢体语言来辅助。

三、说服他人的技巧

（一）随机应变的说服技巧

在这个世界上，变是永恒的法则，如果你能做到见什么人说什么话，到什么时候说什么话，在什么位置上说什么话，遇到什么场合说什么话，那便是达到了说话的变通境界。会说话者之所以能够成功说服对方，是因为他们充分运用了随机应变的说服艺术，把自己的语言天赋完全彻底地展现给对方，令对方折服。掌握了随机应变说服的方法和技巧，你就能在职场上纵横捭阖，游刃有余；就能在朋友们面前谈笑风生，侃侃而谈；在恋人面前蜜语甜言，爱意无限；在上司面前不卑不亢，应付自如；在演讲台上妙语生花，潇洒自如。

1. 弹琴要看听众，说话要看对象

我们每天都在说话，不知你是否注意到这样一个问题：说话总是双向的，不论是在公共场合发表演讲，还是和别人随意交谈，除了说话的自己（说话人）以外，还有说话的对象（听话人）。所以，说话人就不能想说什么就说什么，说话时要看对象，从对象的不同特点出发，说不同的话，从而创造一种和谐、融洽的气氛，做到见什么人说什么话，更好地达到说话的目的。所谓对象，一是指说话人。不同的说话人，其地位、身份、性格、爱好、文化水平等有差异，因此，同一内容，可用不同的语言来表达。二是指听话人。不同的听话人各方面也有差异，就决定说话人要根据听话人的不同情况采用不同的语言来表达。这就是所谓说话要看对象。

【说服小故事1】

苦难朋友说服技巧

朱元璋做了皇帝。一天，他以前的一位苦难朋友从乡下赶到京城去找他，其中一个人对他说："我主万岁！当年微臣随驾扫荡庐州府，打破罐州城，汤元帅在逃，拿住豆将军，红孩儿当关，多亏菜将军。"他说的话很好听，朱元璋心里当然很高兴。回想起来，也隐约记得他的说话里像是包含了一些从前的事情，所以，立刻就封他为大官。另外一个苦难朋友得知了这个消息，他心想："同是那时候一块儿玩的人，他去了既然有官做，我去当然也不会倒霉的吧？"他也就去了。一见朱元璋的面，他就直通通地说："我主万岁！还记得吗？从前，我们两个都替人家看牛，有一天，我们在芦花荡里，把偷来的豆子放在瓦罐里煮着。还没等煮熟，大家就抢着吃，罐子都被打破了，撒下一地的豆子，汤都泼在泥地里。你只顾从地上满把地抓豆子吃，不小心把红草叶子也一起吃进嘴里了，叶子哽在喉咙口，苦得你哭笑不得。还是我出的主意，叫你用青菜叶子放在手上一并吞下去，这样红草的叶子才一起下肚了……"朱元璋嫌他太不会顾全体面，等不得听完就连声大叫："推出去斩了！推出去斩了！"

[简析]说话要看对象是多么重要，当上皇帝后的朱元璋与以前不一样了，所以，说话的对象与以前也就不同了。在我们现代的生活中，如果不能做到说话看对象，轻则达不到自己想要的目的，严重的还会得罪一些本不该得罪的人，在以后的道路上就会多一些障碍。文化知识的不同，说话要有不同；身份地位的不同，说话要有差别；双方关系不同，说话要有区别。

2. 从对方感兴趣的事情说起

我们可以发现，在一些企业领导人的办公桌上，常会摆放着家人的照片。在与这样的领导谈生意时，如果遇到冷场，这时候不妨就先夸一夸这张照片，例如"这是你的妻子吗？她长得很美""你真有眼力""你的孩子真可爱""你的家庭真让人羡慕"。这时候，对方脸上的几分不快便会很快地消失，气氛马上就会缓和。据说这已经成为生意场上的生

意经，并且已成为人们谈判时惯用的手法，原因就是人们都不会拒绝你谈论他感兴趣的内容。谈别人感兴趣的话题，常常可以把两个人的情感紧紧地连在一起，而且还是打破僵局，缩短交往距离的良策。谈论别人感兴趣的事物，是一种愉快地与人相处的方式。它与虚伪的恭维是两码事。

3. 说话要委婉、含蓄、尊重人

会说话的人，他知道有些话是不能说的，委婉、含蓄无疑是他们的一大"招数"。因此，他们会先倾听对方的请求，然后再用比较真诚的话委婉地拒绝对方，并尽可能地提出一些解决问题的意见，以便他人参考。虚拟、假设的语气或者商量的语气也是委婉的一种。例如，不说"你马上去"，而说"你是不是马上去一趟"，说对方的行为"还好"，其实就是说"不怎么样，勉强过得去而已"的意思。

委婉、含蓄是一种说话的艺术，它的基本要求是既能把意思表达出来，让对方清楚地理解，又能使对方愉快地接受。委婉、含蓄的语言是成熟、稳重的表现。中国人讲究曲径通幽的含蓄美，虽然它和条条大路通罗马是一个意思，但一比较即有明显的差别。所以，请用委婉、含蓄的语言与他人沟通，并尊重他人。

4. 言谈要恰到好处

俗话说："话不说不知，木不钻不透。"人生在世，"说"功非常重要，它通常是有事业心、有能力、有思路的具体表现。但说也要把握度，要做到说和做的协调统一。一般来讲，在很多人相聚的情况下，人们都主张少说为佳，因为言多必失，会惹一些不必要的麻烦。从另一方面讲，也并不是话越少越好，要分角色，要分场合，要看形势。该说不说是失误，不该说乱说是错误，说话要恰到好处识时务。俗话说："良言一句三冬暖，恶语伤人六月寒。"

人际间相处是平常的事，也是一件微妙的事。一张笑脸加一声问候能带给他人好心情；相反，一句粗话恶语却会破坏人们良好的情绪。不管他是熟人还是陌生人，多说一些真诚祝福的话，脸上多绽放一片明媚的笑容，内心多一些善意，尽力做一些温暖人心的事情，这个世界上的人际关系也就更和谐了，我们的社会当然也就更和谐了。

【说服小故事2】

五里就是无礼

古时候，有个年轻人骑马赶路，时至黄昏，住处还没着落，忽见前面来了一老农，他便在马上高声喊道："喂，老头儿，离旅店还有多远？"老人回答："五里！"年轻人策马飞奔，向前驰去。结果一跑十多里，仍不见人烟。他暗想，这老头真可恶！非得回去整治他不可，并自言自语道："五里，五里，什么五里！"猛然，他醒悟过来，这"五里"不是"无礼"的谐音吗？于是拨转马往回赶。见那位老农还在路边等候，他急忙翻身下马，亲热地叫了一声"老大爷"，话没说完，老人说："你已经错过了路头，如不嫌弃，可到我家一住。"

［简析］说话没有礼貌被老人惩治。你要想沟通畅通无阻，就应该得体地运用礼貌语、称呼语和禁忌语。在谈话中，习惯用礼貌语言，就会让人感到"良言一句三冬暖"，使沟通顿时亲切融洽起来。

［议一议］从故事中你感悟到了什么？

（二）"四两拨千斤"的说服技巧

将来无论你是产品经理、专业人士，还是普通的职工，都会面临着不同的挑战，这是普遍存在的现象。但是有时候，最重要的问题也是最难解决的问题，因为它们超出了你的专业知识范围，或者缺少相应的培训帮助你解决这些问题。例如，如果你无法面对面地同你的老板、一位重要的同事或者一名关键员工眼神交流会如何？我们说的不是冲突，说的是一种关系，无法正面交流的关系。你可能已经在头脑中搜寻了很多遍，但找不出个好方法来。即使是对方也不知道为什么会这样。但经常发现一些小的、简单的改变往往能够解决那些最棘手的管理问题。下面是一些实际的例子，也许这些故事能给你带来一些有趣的点子。更重要的是，它们可以让你在解决重大问题的时候，看到另外一种解决思路，那就人们常说的"四两拨千斤"的说服技巧。

"四两拨千斤"之说，最早见于王宗岳《太极拳论》一文，原文意指太极拳技击术，是一种含高度功力技巧，不以拙力胜人的功夫；太极拳功深者，以触处成圆、引进落空、避实就虚等技法，使外力难以作用于自己身上；又以敷盖、封闭等技法使对手无法起动发力，从而体现出太极拳独特的技击特点。"四两拨千斤"就是对内功深者以综合的优势控制对手后，从心所欲的潇洒境界的描述。俗语所谓"四两拨千斤"是以小力胜大力之意，它意味着：透过微小的努力便获得巨大的成功；作为一名职业院校的学生了解"四两拨千斤"的说服技巧是非常必要的。

1. 说话要抓住对方心理

中国有句古话叫"对症下药"。这个"对症"，要求在说服他人时抓住对方的心理。人都有一个共同的特点，谁都不愿意做"非出本意"的事情。如果我们不能够抓住别人的心理，"对症下药"地去说服别人，别人当然不会接受你的观点。俗话说"人心隔肚皮"，意思是不容易看出别人真正的意向，不容易抓住别人的心理。然而不同的人，内心世界肯定是不同的，而人的内心世界并不是绝对"秘不示人"的，如果掌握一定的技巧，很容易就能了解到对方的心理；更多地了解对方的心理，说服他时才能说到"要害"，引起对方的共鸣和知音之感，对方才会乐意接受你的观点。说话要想抓住对方的心理，就要有较强的说服能力，那么如何做才能使自己的语言具备较强的说服能力呢？应该从以抓住对方心理为目的开始。

【说服小故事3】

诸葛亮的说服技巧

诸葛亮所运用的说服技巧，充分地体现在说服孙权与刘备联手抗击曹操一事中。208年，刘备兵败樊口，再也没有反击之力，要与曹军抗衡，则必须与孙权联手。如果就派一般的使者，为了请求对方的援军，一定会低声下气，但是诸葛亮却相反，而是摆出一副强硬的态度，以激起孙权的自尊心："将军您是否也要权衡自己的力量，以处置目前情势。如果贵国的军力足以和曹军抗衡，则应该早早和曹军断交才好；若是无法与曹军相抗衡，则应尽快解除武装，臣服于曹操才是上策。"孙权年轻气盛，果然被激起了强烈的自尊心："照你的说法，为什么刘备不向曹操投降呢？"诸葛亮就紧接着"火上浇油"："你知道田横的故事吗？他是齐国的壮士，忠义可嘉，为了不愿侍二主而自我了断。更何况我主刘备乃堂堂汉室之后，钦慕刘君之英迈资质而投到他旗下的优秀人才不计其数，不论事成或不成，都只能说是天命，怎可向曹贼投降？"说到这里，孙权的自尊心已被充分激发起来了，于是他激动地表示："我拥有江东全土以及十方精兵，又怎能受人支配呢？我已经做好决定了。"最后，刘备在"赤壁之战"中转败为胜。

［简析］"赤壁之战"中转败为胜，关键在于诸葛亮通过激起孙权的自尊心，进而说服孙权的。诸葛亮充分地运用了说服的技巧。所以，在说服他人的过程中，要抓住对方的心理，引起对方的知音之感，打动对方的自尊心是第一要诀。抓住对方心理诱导劝说。"诱导"是教育心理学的名词。在说服别人的过程中，"诱导"是指说服的一方提出似乎与谈话内容关系不大、对方能够接受的意见，然后逐步诱导对方不断靠近自己的目标。抓住对方心理，也是我们所应掌握的说服他人的技巧之一。

2. 争取同情，以心换心

站在他人的立场上分析问题，能给他人一种为他着想的感觉，常常具有极强的说服力。要做到这一点，"知己知彼"十分重要，唯有这样才能从对方立场上考虑问题。

 【说服小故事 4】

更完美一点

某精密机械工厂将其生产的新产品的部分零件委托小工厂制造，当该小厂将零件的半成品呈示总厂时，不料全不符合该厂要求。由于迫在眉睫，总厂负责人只得令其尽快重新制造，但小厂负责人认为他是完全按总厂的规格制造的，不想再重新制造，双方僵持了许久。总厂厂长在问明原委后，便对小厂负责人说："我想这件事完全是由于公司方面设计不周所致，而且还令你吃了亏，实在抱歉。今天幸好是由于你们帮忙，才让我们发现竟然有这样的缺点。只是事到如今，总是要完成的，你们不妨将它制造得更完美一点，这样对你我双方都是有好处的。"那位小厂负责人听完，欣然应允。

［简析］总厂厂长能站在对方的角度说话，同情对方，才使矛盾平息。渴望同情是人的天性，如果你想说服比较强大的对手时，不妨采用这种争取同情的技巧，从而以弱克强，达到目的。

3. 说话的火候要恰到好处

"话有三说，巧说为妙。"何谓巧说？有时某一人物和说出的话语是那时、那地、那情景下最符合他身份、性格的人物语言，与人物背景最为融洽，这就是"巧说"。使读者"如见其人，如闻其声"。人们把用于文学话语的"巧说"称为传神之笔，而这种"巧说"大量存在于社会方言里，是最有生命力的语言。

（三）说服中的换位思考技巧

1. 换位思考的内涵

所谓换位思考就是换个立场来思考问题，设身处地为他人着想，即想人所想，理解至上。其实在生活中，这种思维方式益处是很大的。商家一旦从消费者的角度来考虑他们的需求，商业利润将源源不断；老师一旦从学生的角度来考虑，讲课也将变得很容易；领导一旦从员工的角度来考虑，那么工作就会更愉快。求人办事也是这样的，如果你站在他人的角度想一想，这样你就不会老是碰"钉子"了。只要你处于社会这个群体中，换位思考无时无刻不伴随在你的左右，当你不理解别人时，当你因为社交方面而苦恼时，试着从对方的立场思考一下，或许能达到意想不到的效果。

换位思考，关键之处就在于设身处地去思考。有句俗话说"盲人点灯——白费蜡"，但如何换位思考，有时就是一种智慧。人与人之间少不了谅解，谅解是理解的一个方面，也是一种宽容。我们都有被"冒犯""误解"的时候，如果对此耿耿于怀，心中就会有解不开的"疙瘩"，如果我们能深入体察对方的内心世界，或许能达成谅解。一般说来，只要不涉及原则性问题，都是可以谅解的。谅解是一种爱护，一种体贴，一种宽容，一种理解，懂得了换位思考的真谛，也就会懂人情、通人情，从而做事时就会为他人着想，"己所不欲，勿施于人"，做到了这一点，做事时才更容易成功。在现实生活中，需要人们换位思考的问题比比皆是，比如，顾客与服务员、司机与交警、家长与老师、老师与学生、学生与家长、批评者与被批评者、上级与下级、干部与群众等。如果能够通晓人情，懂得换位思考，那么在看待问题、处理事情、解决矛盾时，就会多一些理解、智慧、方法，从而做起事来更顺手。

2. 换位思考的做法

（1）要保持良好的心态　每天都有灿烂的阳光，起床时，你首先给自己一个大大的微笑，然后跟自己说今天一定是美好的一天，我一定能做好。遇到挫折，不要气馁，不要灰心，你要相信，只要你努力了、尽力了，就一定会有比较不错的结果。用换位的想法站在别人的角度考虑一下你做的事情，即使最后还是失败了，也不要后悔，因为你确实尽力了。

（2）要通晓人情，以理服人　重要的就是要有一种设身处地、将心比心地为他人着想的态度。

（3）要学会理解他人，试着理解别人的难处　理解说起来很简单，要做起来却很难，每个人都有自己的人生观与价值观，所以自己的想法当然与别人的有所不同。在我们的工作生活中，时常遇到有的人发出自己的感叹，总认为自己苦闷、烦恼、忧郁，同事、家人都不能理解他，给自己造成很大的心理压力，这就是缺乏人与人之间的交流和心与心之间的沟通。虽然我们每个人都应该学会理解别人，世上的某些事情，的确会让你感到极为不快，让你看到生活中丑陋的一面。但只要你用另外一种心境，去把这一切、把世间万物看得明朗、美丽一些，那何尝不是一件好事呢？事实上，理解别人的难处，还有一个过渡形式，那就是换位思考。

（4）要学会宽容他人　有人说，宽容是一种修养、一种处变不惊的气度、一种坦荡的胸襟、一种豁达的态度。宽容是人类的美德。我们需要宽容同事，宽容自己在竞争中的对手。多一些宽容，公开的对手或许就是我们潜在的朋友。学会换位思考，你就不会面若冰霜地从那双乞求的手旁走过，今天就会多一个果腹的乞丐。学会换位思考，你就不会嘲笑路上的清洁工，而会有一分"劳动光荣"思想的支撑。换位思考世事无绝对，每一件事情都是有双面性的。当我们遇到与他人意见相异，不妨也换位思考一番，从对方的角度去考虑某些问题，有可能某些我们眼看无法调和的冲突，在我们"山重水复疑无路"时，因为我们的换位思考而进入了"柳暗花明又一村"的境界。

四、有效地说服客户的技巧

（一）掌握一些基本原则

1. 信任优先

在与客户沟通的过程中，赢得对方的信任感可以有效地实现沟通目的。信任优先不仅体现为客户对产品或服务的信任度，还体现为对销售人员的信任感。在说服客户的时候，最重要的是取得对方的信任。只有对方信任你，才会正确地、友好地理解你的观点和理由。社会心理学家认为，信任是人际沟通的"过滤器"。只有对方信任你，才会理解你友好的动机，否则，如果客户没有对你产生信任感，即使你说服他的动机是友好的，也会经由"不信任"的"过滤器"的作用而变成其他东西。

2. 准备充分

（1）专业知识的准备　对自己的产品要有100%的了解和绝对的信心。

（2）精神上的准备　把自己的情绪调节到最佳状态。

（3）体能上的准备　精力充沛、热情洋溢，用积极的心态去影响和感染客户，是说服客户的过程中必不可少的。

（4）工具上的准备　自己的着装、公文包、样品、相关证件和推荐函等。

3. 积极引导

对于考虑购买商品的客户，推销员有时可以通过提问的方法，达成良好的双向沟通效果，引导客户自己排除疑虑，自己找出答案。在回答的过程中，让客户看到更多他所向往的价值，并意识到新的可能，客户就会自己想通，进而购买。借助这些问题引导客户思考，通过提问，推销员能让客户对于各种型号的商品有一定的了解，以帮助其进行客观的比较，从而让客户容易作出购买的决定。在设计问题时，要尽量以开放式问题和可以让客户作出决定的问题为主，将发言权掌握在自己手中。

4. 转化异议

转化客户异议，就是将客户对商品的异议巧妙地转化为说服客户的理由，达到说服客户的目的。例如，一位顾客对推销电子琴的推销员说："我家孩子对电子琴不感兴趣，买了也没有多大用处。"推销员说："张女士，您知道小孩子为什么对电子琴不感兴趣吗？是因为他平时接触得太少。您的孩子天资不错，多让他接触电子琴，可以培养他的乐感、兴趣，这对儿童的智力发育和性情陶冶非常重要，接触多了，兴趣就有了……"本来，这位顾客以其儿子不喜欢电子琴为由拒绝购买，可推销员却将计就计，从关心其小孩的角度隐含了责备之意。最后，顾客在思索后买下了这架电子琴。

（二）掌握一些方法技巧

1. 用积极的情绪来感染客户

大部分客户的购买策略是建立在情绪化或感性的基础上的，销售人员绝不能把不好的情绪传递给客户，而应该以积极乐观的情绪来感染客户，让客户的情绪高涨起来，参与到讨论和交流中来。如果带给客户的是消极情绪，那么这只会使得沟通失败，还会给客户留下不好的印象。

2. 激起客户的兴趣

客户对产品产生兴趣是购买的基础，因此要设法激起其兴趣，进而激发其购买的欲望。

【说服小故事 5】

黄丽与青骄

与客户黄丽见面的第一次，青骄就觉得她与众不同。作为一名化学设备的生产设计工程师，黄丽没有其他工程师的学究气息。身穿休闲运动服饰，谈吐间时不时有丰富的网络新词，而且性格也很外向开朗，愿意交心。

在约黄丽第二次见面介绍产品性能的时候，青骄将黄丽直接带到了自己单位的实验室。在实验室里，青骄向黄丽介绍了公司最新的提纯设备模型。黄丽果然好奇地操作起了模型设备，动作手法十分娴熟，而且还询问了青骄各种专业技术问题。

在操作完设备后，青骄再结合提前制作好的 PPT 向黄丽详细介绍了设备的各类参数和指标。很快，合作便达成了。

［简析］青骄深知客户对产品产生兴趣是购买的基础，因此设法激起黄丽对产品的兴趣，进而激发其购买的欲望，实现合作快速达成。

3. 寻找客户核心情感的需求

客户购买既有情绪的理由，也有理智的理由，要通过察言观色来了解客户的真实想法。站在客户的立场上思考问题，寻找到客户情感的需求，让沟通和说服更加顺畅。

4. 适当地给予承诺

在说服客户购买产品的过程中，给予客户承诺和保证，保证客户购买产品不必承担任何风险，并且对客户而言是有利的。当然，承诺是在一定的限度范围之内的，不轻易许诺，尤其是做不到的承诺。

美国著名学者霍华曾经提出让别人说"是"的 30 条指南，现摘录几条如下，供大家参考：

① 尽量以简单明了的方式说明你的要求。
② 要照顾对方的情绪。
③ 要以充满信心的态度去说服对方。
④ 找出引起对方注目的话题，并使他继续注目。
⑤ 让对方感觉到，你非常感谢他的协助。如果对方遇到困难，你就应该努力帮助他解决。
⑥ 直率地说出自己的希望。
⑦ 向对方反复说明他对你协助的重要性。
⑧ 切忌以高压的手段强迫对方。
⑨ 要表现出亲切的态度。
⑩ 掌握对方的好奇心。
⑪ 让对方了解你，并非是"取"，而是在"给"。

⑫ 让对方自由发表意见。
⑬ 要让对方认定，为什么赞成你是最好的决定。
⑭ 让对方知道，你只要在他身旁，便觉得很快乐。

任务三　写作市场调查报告

情境导入

随着业务发展壮大，文心传媒公司在一次总经理办公会的深入研讨后，决定把市场向省外扩展，向位于珠三角的广州、佛山等地进军。知己知彼，百战不殆。正式启动扩展业务前，总经理办公室主任让刘香牵头组织市场部员工前往广州、佛山等地开展市场调查，调查完毕后再由她牵头撰写市场调查报告。作为总经理办公室成员，刘香在日常工作中接触过各种文书、材料，包括市场调查报告，但亲自动笔撰写还是第一次。

时间紧，任务重，刘香不敢怠慢，买来一堆工具书，一头扎进了市场调查报告的研究和写作中。

一、市场调查报告的概念

市场调查报告是经济调查报告的一个重要种类，它是以科学的方法对市场的供求关系、购销状况以及消费情况等进行深入细致的调查研究后所写成的书面报告。其作用在于帮助企业了解掌握市场的现状和趋势，增强企业在市场经济大潮中的应变能力和竞争能力，从而有效地促进经营管理水平的提高。

二、市场调查报告的类型

市场调查报告可以从不同角度进行分类。按其所涉及内容含量的多少，可以分为综合性市场调查报告和专题性市场调查报告；按调查对象的不同，可分为关于市场供求情况的市场调查报告、关于产品情况的市场调查报告、关于消费者情况的市场调查报告、关于销售情况的市场调查报告以及有关市场竞争情况的市场调查报告；按表述手法的不同，可分为陈述型市场调查报告和分析型市场调查报告。

与普通调查报告相比，市场调查报告无论从材料的形成还是结构布局方面都存在着明显的共性特征，但它比普通调查报告在内容上更为集中，也更具专门性。

三、市场调查报告的内容结构

市场调查报告的内容结构一般由如下几部分组成：

（一）市场调查报告的标题

标题是市场调查报告的题目，一般有两种构成形式：

市场调查报告标题——公文式标题，即由调查对象和内容、文种名称组成，例如，"关于 2002 年全省农村服装销售情况的调查报告"。值得注意的是，实践中常将市场调查报告简化为"调查"，也是可以的；

市场调查报告标题——文章式标题，即用概括的语言形式直接交代调查的内容或主题，例如，"全省城镇居民潜在购买力动向"。实践中，这种类型市场调查报告的标题多采用双题（正副题）的结构形式，更为引人注目，富有吸引力。例如，"竞争在今天，希望在明天——全国洗衣机用户问卷调查分析报告""市场在哪里——天津地区三峰轻型客车用户调查"等。

（二）市场调查报告的引言

引言又称导语，是市场调查报告正文的前置部分，要写得简明扼要，精练概括。一般应交代出调查的目的、时间、地点、对象与范围、方法等与调查者自身相关的情况，也可概括市场调查报告的基本观点或结论，以便使读者对全文内容、意义等获得初步了解。然后用一过渡句承上启下，引出主体部分。例如，一篇题为"关于全市 2002 年电暖器市场的调查"的市场调查报告，其引言部分写为："××市北方调查策划事务所受××委托，于 2003 年 3 月至 4 月在国内部分省市进行了一次电暖器市场调查。现将调查研究情况汇报如下："用简要文字交代出了调查的主体身份，调查的时间、对象和范围等要素，并用一过渡句开启下文，写得合乎规范。这部分文字务求精要，切忌啰唆芜杂；视具体情况，有时亦可省略这一部分，以使行文更趋简洁。

（三）市场调查报告的主体

这部分是市场调查报告的核心，也是写作的重点和难点所在。它要完整、准确、具体地说明调查的基本情况，进行科学合理的分析预测，在此基础上提出有针对性的对策和建议。具体包括以下三方面内容：

（1）市场调查报告——情况介绍　市场调查报告的情况介绍，即对调查所获得的基本情况进行介绍，是全文的基础和主要内容，要用叙述和说明相结合的手法，将调查对象的历史和现实情况包括市场占有情况，生产与消费的关系，产品、产量及价格情况等表述清楚。在具体写法上，既可按问题的性质将其归结为几类，采用设立小标题或者撮要显旨的形式；也可以时间为序，或者列示数字、图表或图像等加以说明。无论如何，都要力求做到准确和具体，富有条理性，以便为下文进行分析和提出建议提供坚实充分的依据。

（2）市场调查报告——分析预测　市场调查报告的分析预测，即在对调查所获基本情况进行分析的基础上对市场发展趋势作出预测，它直接影响到有关部门和企业领导的决策行为，因而必须着力写好。要采用议论的手法，对调查所获得的资料条分缕析，进行科学的研究和推断，并据以形成符合事物发展变化规律的结论性意见。用语要富于论断性和针对性,做到析理入微,言简意明,切忌脱离调查所获资料随意发挥,去唱"信天游"。

（3）市场调查报告——营销建议　这层内容是市场调查报告写作目的和宗旨的体现,要在上文调查情况和分析预测的基础上,提出具体的建议和措施,供决策者参考。要注意建议的针对性和可行性,能够切实解决问题。

（四）市场调查报告的结尾

结尾是市场调查报告的重要组成部分,要写得简明扼要,短小有力。一般是对全文内容进行总括,以突出观点,强调意义;或是展望未来,以充满希望的笔调作结。视实际情况,有时也可省略这部分,以使行文更趋简练。

四、市场调查报告的写作要点

（一）以科学的市场调查方法为基础

在市场经济中,参与市场经营的主体,其成败的关键就在于经营决策是否科学,而科学的决策又必须以科学的市场调查方法为基础。因此,要善于运用询问法、观察法、资料查阅法、实验法以及问卷调查法等,适时捕捉瞬息万变的市场变化情况,以获取真实、可靠、典型、富有说服力的商情材料。在此基础上所撰写出来的市场调查报告,就必然具有科学性和针对性。

（二）以真实准确的数据材料为依据

由于市场调查报告是对市场的供求关系、购销状况以及消费情况等所进行的调查行为的书面反映,因此它往往离不开各种各样的数据材料。这些数据材料是定性定量的依据,在撰写时要善于运用统计数据来说明问题,以增强市场调查报告的说服力。关于这点,我们从上述市场调查报告范文中也可略见一斑。

（三）以充分有力的分析论证为杠杆

撰写市场调查报告,必须以大量的事实材料作基础,包括动态的、静态的、表象的、本质的、历史的、现实的等等,可以说错综复杂,丰富充实,但写进市场调查报告中的内容绝不是这些事实材料的简单罗列和堆积,而必须运用科学的方法对其进行充分有力的分析归纳,只有这样,市场调查报告所作的市场预测及所提出的对策与建议才会获得坚实的支撑。

市场调查报告例文

2019年一季度我国物流行业市场调查报告
（2019年4月）

2019年一季度,我国物流运行保持平稳较快增长,开局良好。同时,能源、原材料价格持续上涨,使物流企业成本压力和经营难度进一步加大。

一、社会物流需求较快增长

一季度全国社会物流总额 43.5 万亿元，按可比价格计算，同比增长 16.2%。受上年同期基数影响，增幅同比回落 7.6 个百分点，但依然保持较快增长势头。其中，工业品物流总额 39.4 万亿元，增长 15.4%；进口货物物流总额 2.9 万亿元，增长 14.1%；农产品物流总额、再生资源物流总额和单位与居民物品物流总额分别增长 4.5%、47.4% 和 23.5%。工业品物流总额占社会物流总额的比重为 91.4%，同比提高 0.3 个百分点，是带动社会物流总额增长的主要因素。

二、社会物流总费用有所提高

一季度社会物流总费用 1.9 万亿元，同比增长 20.9%，增幅同比回落 4.7 个百分点，社会物流总费用与 GDP 的比率为 19.9%，大体与去年同期持平。

三、物流业增加值稳步增长

一季度，我国实现物流业增加值 7926 亿元，按可比价格计算，同比增长 15.5%，增幅同比回落 3.9 个百分点。

四、物流业固定资产投资较快增长

一季度物流相关行业固定资产投资完成额 6455 亿元，同比增长 32.6%。

五、物流市场价格低位运行

2019 年初，我国物流业有效应对国际金融危机冲击，伴随国民经济的平稳较快发展。物流需求显著增加，运行效率有所提高，物流业增加值快速增长。一方面为保证国民经济协调、平稳发展发挥了基础和支撑保障作用，另一方面也成为调整产业结构、转变经济发展方式、开拓新经济增长点的重要手段。但是，物流业发展不协调、运行效率和服务质量有待提升等问题依然突出。

六、2019 年一季度物流运行基本特点

一是社会物流总额实现较快增长，物流需求显著增加；二是社会物流总费用与 GDP 的比率稳中有降，物流运行效率有所提高；三是物流业增加值稳步上升；四是物流业固定资产投资快速增长，基础设施建设成效显著；五是物流企业快速成长，物流市场更加开放；六是物流价格波动上扬。

任务四　有效运用赞美的口才艺术

情境导入

"马屁精"同事

在文心传媒公司，刘香有个策划部同事特别喜欢对别人说一些赞美恭维的话。时间一长，大家听起来越来越觉得不自在，遇到他时都想绕道走。刘香也是如此。

有一次，公司接待了一个比较重要的客户。公司上下对这次接待活动非常重视，提前一周就开始筹备，讨论各种突发事件及应对方式。谁料当天还是出了意外，总经理办公室一位新来的员工由于紧张，在端茶倒水时一不小心把茶水倒在了会议桌上，洒湿了一些重要文件，气氛瞬间凝固了。

说时迟那时快，一同参会的那位策划部同事发挥了他的"特长"，三五句下来，现场气氛重新变得融洽活跃起来。刘香悄悄舒了口气，心里暗暗感慨："马屁精"也没什么不好啊，关键时候蛮顶用！

一、生活需要赞美

美是一种力量，也是一种艺术。生活中时时处处都充满了美。学会赞美会感到温暖，自己也会收获快乐，让生活更美好。世界上最美好的声音就是赞美，最好的礼物也是赞美，成功的赞美能给他人带来愉悦，能使他人受到鼓舞。赞美是我们乐观面对生活所不可缺少的，是我们自信、自我肯定的力量源泉。赞美是人际关系的润滑剂，还可以约束人的行为，使人自觉地克服缺点。

人，总是希望得到他人的赞美。无论是咿呀学语的孩子，还是白发苍苍的老人，都会希望获得来自社会或他人的赞美，从而让自己自尊、自信。从社会心理学角度来说，赞美是一种有效的交往技巧，能缩短人与人之间的心理距离。可以说，喜欢被人赞美是人的一种天性。

赞美是一种境界，是发自内心的真诚表达。赞美是对他人成就的认同，对他人人格的尊重。赞美他人之际，我们也在对自己进行着激励。由衷的赞美，哪怕是一句平平常常的话，一个充满敬意的眼神，都会产生意想不到的效果。

二、赞美别人时要掌握的原则

（一）发自真诚，避免过度

不要通过贬低自己来赞美他人。赞美时要面带微笑，正视对方，交流眼神。

（二）赞美要精确

相比于"你今天看起来不错"，"这款项链非常适合你"会更有效果。越精确越有效，因为它使人们觉得你很重视他们。

（三）赞美要有依据

别只停留在"这款项链非常适合你"的层面上。讲明为什么你这样想，你的赞美会更有力。比如，"这款项链非常适合你，它跟你的眼睛很般配呢"。

（四）赞美后提个问题

如果你想以赞美开始一段谈话，提个关于赞美东西的问题吧："这款项链非常适合你，它跟你的眼睛很般配呢。你在哪里买的？"

（五）贯穿始终，随时赞美

接触后立刻展开赞美，拉近距离；促成前、拒绝后也要赞美；签单后更要赞美！

三、赞美的技巧

（一）赞美应具体化

空泛化的赞美，虚伪而生硬，使人怀疑其动机，而具体化的赞美，则更显真诚。一千遍的"你真漂亮"，太过生硬，你说她眼睛漂亮，也比说她人漂亮要有效得多。

（二）从否定到肯定的评价

这种用法一般是这样的："我很少佩服别人，你是个例外。""我一生只佩服两个人，一个是×××，一个是你。"

（三）见到、听到别人得意的事，一定要由衷地赞美

例如：如果一个人给你看了他小孩的相片，就一定要夸小孩，你无声地放回去，别人会很不高兴的。如果一个人升职了，第二天见到他，一定要用升职后的职务去称呼他。

（四）主动同别人打招呼

打招呼背后的含义是我眼中有你。越是高层的人越是喜欢同下面的人打招呼，这一点在生活中是很明显的。特别是你对门卫、清洁工、下级员工打招呼时，他们受宠若惊的表现会让你在生活中受益匪浅。如果一个月内坚持这么做，你的人气就会急升，你就会发现每个人都会喜欢你。

（五）适度指出别人的变化

这种意义是你在我心目中很重要，我很在乎你的变化，否则是我瞧不上你，我不在乎你，这是很糟糕的。如对方穿了一件新衣服，就夸吧！合身的就夸漂亮，不合身就夸有特色（如有朝气）。所以说，生活中长时间不见面的朋友，无论说你胖了还是瘦了都是很舒心的。

（六）逐渐增强的评价

如果你想要得到一个人的心，那么就逐渐增加你的赞美吧。我们买菜时，如果卖菜者一个劲儿地从盘子里往下取菜，即使秤杆再高，我们也会不高兴，但如果是他加一个，再加一个，即使秤杆没往下取菜时的高，那么我们也会很高兴。

（七）似否定实肯定的赞美

姜文批评冯小刚时说，冯小刚有两个缺点，一是心不够狠，二是人太自恋。冯小刚说，

他最喜欢姜文诚恳的批评。

（八）信任刺激

"只有你……能帮我……能做成……"

（九）给出具体的赞美

一个结论是如果你夸美女美，那么她不会有太多的感触，因为大家都这么说她，所以你就要说她有性格、有素质、有涵养。

（十）当一个捧人的角色

与领导在一起，要注意把别人对你的赞扬引到领导身上；当然同非领导在一起，我们也有这么做的必要性，以彰显我们的胸怀。传达第三者的赞赏不但能避免尴尬，而且会得到双方的好感。一个典型的例子就是："王总，这次去山东，他们刘主任对您的评价特别高。"当着被夸人的面，转达来自第三者的赞美，说者有心，听者也会有意，谁又会说你是多管闲事呢，顶多是一个似怒非怒的话语罢了。

（十一）彰显深情厚谊

记住对方特别的日子，或是特别的事情，在关键的时候提出来，给对方一点惊喜。这就需要你平时的积累，比如用一个商务通（记事本），在对方联系方式的旁边记上他（她）的生日等信息。

（十二）投其所好

如果对方喜欢音乐，就谈对方喜欢的音乐类型。对方喜欢钓鱼就说钓鱼。

以下是一些常见情况的表述：

衣：合潮流符时尚、穿着得体、品位独特、别出心裁、气宇轩昂，"好的身材也要有好的装扮来衬托"，"可否告诉我您是如何学会这样得体的穿衣呢？"

食：美味可口、合乎健康、吃出美食、色香俱全、匠心独运、十全十美、有口皆碑、名不虚传、垂涎三尺、高朋满座、龙肝凤髓。

住：古色古香、格局大方、布置高贵、有个性、"麻雀虽小，五脏俱全"、温馨可爱、面面俱到、鬼斧神工、美轮美奂、焕然一新、金玉满堂、福地人杰，"您的家有一种特别的风格，看起来优雅、高尚，室内的摆设蛮独特，看得出主人匠心独运、慧眼独具"。

行：豪华舒适、一帆风顺、有派头、马到成功、鹏翅高展。

外表：光鲜亮丽、充满生气、魅力无限、帅极了、年轻漂亮、帅气、美丽、风度翩翩、一表人才、亲切感、和善、热诚、气质不凡、亮丽动人、活泼朝气、眉清目秀、俊男美女、郎才女貌、驻颜有术、千娇百媚、国色天香、目如秋水、气宇轩昂。

内在：气质高贵、气质不凡、举止优雅、学富五车、学识丰富、德高望重、慈祥和蔼、聪明伶俐、才高八斗、富有爱心、雪中送炭、刻苦耐劳、桃李满天下、成熟稳健、妩媚、知书达理、温文儒雅、人才出众、一字千金、不同凡响、能文能武、雄才大略。

经理：运筹帷幄、经营有道、领导有方、大刀阔斧、明察秋毫、先见之明、以身作则。

老板：事业有成、具有创造力、容光焕发、勇于开创、成绩卓越、一本万利。

长辈：福如东海寿比南山、慈祥、安享晚年、尽享天伦之乐、最美不过夕阳红、老当益壮。

年轻人：风华正茂、黄金时代、生龙活虎、前程似锦、多才多艺、年轻有为、风度翩翩、知书达理、仪态万千。

我们奋进，那就让我们学会赞美吧！

【实训课堂】

一、任选以下一个主题，拟制一份调查问卷。

1. 大学生关心的主要问题
2. 大学生的人际关系状况
3. 大学生的经济收支情况
4. 大学生上网情况
5. 大学生课外文化生活情况

二、飞机坠落在荒岛上，只有6人存活。这时逃生工具只有一个只能容纳一人的橡皮气球吊篮，没有水和食物。

角色分配：

1. 孕妇：怀胎八月
2. 发明家：正在研究新能源汽车
3. 医学家：经年研究艾滋病的治疗方案，已取得突破性进展
4. 宇航员：即将远征火星，寻找适合人类居住的新星球
5. 生态学家：负责热带雨林抢救工作组
6. 流浪汉

三、以下列背景材料为参考，以你身边认识的人为调查对象，以"我国方便面消费者市场环境调查报告"为题，为方便面企业写一份市场调查报告（人口、经济、科学技术、政治法律、社会文化等为市场宏观环境，企业自身、消费者、竞争者、行业等为市场微观环境）。

背景材料：方便面自1958年由日本人安藤百福发明以来，经过50多年的发展，已经成为全世界喜爱的主食产品之一。据日本世界方便面协会4月26日最新公布的数据显示，2012年全球共销售超过1000亿块方便面面饼，中国、印度尼西亚和日本位列"消费国"前三甲。其中中国"吃掉"大约440亿块，占全球方便面消费总量的1/3，已成为世界方便面产销第一大国。如此庞大的市场也催生出了众多方便面大鳄，如康师傅、今麦郎、统一等。有关数据显示，中国面制品行业进入最为复杂多变的产品结构调整阶段，方便面市场面临变局。国家发改委在《食品工业"十二五"发展规划》中提出了到2015年中国方便面的销售总额超1000亿元的目标（2011年方便面行业销售额557.76亿元），若要达到1000亿元则意味着产量接近翻番。中国方便面行业虽然拥有全球最大的市场，但在保障食品安全方面却是问题重重，消费者对方便面营养和安全高度关注，在一个有1800多名网友参与的投票中显示，68%的网友认为方便面是"不营养不健康"的，这也倒逼着方便面企业转

型升级。因此,如何引导中国方便面行业走向健康快速发展的道路?如何保障食品安全来实现方便面企业的持久经营?都是中国方便面行业必须解决的问题。可以说,整个方便面行业未来机遇与挑战并存。

四、训练一:"戴高帽"

(一)训练要求

1. 时间控制:20分钟左右
2. 场地:室内

(二)训练过程

1. 训练者按照4人一组分成若干组,围圈坐;
2. 每组请一位成员坐或站在团体中央,向大家介绍自己的姓名、个性、爱好等;
3. 其他成员轮流根据自己对他(她)的了解及观察,说出他(她)的优点(如性格、相貌、待人接物的方式……),要用第一人称,"我认为你""我觉得您……"不用介入第三者。被赞美的人不能说话,但要与赞美者做眼神交流;赞美者话不能太多,不能重复前面的话;只赞美,不批评。

(三)训练提示

1. 必须说优点

(1)夸别人的优点时态度要真诚,不能毫无根据地吹捧;
(2)要注意体验被人称赞时的感受;怎样用心去发现别人的长处;怎样做一个乐于欣赏他人的人。

2. 赞美他人的角度

(1)从小事赞美对方,如"你这衣服的纽扣真好看"……
(2)以第三者口吻赞美对方,如"他们都说你人很好""听说你的口才很好……"
(3)有意将对方优点公布于众,如"大家看!他又有一个新创意"……
(4)注意赞美对方隐藏的优点,如"你不但耐心,而且还细心""没想到你的字写得这么好"……
(5)注意赞美对方新近的变化,如"最近你的皮肤变白了"……
(6)注意用非语言方式赞美对方,如用眼神示意、点头、竖大拇指等;
(7)赞美对方心理上的优点,如人品好、能力强、有才华、聪明、有耐心、细心、有同情心、善良、善解人意、有智慧、有风度等;
(8)赞美对方生理上的优点,如漂亮、帅气、苗条、高大、秀美、白皙、健康等;
(9)赞美与对方相关的人或事,如服饰的样式、颜色,有关对方妻子、丈夫、孩子等家人的得意之处,以及与对方有关的活动、观点、建议,等等。

(四)训练分享

1. 在他人眼中自己的哪些优点是自己以前察觉到的,哪些是没察觉到的?哪些赞美最令自己高兴,为什么?
2. 小组成员分享受到赞美后的感觉。

项目二　组建创业团队

任务一　写作招聘启事

情境导入

在模拟创业公司训练营时,张梅老师考虑到各团队因缺乏团队组建经验,眼下许多团队内部人员结构并不合理。为了使各团队能够在未来模拟创业的过程中更为出色地完成创业实训任务,张梅老师决定举行一次团队招聘会:一方面让各团队通过公开招聘的方式招纳新的团队成员,对团队结构进行重新整合;另一方面让学员们可以结合自身条件与需求,选择新的团队求职应聘。

通过这一阶段学习的深入,学员也愈加意识到之前因为大家对团队组建要素认识不够,单凭便捷或感情亲疏选择队友,导致自己团队的人员结构确实存在许多不合理的地方。这次团队招聘会也正好给了各个团队重新调整团队内部结构的机会。陈晖知道这次团队招聘的结果直接影响团队未来的模拟创业公司的实训结果,所以对这次团队招聘活动一点也不敢小觑,接到张梅老师的任务后,立刻组织团队队员着手团队招聘的各项准备工作……

知识加油站

一、招聘的流程

1. 确定人员需求

这一阶段通常由各用人部门根据实际工作需要向单位人力资源部报送本部门人员需求情况,如招聘部门、人数、职位要求等。

2. 制订招聘计划

人力资源部在对用人部门的用人需求进行整合、确认后,将招聘的相关事宜上报上级领导审批。经领导批准后,方可按下列程序安排招聘。

① 拟定岗位说明书,明确招聘岗位任职资格。

② 选择招聘渠道:人才市场、网络、报刊、电视台、广播电台、猎头公司、人际网络等。

③ 准备招聘材料:招聘启事、面试的问题及笔试等。

3. 人员甄选

人员甄选的工作包括以下步骤：
① 筛选应聘材料，确定面试名单，发出面试通知。
② 确定面试官，布置面试现场。
③ 面试官对面试者的专业素质、面试表现等进行综合评价。
④ 确定录用名单，通知面试结果。

二、启事的概念

启事是机关、企事业单位、团体或个人，因需要向公众说明某事或提请公众注意，望公众协助办理某事时使用的一种事务文书，是一种常用的周知性文体。

三、启事的类型及特点

启事一般分为以下几种类型：

1. 寻找类启事

包括寻人启事、寻物启事、招领启事等。

2. 征招类启事

包括招生、招考、招聘、征文、征订、征集设计启事等。

3. 周知类启事

包括开业启事、迁址启事、变更启事、婚庆启事等。

从广义上讲，我们在撰写启事时，应明确写明启事的目的、事项、条件等，要写得具体、明白、准确，简练通俗，千万不可模糊、含混、模棱两可，以免产生歧义，如寻物启事要写清丢失物品的时间、地点以及物品的特征等，并留下失主的联系方式。此外，启事的语气通常要凸显尊重、感谢之情，如寻物启事里的"不胜感激"，订婚启事里的"敬告亲友"，迁址启事里的"欢迎惠顾"等。下面结合项目内容重点对招聘启事进行介绍。

启事有以下特点：

1. 公开性

启事是向社会公开坦陈，说明事项，阐明意图，以加强联系、求得了解，且要通过传媒或张贴方式向社会公众广泛发布，所以无秘密可言。

2. 通用性

启事的应用范围非常广泛。上至党政机关，下至各种基层组织、企事业单位、部队、学校以及个人，无论是公务还是私事，在陈述寻找、征召、告知等事项时均可使用这一文种。

3. 期望性

启事具有向公众通知、告知事宜，招揽和请求协助的作用，但非党政公文，对公众没有行政约束力，只具有知照性，公众是否参与，全凭自愿，而不需承担责任和义务，不具备法令性和强制性。

4. 单一性

一则启事只说一件事情，不掺杂其他的内容，便于公众迅速了解和记忆。且启事的写法简洁明了，无论是张贴、登报、广播，都写得十分简明。有的启事三言两语，有的启事单行单句，公众一目了然。

四、招聘启事的概念及格式

招聘启事是用人单位面向社会公开招聘有关人员时使用的一种应用文书。招聘启事撰写的质量好坏会影响招聘效果和招聘单位的形象。

招聘启事通常由标题、正文和落款三部分组成。

1. 标题

招聘启事的标题应简洁明了，如"招聘启事""招聘""诚聘"等。但日常生活中也会经常见到标语、口号式的标题，这种标题较活泼，能吸引人的注意。

2. 正文

招聘启事的正文包括开头和主体两部分，其内容如下：

（1）开头　开头首先要对用人单位的情况进行介绍，以增强对求职者的吸引力；其次要阐述招聘原因，引出招聘启事的正文主体。

（2）主体　主体主要列出应聘职位的资格条件、待遇、招聘人数及应聘办法（需要准备的个人材料、联系方式、联系人、时限等）。正文的写法形式多样，可以分段写，内容多的应逐条分项写清楚。

3. 落款

落款即要求在正文右下角署上招聘单位名称和启事发布时间。在标题或正文中已写明启事单位名称的，落款中可省略，只写日期。

一、不要把启事写成启示

在现实生活中，常常会出现"启示"代替"启事"的混淆现象。"启示"与"启事"一字之差，意思却不同。"启示"的含义是开导、启发，使人有所领悟，"启事"则是说明、陈述某事的一篇文字。启事多刊登在报纸、杂志、电视、广播、网络等各种媒体上，有的也张贴在街头、路边等引人注意的公共场所。

二、招聘启事写作四"不要"

1. 内容不要弄虚作假

招聘启事的内容必须真实，弄虚作假不但欺骗他人，还会损害单位形象。

2. 标题不要晦涩难懂

标题要能揭示事由，简短醒目，吸引公众。

3. 内容不要过于复杂

内容单一，一事一启，便于公众迅速理解和记忆。

4. 文字不要"掉书袋"

文字通俗、简洁、集中，态度庄重、平易，而又不失热情、文明，给公众信任感。

招聘启事例文

大学生 ALI 巴巴公司招聘启事

我公司成立于2009年，位于无锡藕塘职教园区，是一家为大学生服务的专业服务公司，主营业务有校园商家店铺、学生VIP会员、公司代购代销、广告业务。现四公司业务发展需要，诚聘以下职位人员：

一、网页设计师1名

职位描述：

（1）负责网页的设计与制作，跟踪反馈效果并进行改造。

（2）负责在线营销推广频道的设计、建设及推广。

（3）负责与合作伙伴之间的合作网站或合作频道的建设。

职位要求：

（1）能够熟练使用Photoshop、DreamWeaver设计网页模板，快速制作网站。

（2）有网站设计开发经验，对互联网、设计行业有深入了解。

（3）能够紧跟设计趋势，对于设计、用户体验、行为分析等有较强的学习和应用能力。

待遇：月薪2000元，另有提成，交五险一金。

工作地点：无锡

二、销售代表1人

职位描述：根据公司销售政策，销售"中国供应商"产品，完成公司下达的销售任务，为大学生提供推广服务。

职位要求：

（1）大专以上学历。

（2）开拓能力较强，能承受工作压力并经常出差，敢于向高薪挑战。

（3）熟悉外贸流程，有网络广告或B2C电子商务销售经验者优先考虑。

待遇：月薪2000元，另有提成，交五险一金。

工作地点：无锡

三、贸易服务专员1人

职位描述：

（1）服务于大学生ALI巴巴网站，通过电话、上门拜访等方式向客户提供外贸知识咨询、网站产品使用、定期回访、投诉处理等售后服务工作，提升客户满意度。

（2）与销售、培训配合，保持良好的客户关系，并提供解决方案，提高公司续签指标。

职位要求：

（1）熟悉外贸操作。

（2）大专以上学历，英语三级以上。

（3）细致、耐心，有良好的服务意识。

（4）有良好的沟通能力和抗压能力。

（5）有相关服务或销售经验者优先考虑。

待遇：月薪2000元，另有提成，交五险一金。

工作地点：无锡

符合以上条件的应聘人员请将个人资料（简历、文凭复印件、身份证复印件以及相关等级证书、获奖证书影印件等）发至公司邮箱：××××××@126.com.符合条件者我们会在一星期内电话通知其参加面试。

报名截止日期：2012年12月16日

公司网址：www.××××××.com

邮箱：××××××@126.com

联系电话：0510-85212345

联系人：闫女士

2012年12月10日

[简析] 这篇招聘启事由标题、正文、落款三部分组成。标题由"招聘方名称+事由+文种"构成。正文部分介绍了招聘方的简要情况和具体的招聘事项，具体包括：招聘职位、人数及资格条件，受聘后的薪酬待遇，以及报名方式、联系方式等。落款因标题已写明招聘单位名称，故结尾可不署名。

任务二　有效运用拒绝的口才艺术

情境导入

钱钟书先生是我国著名的作家，他的作品《围城》享誉海内外。刘香特别喜欢《围城》，反反复复看了很多遍。她听到过这样一个故事：

在钱钟书那个年代，有一位外国女士也特别喜欢他。有一天，她打电话给钱钟书说："钱钟书先生，我十分喜欢您的作品，我想去拜访您一下。"这是一个善意的请求，人家是慕名而来的。但钱钟书一向淡泊名利，不爱慕虚荣，在电话里婉转地拒绝了这位外国女士。他说："当一个人吃了一个鸡蛋，觉得很好吃，但他有没有必要去看一看下蛋的母鸡是什么样子的呢？"

刘香分析说，钱钟书运用了比喻的修辞手法暗示对方，婉转含蓄地拒绝了对方的请求。对方通过自己的思考定能明白钱先生的意思。这样的交际语言起到了很好的表达效果。

"学会拒绝的艺术，既可减少许多心理上的紧张和压力，又可使自己表现出人格的独特性，也不致使自己在人际交往中陷于被动，生活就会变得轻松、潇洒些。"刘香从钱钟书身上又学到了做人做事的道理，决定应用于自己的生活和工作中。

心理学家认为，不会说"不"，这是人际交往中心理脆弱的表现。这些人在拒绝别人方面存在心理障碍。他们担心拒绝了朋友会伤害对方，失去友谊。所以，总是委屈自己，成全别人。这对他们的心理施加了不必要的压力，严重者还可演变成心理疾病。所以，在人际交往中，我们应该学会一个很重要的交往策略，那就是学会拒绝，敢于说"不"！

一、不善于拒绝他人的原因

（一）怯弱心理、缺乏信心

在人际交往过程中，有些人为了结交朋友，显示自己的能力，为了博得别人的好感，而硬着头皮去答应一些事情。这样会产生下列情况：

① 对方会得寸进尺，进一步提出更多不合理甚至过分的要求。

② 会令对方认为你是一个没有个性的人，更不愿意与你成为朋友。

最终，得不到真正的知心朋友，反而会伤害了自己。

（二）唯美心理

例如："我必须与周围每个人建立密切友好的关系""只有顺从他人才能保持友谊""如果我拒绝别人的要求，我就会失去这个朋友""任何事情，只要去做，就应该做得完美""拒绝别人的要求，我就缺乏诚意，别人就再也不愿意和我做朋友了"……

过分苛求自己，主观盲目地高估自己，不允许自己拒绝任何一个请求，从而给自己带来过大的心理压力。

（三）自主性太差

在与人交往中，缺乏独立自主的精神，没有个性和原则，一味地迁就和顺从，甚至意识不到每一人都有"拒绝"的权利。这样就失去了人际交往的平等和尊重。

二、职场中可以拒绝别人的情况

1. 当谁都没有准备好的时候

很多人会在什么都还没有就位的时候就对老板或顾客说 yes。要知道，完美的工作需要完美的准备，完美的团队需要完美的组织。如果你的团队没有准备好和组织好，你就去对一件困难的任务说 yes，可能会导致不好的结果。很多年轻的企业都会在其组织架构和商业模式都还没有就绪的时候就试着加速前进，但最终只会在白白花了投资人大量的金钱后，还破坏了自己的梦想和声誉。这时候你要说 no!这样才能让每件事和每个人都准备好，到时候你就能自信地说 yes 了。

2. 在不合适的时候

销售人员和企业家倾向于在每件事和每个人身上都看到潜在的商机。不过也就是因为这样，大量的时间都浪费在了发展那些不可能成为客户、不可能投资或是不可能成为疯狂的职员的人身上。与其把所有精力花在研究为什么会成功上，不如花时间去关注它们为什么不会成功。即使你一开始说了 no，当你自身水平提高后，还是有机会再去抓住那些潜在的机会的。

3. 当你操劳过度的时候

有些人害怕说 no!甚至在他们已经承担了过量的工作的时候。他们觉得任何时候都积极回应以免让别人失望是非常必要的。最后，他们也没能很好地把事情做完。在这种情况下，一句根本不可能的 yes 会引发巨大的挫败。所以你应该在一开始就说 no!你要对你的工作能力有一个清醒的认识，不要超过你的极限。

4. 当某事已经不现实的时候

你不能指望每个要求都已经得到了充分的考虑。很多时候，人们提出他们想要什么的时候根本就没有好好考虑要做到这些需要哪些必要条件。当别人向你要求什么的时候，你一定要专业。如果你不知道那件事如何才能成功，你一定要做好功课，只有当你完全明白它要怎么做才能成功的时候再说 yes，否则就只能说"可能"。

5. 当你会退步的时候

想要在稳步前行的同时又不失去已获得的东西是很难的。当你遇到一个机会，而那个机会并不一定能帮助你前进的时候，就要问问自己："我对这个东西到底感兴趣吗？"你或许会惊讶地发现，根本就没有理由说 yes。当这种情况发生时，果断说 no!然后转向另一个和你的目标更相符的机会。

6. 当不划算的时候

你在职场是出于各种各样的原因，但几乎所有人进职场都是为了盈利。并非所有的盈利都和钱有关。虽然年轻企业家必须明白持续的金钱盈利对其可持续发展和价值的成长是非常有帮助的，但有时候一项交易也能让自己在人脉、曝光率、知识以及满意度上获得回报。但是当一项交易对所有人都没有好处的时候，就该说 no!

7. 当你不能达到期望的时候

人们总是对快速成功地做好某件事抱有乐观的期望。当你把这种乐观的期望和满足客户的需求联系起来的时候,你往往会承诺太多你做不到的事情。你必须对那些你做不到的事情说no! 以减少你的过错。让自己变得靠谱起来,并且努力达到期望。不管你做什么,都不要因为你预计能做到就承诺下一桩交易。一旦木已成舟,客户不得不接受你在质量、时间和价格上产生的变化,一旦他们明白发生了什么,很少有人会回来和你说 yes,并继续和一个骗子合作。

三、拒绝和推辞应把握的原则

1. 诚恳、灵活

如果对方的邀请或馈赠是出于诚意,而在权衡利弊之后决定不接受,那你就应当诚恳地向对方解释不能接受的理由,以免对方由于你的拒绝而抱怨或误解。或者视对方情况采取一点灵活的方式也未尝不可。

2. 寻找恰当的借口

有时要拒绝对方的某一要求而又不便说明原因,也不便向对方多说什么道理,不妨寻找某个恰当的借口(或称托词),以正当的、不至于被对方责怪的理由来回避对方的要求,从而使对方放弃努力。

因此,借口要符合客观实际,最起码要能自圆其说,令人相信;表达时态度应诚恳,不能装腔作势,忸怩作态。

3. 转移对方的注意力

心理学研究表明:当人的注意力专一时,如果另有一种新的刺激参与,那么人的注意力就很容易转移到这种新的刺激上去。在社交中碰到对方提出自己一时难以答复的问题或难以满足的要求时,我们不妨用"转移注意力"的办法,把对方吸引到另一件你可以办到的事情上去,既能使自己摆脱困境,又能满足对方,使其不因你没能解决那个难以解决的问题而怪你。我们既有求人的时候,也有被人求的时候,所以,也就免不了被人所求而力所不及。这就要求我们必须"推辞"有术。

四、拒绝与推辞的技巧

当我们想拒绝别人时,往往心里在想:"不,不行,不能这样做,不能答应!"可是,嘴上却含混不清地说:"这个……好吧……"可是这种口不应心的做法,一方面是怕得罪人;另一方面,过于直率地拒绝每一个问题,永远说"不",也不利于待人接物。说"不"的诀窍有以下几点:

1. 用沉默表示"不"

一位不太熟识的朋友邀请你参加晚会,送来请帖,你可以不予回复。它本身表明,你不愿参加这样的活动。

2. 用拖延表示"不"

一位女友想和你约会。她在电话里问你:"今天晚上8点钟去跳舞,好吗?"你可以回答:"明天再约吧,到时候我给你去电话。"你的同事约你星期天去钓鱼,你不想去,可以这样回答:"其实我是个钓鱼迷,可自从成了家,星期天就被妻子没收啦!"

3. 用推托表示"不"

一位客人请求你替他换个房间,你可以说:"对不起,这得值班经理决定,他现在不在。"有人想找你谈话,你看看表:"对不起,我还要参加一个会,改天行吗?"

4. 用回避表示"不"

你和朋友去看了一部拙劣的武打片,走出影院后,朋友问:"你觉得这部片子怎么样?"你可以回答:"我更喜欢抒情点的片子。"

一位名叫金六郎的青年去拜访本田宗一郎,想将一块地产卖给他。本田宗一郎很认真地听着金六郎的讲话,只是暂时没有发言。本田宗一郎听完金六郎的陈述后,并没有做出"买"或者"不买"的直接回答,而是从桌子上拿起一些类似纤维的东西给金六郎看,并说:"你知道这是什么东西吗?""不知道。"金六郎回答。"这是一种新发现的材料,我想用它来做本田宗一郎汽车的外壳。"本田宗一郎详详细细地向金六郎讲述了一遍。本田宗一郎共讲了15分钟之多,谈论了这种新型汽车制造材料的来历和好处,又诚恳地讲他明年的汽车拟取何种新的计划。这些内容使得金六郎摸不着头脑,但感到十分愉快。在本田宗一郎送走金六郎时,才顺便说了一句,他不想买他的那块地。

如果本田宗一郎一开始就将自己的想法告诉金六郎,金六郎一定会问个究竟,并想方设法劝说本田宗一郎,让他买下这块地。本田宗一郎不直接言明的理由正是如此,他不想与金六郎为此而争辩。拒绝对方的提议时,最好采用毫不触及话题具体内容的抽象说法。

5. 用反诘表示"不"

你和别人一起谈论国家大事,当对方问:"你是否认为物价增长过快?"你可以回答:"那么你认为增长太慢了吗?"你不喜欢的人问:"你喜欢我吗?"你可以回答:"你认为我喜欢你吗?"

6. 用客气表示"不"

当别人送礼品给你,而你又不能接受的情况下,你可以客气地回绝:一是说客气话;二是表示受宠若惊,不敢领受;三是强调对方留着它会有更多的用途等。

7. 以友好、热情的方式说"不"

一位作家想同某教授交朋友。作家热情地说:"今晚我请你共进晚餐,你愿意吗?"教授正忙于准备学术报告会的讲稿,实在抽不出时间。于是,他亲热地笑了笑,带着歉意说:"对你的邀请,我感到非常荣幸,可是我正忙于准备讲稿,实在无法脱身,十分抱歉!"他的拒绝是有礼貌而且愉快的,但又是那么干脆。

8. 降低对方对你的期望

大凡来求你办事的人,都是相信你能解决这个问题,以抱有很高的期望值。一般来说,对你抱有的期望越高,越是难以拒绝。在拒绝要求时,倘若多讲自己的长处,或过分夸耀自己,就会在无意中抬高了对方的期望,增大了拒绝的难度。如果适当地讲一讲自己的短处,就降低了对方的期望,在此基础上,抓住适当的机会多讲别人的长处,就能把对方的求助目标自然地转移过去。这样不仅可以达到拒绝的目的,而且使被拒绝者因得到一个更好的归宿,由意外的成功所产生的愉快和欣慰心情,取代了原有的失望与烦恼。

拒绝与推辞应注意以下问题:

(1)不要立刻就拒绝 立刻拒绝,会让人觉得你是一个冷漠无情的人,甚至觉得你对他有成见。

(2)不要轻易地拒绝 有时候轻易地拒绝别人,会失去许多帮助别人、获得友谊的机会。

(3)不要盛怒下拒绝 盛怒之下拒绝别人,容易在语言上伤害别人,让人觉得你一点同情心都没有。

(4)不要随便地拒绝 太随便地拒绝,别人会觉得你并不重视他,容易造成反感。

(5)不要无情地拒绝 无情地拒绝就是表情冷漠,语气严峻,毫无通融的余地,会令人很难堪,甚至反目成仇。

(6)不要傲慢地拒绝 一个盛气凌人、态度傲慢不恭的人,任谁也不会喜欢亲近他。何况当他有求于你,而你以傲慢的态度拒绝,别人更是不能接受。

(7)要能婉转地拒绝 真正不得已的苦衷时,如能委婉地说明,以婉转的态度拒绝,别人还是会感动于你的诚恳。

(8)要面带笑容地拒绝 拒绝的时候,要能面带微笑,态度要庄重,让别人感受到你对他的尊重、礼貌,就算被你拒绝了,也能欣然接受。

(9)要有代替地拒绝 他跟你要求的那一点你帮不上忙,而用另外一个方法来帮助他,这样一来,他还是会很感谢你的。

(10)要有出路地拒绝 拒绝的同时,如果能提供其他的方法,帮他想出另外一条出路,实际上还是帮了他的忙。

【拒绝小故事1】

巧妙的拒绝

有一天,一位下属在走廊里与主管不期而遇,下属忙停下脚步:"哎呀,终于碰上您了。有一个问题,我一直想向您请示该怎么办。"接下来,他如此这般将问题汇报一番……

这位主管一直在认真倾听,并不时点头。几分钟后,主管对下属说这是一个非常不错的问题,很想先听听他的意见。

"主管,我就是因为想不出办法,才不得不向您求援的呀。"

"不会吧?你一定能找到更好的方法。"主管看了看手表,"这样吧,这件事我一时半会儿也拿不出更好的主意,我现在正好有急事。明天下午四点后我有一点时间,到时你拿出几个解决方案来一起讨论讨论。"

告别前,主管还没有忘记补充一句:"你不是刚刚受过'头脑风暴'训练吗?实在想不出，就找几个搭档来一次'头脑风暴'，明天我等你们的解决方案。"

第二天，下属如约前来。从他的表情可以看出，他似乎胸有成竹："主管，按照您的指点，我们已有了五个觉得还可以的方案，只是不知道哪一个更好，现在就是请您拍板了。"

［简析］上级对下级说"不"时，既要保持自己的工作原则，又应保护下级的自尊心，激发下级工作的积极性，充分展现自己作为领导的风度。

【拒绝小故事2】

这位青年应该怎么说

一位青年想同一位知名人士交朋友，期望对自己今后的发展有所帮助。

青年热情地说："下午五点，请您在福兴楼餐厅共进晚餐，不知您可否赏脸。"事情真凑巧，这位知名人士正忙于其他事务，实在抽不出时间。这位知名人士该怎样对这位青年说呢？

［举例］"对您的邀请，我感到非常荣幸，可是我正忙于公司事务，实在无法脱身，十分抱歉！有时间我请您。"先表明态度，说明现实情况，给予补偿。

【拒绝小故事3】

如何礼貌地拒绝顾客

一位顾客拿了一套西装到百货公司退货。这套西装是妻子为丈夫买的。她买回家后，丈夫穿了觉得不合自己的意，于是送干洗店洗过后到百货公司来退货。店员检查了那套西装，看到有干洗过的痕迹，她该怎么说？

［举例］"同志，是不是你的家人搞错了，把这套西装送去洗了呀；我也有过类似的经历：我外出的时候，洗衣店的人来了，我丈夫糊里糊涂地让人把新衣服和其他衣服一起拿去洗了。"

【拒绝小故事4】

如何拒绝妈妈的好意

妈妈准备用同一种花色的窗帘布来布置所有的房间，而你觉得自己房间的窗帘可以更可爱一些，可以适合自己的审美要求。

［举例一］妈妈，我最近听一个时尚节目里介绍说，房间的布置应该个性化，如果不同的房间用不同的窗帘，就有多样化的美，而且可以充分体现个性。您觉得她说得是不是有点道理？

［举例二］苏格拉底说服术：

问：我们家装饰还是蛮有特色的，妈妈的房间怎么样，我的房间就怎么样。

答：是啊，可是花了不少时间。

问：这个颜色的窗帘跟妈妈的房间很搭，很稳重（一阵夸奖）。

答：是，可是想了好长时间。

问：我的房间也用了这个窗帘，可是可爱和稳重混搭，有点不伦不类啊！

答：确实有点。

问：我觉得××颜色的比较好……

任务三　写作合同

情境导入

为了让各项目团队对合同的撰写及合同纠纷引起的后果有足够清醒的认识和了解,张梅老师要求招标方(甲方)在向投标方(乙方)提供的合同中故意留下许多错误和漏洞,供乙方发现并指正。张梅老师希望双方经讨论后,就合同中的相关条款达成一致意见,并最终签订一份规范的经济合同。

在某团队"创办"的C公司项目招标活动中,陈晖所在的团队"创办"的公司作为投标方在最终的开标会上幸运中标。这天,陈晖和团队成员接到了C公司通知他们第二天去C公司"签约"的电话。第二天,陈晖带着"销售部经理"方达、招"投标项目团队队长"郭亮、"办公室秘书"闻欣等一行来到C公司签订合同。在仔细阅读了C公司提供的合同样本后,陈晖就合同中存在的漏洞或表述欠清楚的地方与C公司进行了磋商,并最终达成了共识,完成了合同的修订和签约。

知识加油站

一、合同的概念

合同,也叫合约或契约,是平等主体的自然人、法人、其他组织之间设立、变更、终止民事权利义务关系的文书。合同种类繁多,企业常用的有供销合同、信贷合同、租赁合同、劳务合同、服务合同、建设工程合同、运输合同、技术合同、合资合作合同等。

二、合同的特点

(一)合法性

当事人订立、履行合同应当遵守国家法律、法规,遵守社会公德,不得扰乱经济秩序,损害社会公共利益。合法性是合同的灵魂,违法合同不受国家法律保护,是无效合同。

(二)约束性

约束性是法律赋予合同对当事人的强制力,则当事人如违反合同约定的内容,则产生相应的法律后果,包括承担相应的法律责任。

(三)一致性

签订合同必须遵循平等互利、协商一致的原则,合同的修改、变更、终止、取消必须协商。

（四）准确性

合同的语言要准确、清晰、具体，标点使用正确，不能有歧义或模棱两可。对权利、义务、数量、质量、时间、地点、标准、规格的表达一定要准确具体。计量要采用法定单位，涉及技术问题的，要正确使用专门术语，避免使用"大约""年底前"等模糊词语，避免合同在履行过程中出现不必要的争执。

三、合同的类型

（一）按合同的表现形式分

1. 条款式合同

条款式合同是用文字记叙的方式，把当事人双方协商一致的内容逐条记载下来。常用于非常规性业务活动合同的订立。

2. 表格式合同

表格式合同是把必不可少的相关内容分项设计、印制成一种固定格式，在双方当事人签订合同时，只需把达成的协议逐项填写到表格或空白处即可。常规性业务活动一般均采用表格式合同。

3. 条款和表格结合式合同

条款和表格结合式合同是把常规性内容用表格形式规定下来，非常规性内容用条款格式规定下来，它比条款式和表格式更具灵活性。

（二）按合同内容分

1. 买卖合同

买卖合同是指出卖人将物的所有权转移给买受人，由买受人支付价款的合同。买受人接受此项财产并支付约定的价款。

2. 供电（水、气、热力）合同

供电（水、气、热力）合同是指供电（水、气、热力）人向用电（水、气、热力）人提供电（水、气、热力），使用者支付一定费用的合同。

3. 赠与合同

赠与合同是指赠与人把自己的财产无偿地送给受赠人，受赠人同意接受的合同。

4. 借款合同

借款合同是指当事人约定一方将一定种类和数额的货币所有权移转给他方，他方于一定期限内返还同种类同数额货币的合同。

5. 租赁合同

租赁合同是指出租人将租赁物交付给承租人使用，承租人支付租金的合同。

6. 融资租赁合同

融资租赁合同是指出租人根据承租人对出卖人、租赁物的选择，向出卖人购买租赁物，提供给承租人使用，承租人支付租金的合同。

7. 承揽合同

承揽合同是指承揽人按照定做人的要求完成工作，交付工作成果，定做人给付报酬的合同。

8. 建设工程合同

建设工程合同是指由承包人进行工程建设，发包人支付价款的合同。

9. 运输合同

运输合同是指承运人将旅客或者货物从起运地点运输到约定地点，旅客、托运人或者收货人支付票款或者运输费用的合同。

10. 技术合同

技术合同是指当事人就技术开发、转让、咨询或者服务订立的确立相互之间权利和义务的合同。

11. 保管合同

保管合同是指保管人有偿地或无偿地为寄存人保管物品，并在约定期限内或应寄存人的请求，返还保管物品的合同。

12. 仓储合同

仓储合同是指保管人储存存货人交付的仓储物，存货人支付仓储费用的合同。

13. 委托合同

委托合同是指受托人为委托人办理委托事务，委托人支付约定报酬或不支付报酬的合同。

14. 行纪合同

行纪合同是指行纪人以自己的名义为委托人从事贸易活动，委托人支付报酬的合同。

15. 居间合同

居间合同是指居间人向委托人报告订立合同的机会或者提供订立合同的媒介服务，委托人支付报酬的合同。

四、合同的内容

合同的内容由当事人约定。一般应包括以下内容：当事人名称（姓名）及住所、标的、数量、质量、价款或者报酬、履行期限（地点和方式）、违约责任、解决争议的方法等。当事人可以参照各类合同的示范文本订立合同。

五、合同的格式

合同一般由标题、当事人、正文和尾部组成。

（一）标题

合同种类做标题，如"借款合同""租赁合同"；合同内容与合同种类结合做标题，如"房屋租赁合同""商业借款合同"；合同执行时间、内容与合同种类结合做标题，如"2013年冬季服装购销合同""2013年6月××可乐购销合同"。

标题应写在合同首页上方居中的位置。

（二）当事人

在合同标题的左下方，分行并列写明签订合同当事人的单位名称及法定代表人或自然人姓名，并在名称或姓名前面注明谁是甲方，谁是乙方，也可在名称或姓名的后面用括号注明"甲方"和"乙方"。

（三）正文

正文一般包括总则、分则和附则。

1. 总则

签订合同的依据和目的。如："根据我国《合同法》的有关规定，转让方与受让方根据技术转让合同的要求，本着互利原则，经双方协商一致……""为了……目的，根据……的规定，经双方充分协商，特订立本合同，并共同遵守。"

2. 分则

合同的条款内容，包括必备条款和约定条款两个方面内容。必备条款内容一般有：

（1）标的　它是当事人双方权利和义务共同指向的对象，可以是货物、劳务、工程项目、智力成果等。如购销合同的标的是货物，建筑工程承包合同的标的是劳务，专利技术转让合同的标的是专利技术等。在签订合同时，应将标的明确加以说明，如商品货物的标的就应包括商品名称、规格、型号或代号、牌号及商标等。

（2）数量和质量　这是衡量标的的尺度。在签订合同时，数量必须按照国家法定计量标准和计量单位计量。质量是标的的内在素质和外观形态的综合反映，它可以体现出商品、产品或劳务的优劣程度。质量条款也必须符合我国《标准化法》和《产品质量法》的规定。

（3）价款或酬金　价款是指为获取标的物而交付的货币数量。购销产品中支付的贷款、借款合同中支付的利息、财产租赁合同中支付的租金、运输合同中支付的运费、保管合同中支付的保管费等都属于价款。为获取标的物而支付的劳务佣金称为酬金。价款和酬金的标准，当事人可以议价商定。价款和酬金为防涂改，一般需用大写。

（4）履行的期限、地点和方式　履行期限是指当事人完成合同规定义务的时间范围。根据不同内容的合同，履行期限有具体所指内容。例如，购销合同履行期限是指供货时间和因质量而引发的货物退换时间；劳务合同履行期限是指劳务起止的期限。履行的地点是指交付和提取标的的具体地理位置。履行的方式是指当事人双方履行合同的方式，包括交付方式（自提、送货）、验收方式（验收规范、验收标准、质量检验标准）、价款结算方式（采用何种结算方式）。

（5）违约责任和争议的解决方法　违约责任是指由于合同当事人一方或双方的过错而导致合同不能履行或不能完全履行，有过错的一方应当承担的责任。对违约责任的追究，可以用支付违约金、支付赔偿金、继续履行合同等方式解决。如因违约产生争议，可根据相关法律法规及约定解决。

3. 附则

合同在签订的时候发现还有一些漏掉或者是不怎么满意的地方是可以进行附加条款的，双方在附加条款处印上手印或者签字后这个附加条款就生效了。

（四）尾部

尾部主要包括以下四方面内容：

① 双方当事人签名、盖章。单位合同要写单位全称、法人代表姓名，加盖公章或合同专用章，还要有法定代表人签字。

② 双方单位住址、电话号码、传真号码、邮政编码。

③ 双方开户银行，银行开户名、账号。必要时请有关机构鉴证或公证，鉴（公）证机构可在双方当事人情况栏后签署有关意见。

④ 签订时间。一般情况下，甲、乙双方名章或公章盖在签订的时间上。

一、签订合同时的注意事项

① 合法、合理。合同内容必须符合法律规定，如果合同内容违反国家的法律和政策，不仅不受法律保护，还要依法追究法律责任。同时，签订合同必须贯彻平等互利、协商一致、等价有偿的原则。

② 条款规定全面、完整。即合同所必备的各个构成部分不能缺少，关键条款不能遗漏。

③ 表达简明准确。合同的写作采用说明方式，应做到周密严谨、言简意赅。要写得明确具体，条款清晰、概念准确，切忌词不达意或含混不清。比如，必须使用规范汉字，不使用"最近""基本上""可能""大概""上一年"这类模糊性词语。价款与酬金数字必须大写。

④ 充分了解合作方的资格、资信和履行合同的能力。

二、合同与协议、意向书的异同

① 合同、协议、意向书都属于契约性文书。意向书是一种记述初步的合作意图及设想的文书，是当事人经平等协商对合作事项达成初步的原则性、方向性意见后签订的备忘文件。意向书不具备法律效力，只具有对立约双方的信誉约束力。合同、协议具备法律效力。协议用于合同前则类似意向书，但比意向书内容具体；协议用于合同后，对合同未尽事宜作出补充约定，这种协议是合同的辅助内容，是合同的组成部分；如果只签协议而不再就同一事项签订合同或以协议代替合同，则协议也叫合同。

② 从法律效力上看，合同与协议都具有法律效力，但合同与协议在同一个事项同时使用并出现抵触时，协议的法律效力不如合同的法律效力。

③ 从使用的范围看，合同一般在经济领域内使用；协议可在经济、文化、教育、社会等多个领域使用。

④ 从约定内容看，合同的内容详尽具体，明确细致，必须设定违约责任条款，不可用会谈纪要或会议纪要的形式代替；协议的内容比较单一和宽泛，很少规定实施的具体细则，一般不设定违约责任条款，可以用会谈纪要或会议纪要的形式代替。

合同例文

房屋租赁合同

订立合同双方：

出租方：_____，以下简称甲方 承租方：_____，以下简称乙方

根据《中华人民共和国合同法》及有关规定，为明确甲、乙双方的权利义务关系，经双方协商一致，签订本合同。

第一条　甲方将自有的坐落在_____市_____街_____巷____号的房屋____栋/间，建筑面积_____平方米、使用面积_____平方米，类型____，结构等级_____，完损等级_____，主要装修设备_____，出租给乙方作_____使用。

第二条　租赁期限

租赁期共_____个月，甲方从_____年_____月_____日起将出租房屋交付乙方使用，至_____年_____月_____日收回。

乙方有下列情形之一的，甲方可以终止合同，收回房屋：

1. 擅自将房屋转租、分租、转让、转借、联营、入股或与他人调剂交换的；
2. 利用承租房屋进行非法活动，损害公共利益的；
3. 拖欠租金_____个月或空关_____个月的。

合同期满后，如甲方仍继续出租房屋的，乙方拥有优先承租权。租赁合同因期满而终止时，如乙方确实无法找到房屋，可与甲方协商酌情延长租赁期限。

第三条　租金和租金交纳期限、税费和税费交纳方式

甲、乙双方议定月租金_元，由乙方在_____年_____月_____日交纳给甲方。先付后用。甲方收取租金时必须出具由税务机关或县级以上财政部门监制的收租凭证。

无合法收租凭证的，乙方可以拒付。

甲、乙双方按规定的税率和标准交纳房产租赁税费，交纳方式按下列第____款执行：

1. 按有关税法和镇政发（90）第34号文件规定的比例由甲、乙方各自负担；
2. 甲、乙双方议定。

第四条　租赁期间的房屋修缮和装饰

修缮房屋是甲方的义务。甲方对出租房屋及其设备应定期检查，及时修缮，做到不

漏、不淹、三通（户内上水、下水、照明电）和门窗完好，以保障乙方安全和正常使用。

修缮范围和标准按城建部（87）城住公字第13号通知执行。

甲方修缮房屋时，乙方应积极协助，不得阻挠施工。

出租房屋的修缮，经甲、乙双方商定，采取下述第_____款办法处理：

1. 按规定的维修范围，由甲方出资并组织施工；
2. 由乙方在甲方允诺的维修范围和工程项目内，先行垫支维修费并组织施工，竣工后，其维修费用凭正式发票在乙方应交纳的房租中分_____次扣除；
3. 由乙方负责维修；
4. 甲、乙双方议定。

乙方因使用需要，在不影响房屋结构的前提下，可以对承租房屋进行装饰，但其规模、范围、工艺、用料等均应事先得到甲方同意后方可施工。对装饰物的工料费和租赁期满后的权属处理，双方议定：

工料费由_____方承担；

所有权属_____方。

第五条 租赁双方的变更

1. 如甲方按法定手续程序将房产所有权转移给第三方，在无约定的情况下，本合同对新的房产所有者继续有效；
2. 甲方出售房屋，须在三个月前书面通知乙方，在同等条件下，乙方有优先购买权；
3. 乙方需要与第三人互换用房时，应事先征得甲方同意，甲方应当支持乙方的合理要求。

第六条 违约责任

1. 甲方未按本合同第一、二条的约定向乙方交付符合要求的房屋，负责赔偿_____元。
2. 租赁双方如有一方未履行第四条约定的有关条款的，违约方负责赔偿对方_____元。
3. 乙方逾期交付租金，除仍应补交欠租外，并按租金的_____%，以天数计算向甲方交付违约金。
4. 甲方向乙方收取约定租金以外的费用，乙方有权拒付。
5. 乙方擅自将承租房屋转给他人使用，甲方有权责令停止转让行为，终止租赁合同。同时按约定租金的_____%，以天数计算由乙方向甲方支付违约金。
6. 本合同期满时，乙方未经甲方同意，继续使用承租房屋，按约定租金的_____%，以天数计算向甲方支付违约金后，甲方仍有终止合同的申诉权。

上述违约行为的经济索赔事宜，甲、乙双方议定在本合同签证机关的监督下进行。

第七条 免责条件

1. 房屋如因不可抗拒的原因导致损毁或造成乙方损失的，甲、乙双方互不承担责任。
2. 因市政建设需要拆除或改造已租赁的房屋，使甲、乙双方造成损失，互不承担责任。

若因上述原因而终止合同的，租金按实际使用时间计算，多退少补。

第八条 争议解决的方式

本合同在履行中如发生争议，双方应协商解决；协商不成时，任何一方均可向房屋租赁管理机关申请调解，调解无效时，可向市工商行政管理局经济合同仲裁委员会申请仲裁，也可以向人民法院起诉。

第九条

其他约定事宜

……

第十条　本合同有效期限：____年____月____日至____年____月____日。

第十一条　本合同未尽事宜，甲、乙双方可共同协商，签订补充协议。补充协议报送市房屋租赁管理机关认可并报有关部门备案后，与本合同具有同等效力。

第十二条　本合同一式4份，其中正本2份，甲、乙方各执1份；副本2份，送市房管局、工商局备案。

出租方：（盖章）	承租方：（盖章）
法定代表人：（签名）	法定代表人：（签名）
单位联系地址：	单位联系地址：
电话：	电话：
委托代理人：（签名）	委托代理人：（签名）

［简析］这是一份租赁合同。标题由合同类别和文种组成。然后写明合同当事人名称或姓名，引言写订立合同的目的，并说明订立本合同双方经过了友好协商。第一条至第十条为主体，分别写经双方协商约定的各自承担的法律责任、享有的权利、解决争议的方式和有效期限。第十一条、第十二条作为结尾内容，分别写未尽事宜的解决方式、执行合同者及合同的备案单位。本合同条款具体，格式规范，语言明晰，行文周密，可以说详尽地包揽了房屋租赁合同的写作内容。

任务四　把握应答的技巧

情境导入

应答能力测试

有问必有答，在沟通中，应答不当也会使沟通陷入困境。为了测试员工的应答能力，文心传媒公司给每位员工发放了一份测试表。刘香也领了一份，她认真阅读了测试表上的下列问题，对自己的应答能力进行测试。

1. 你在回答问题时，会怎样做？
   A. 思考后再回答　　　　B. 不经思索立即回答　　　　C. 边思考边回答

2. 在回答别人的问题时，你通常会考虑什么？
   A. 有问必答　　　　　　B. 选择性地回答　　　　　　C. 不回答

3. 在回答问题时，你会从怎样的角度来回答对方所提出的问题？
   A. 一般会从对方的角度　B. 从对方反应的角度　　　　C. 从自己的角度

4. 你在回答对方问题时，采取什么方式回答？
   A. 准确回答　　　　　　B. 模糊回答　　　　　　C. 看情况而定
5. 面对不同的沟通对象，你在回答时会考虑这一因素吗？
   A. 因人而异，随机应变　　B. 从对方的角度回答　　C. 按照统一的方式回答
6. 在回答难以回答的问题时，你会怎样做？
   A. 模糊回答　　　　　　B. 转移回答　　　　　　C. 避而不答
7. 在回答问题时，你如何让对方了解你的真实意思？
   A. 用逻辑性的思维和语言　B. 对问题进行重复和解释　C. 用大众化的表达方式
8. 你如何看待回答时的语气？
   A. 语气可能导致意思发生变化　　　　　　B. 语气不同，回答指向会不同
   C. 要时刻注意语气
9. 你在回答问题时是如何运用口头语言和肢体语言的？
   A. 用口头语言和肢体语言有效配合来回答
   B. 只用口头语言进行回答
   C. 只用肢体语言给予回应
10. 当你在回答完对方的问题后，你后悔过你的回答吗？
    A. 没有　　　　　　　　B. 有时会后悔　　　　　C. 经常后悔

计分方法：选 A 计 3 分，选 B 计 2 分，选 C 计 1 分。

解析：

1. 总分为 24 分以上：你的应答能力很强，请继续保持和提升。
2. 总分为 15～24 分：你的应答能力一般，请继续努力。
3. 总分为 15 分以下：你的应答能力很差，急需提升。

沟通是一种互动，有来必有往。回答别人的问题是对别人的尊重，在回答问题的同时也能让别人了解你。但在沟通过程中，遇到难以回答的问题时如何应对才能够既表达自己的观点，又让对方满意，是需要一定技巧的。

一、慎重回答

慎重回答应掌握以下技巧：

1. 要给自己留有思考的时间

在沟通过程中，回答问题的速度绝不是越快越好，因为沟通与竞赛中的抢答性质是截然不同的。

有些人在对方提问的声音刚落，就急着回答。这些人通常有这样一种心理，就是如果对方的问话与自己的回答之间所空的时间越长，就会让对方感觉要么自己对此问题缺少准备，

要么自己被问住了；如果回答得很迅速，就显示出自己已有充分的准备，也显示了自己的实力。其实不然，经验告诉我们，在对方提出问题之后，你可以通过喝水、调整一下自己的坐姿、整理一下桌上的资料、翻一翻笔记本等动作来延缓时间，考虑一下对方的问题。这样做既显得自然、得体，又可以让对方看得见，从而减轻或消除对方对己方的错误感觉。

2. 不要彻底地回答问题

沟通中并非任何问题都要回答，有些问题并不值得回答。在沟通中，对方提出问题或是想了解己方的观点、立场和态度，或是想确认某些事情。对此，我们应视情况而定，对于应该让对方了解或者需表明自己态度的问题要认真回答；而对于那些可能会有损自己形象、泄密或一些无聊的问题，不予理睬就是最好的回答，但要注意礼貌。当然，用外交活动中的"无可奉告"一词来拒绝回答，也是回答这类问题的好办法。

3. 巧换概念回答棘手问题

巧换概念是指在答复中针对对方的无理主张，故意断章取义，曲解对方语言中某些词语的意思，给对方以出其不意的回答。巧换概念往往被认为是一种诡辩的伎俩，因而受到人们的反对。但有时提问者别有用心设下圈套或回答者不愿作正面答复，就会使回答者陷入被动的局面，这时通过巧换概念的方法，利用词义的多义性作答，往往能帮助回答者摆脱困境。

二、恰当表达

恰当表达应掌握以下技巧：

1. 用通俗的语言表达自己的观点

当对方问你的问题很深奥时，你要让对方听明白，就必须用通俗的语言表达自己的观点，否则你的回答就没有任何意义。

 【沟通故事1】

爱因斯坦的相对论据说全世界没几个人能懂。有一次，人们围住他，要他用"最简单的语言"解释清楚他的相对论。爱因斯坦是这样回答的："比方说，你同你最亲密的人坐在火炉边，一个小时过去了，你觉得好像只过了五分钟；反过来，你一个人孤孤单单地坐在热气逼人的火炉边，只过了五分钟，但你却感觉像坐了一个小时。这就是相对论！"

故事启发：爱因斯坦以一个人人都会遇到的生活事实为例来解释科学问题，这样就通俗易懂了。

2. 用幽默的语言融洽沟通气氛

在沟通中，为了使沟通气氛融洽，在回答对方的提问时，可以用幽默的语言来达到这一目的。

 【沟通故事2】

有一次，闻名海内外的国画大师张大千要回四川老家，他的学生请了许多社会名流为老师饯行。张大千一一向大家敬酒，到了梅兰芳面前时，张大千举着酒杯对梅兰芳说："梅先生，久仰大名，今日相见三生有幸。不过你是君子，我是小人，我理应敬你一杯。"梅兰芳不解其意，忙举杯问道："此话怎讲？"张大千一脸笑意，对众人说道："先生是君子，动口（唱）；我是小人，动手（画）。"张大千的幽默引得众人大笑。

故事启发：张大千的话的确幽默。在这里，他利用绕弯子，巧解"君子动口不动手"，使语言迂回委婉，既逗笑了别人，又达到了自己敬酒的目的。

3. 委婉表达

有时我们使用比较直接的语言会显得不礼貌，这时可使用委婉的表达。例如，如果某人死了，我们可以用"去世"这个词来表达。

4. "补白法"帮自己脱离尴尬境地

在沟通中，常常会出现这种情况：对方提出某个你意料之外的问题，由于问题来得突然，再加上你没有准备，往往会措手不及，陷入尴尬的境地。其实，在这种情况下，有一个办法能够帮你缓解紧张与调整思路，那就是"补白法"。

所谓"补白法"，就是用一个或一些没有实际意义但又必不可少的词、短语或句子，来连接上下文，继续回答。例如："噢""好""不错""我想""我认为""我相信""这个问题很有趣""这个问题本身就极富挑战性"等。

在招聘面试中，当面试官提出你意料之外的问题时，就可以使用这种方法来帮你摆脱困境。

【沟通故事3】

有一个公司招聘公关部经理，主考官提出这样一个问题："我们公司目前经理与员工的关系很紧张。你如果当上公关部经理，打算站在哪一边？"

答："对这个问题，我还未有所闻，更谈不上调查，是非有无都尚未弄清，当然谈不上站在哪一边了。不过，我想既然是在一个公司，不管是员工还是老板，都应把能走到一起视为一种缘分，不应有大的利害冲突。如果硬要我站，我想我站在中间，我会用我的工作来消除双方的误解，让大家更好地合作。"

故事启发：第一句回答，属于补白法的运用。很明显这个问题是让回答者二选一，是想试试应聘者的协调思维与能力，最恰当的回答是对双方都友善。这样的回答，既体现了应聘者的协调能力，又使主考官没有任何空子可钻。

5. 通过情境类比、换位思考达到表达的目的

在沟通中，为了得到自己需要的东西，可用相同的情境，迎合对方的某种心理，达到预期目的。

三、巧妙应对

【沟通故事4】

招聘

某公司举行招聘营销人员的面试，主考官先后对几个应试人提出了同一个问题："请你

从窗口往外看，你看到了什么？"

第一个人回答："我看到了马路、汽车、房子、田野。"

第二个人回答："我看到了田野那边的山、河流、海滩。"

第三个人回答："我好像看到了我的朋友、亲人在那里为我祝福，希望我应试成功。"

第四个人回答："我除了看到前面几个人看到的这些东西外，我似乎还看到了窗外有好多人、好多车，在排队购买我们公司的产品。我想，如果我被录用的话，会和你们一起把这种预想变成现实的。"

第四个人被录用了。

故事启发：这个问题的意图在于考查应聘者的反应能力和想象力。第一个人和第二个人的回答缺乏想象力，属实答。第三个人虽表现出了一定的想象力，为虚答，但是所选角度是自己。第四个人想象力丰富，回答虚实结合，构思的是公司的前景，而且是站在公司的角度思考的。

巧妙应对应掌握以下技巧：

1. 逃避问题的方法是避正答偏，顾左右而言他

有时，对方提出的某个问题自己很难直接从正面回答，但又不能拒绝回答。这时，可以用避正答偏的办法，即在回答这类问题时，故意避开问题的实质，而将话题引向歧路，借以破解对方的进攻。

2. 有些问题可以答非所问

答非所问在知识性考试或学术研究中是一大忌，然而从沟通角度来讲，却是对不能回答的问题的一种行之有效的答复方法。有些问题可以通过答非所问来给自己解围。

3. 对于不知道的问题不要回答

人无完人，我们不可能全能全知。在沟通中，经常会遇到我们不知道的问题，这时，千万不可为了维护自己的面子而强作答复，因为这样有可能损害自己的利益和形象。经验和教训一再告诫我们，对不懂的问题，应坦率地告诉对方不能回答或暂不回答，以免付出代价。

4. 以问代答

以问代答是用来应付沟通中那些一时难以回答或不想回答的问题的方式。此法如同把对方踢过来的球又踢了回去，请对方在自己的领域内反思后寻找答案。以问代答的方法，对于应付一些不便回答的问题是非常有效的。

5. 模糊回答

对方提问不清楚，或直接回答对自己不利，但又不得不回答时，可以采用模糊回答法。模糊回答即用含义不清的语言或模糊不清的概念，使得对方不得要领。

 【沟通故事 5】

少女的妙对

舞会上，一位妙龄少女相貌出众、舞姿优美，令许多男士倾慕。有一位的男青年对其

纠缠不休。

男："我好像在哪儿见过您，您贵姓？"
女："我姓我父亲的姓。"
男："那么，您的父亲姓什么呢？"
女："当然姓我祖父的姓。"
男："您家住在哪里？"
女："地球上。"
男："您家有几口人？"
女："和我家的自行车一样多。"
男："那么，您家有几辆自行车？"
女："每人一辆。"

故事启发：含糊其词地回答对方的问题，看似是一件简单的事情，但是要把模糊语言用好却是一门学问，需要我们平时的勤加练习。假以时日，必有成效。

6. 否定回答

当问题的前提是错误的、虚假的或者对自己不利时，回答者可以直接否定问题本身，并指出对方的荒谬之处。

7. 设定条件回答

有时对方提出的问题在不同条件下有不同的结论，对这样的问题就不能作无条件回答。应根据情况，弄清对方提问的目的，特别注意是否有"陷阱"，然后设定对己方有利的条件作为前提，再回答相应的问题。需要对付某些刁钻古怪的问题时，也以设定条件回答为好。

在一次面试中，应聘者小江和考官谈得很投机，接近尾声时，考官看看表，问："可不可以请你一块儿吃晚饭？"小江答："如果作为同事，我愿意接受你的邀请。"这个问题本身就是一道考题，深藏陷阱。痛快答应，有巴结考官之嫌；直接拒绝，则不够礼貌。小江加了一个条件，回答得十分得体、到位。

8. 反驳对方的回答

当对方所问问题本身是错误的，可以反驳对方，方法有两种：一种是直接反驳，可以事实直接反驳，也可以一针见血地指出其错误的地方，还可以顺着对方的思路，把它引向对自己有利的方向上；另一种是间接反驳，间接反驳是不直接反驳对方，而采取迂回曲折的方式从侧面进行反驳。

【实训课堂】

一、请指出下面这篇招聘启事存在的问题，并加以修改。

招聘启事

本店因业务发展需要，现需招募相关工作人员，有意者请联系本店。

本人联系电话：×××××××××××。

招聘单位：××服装有限公司
×年×月×日

二、下列句子为合同中的部分条文，请把它们修改成严谨的合同语言。

（1）交货时间：甲方要求乙方于2016年5月10日前完成全部加工物件。

（2）交货地点：上海。

（3）货物包装标准：袋装。

（4）违约责任：乙方不能按期交货，每延期一天，应偿付甲方5%的违约金。

（5）某技术合同的成交金额与付款时间、方式：项目开发经费拾万元。甲方在合同签订后向乙方汇出叁万元；乙方交付开发成果鉴定证书后，甲方付清全部余额并汇入乙方开户银行账号。逾期不付，将按加息20%收取滞纳金。

三、请根据以下背景材料，起草一份房屋租赁合同。

张明（以下简称乙方）是一位摄影专业大学毕业生，经历了一年的工作实践后，最近决定在长沙创办一个提供专业摄像服务的工作室（业务包括婚庆、生日宴会、商务会议、文艺演出、同学聚会、儿童成长、求职视频等）。他看到了长沙××小区有一套180平方米的公寓房出租的信息，月租2800元。他认为这个位置正好适合他开工作室。于是，张明找到房主（以下简称甲方），几经协商，甲方终于同意以每月2500元的价格租给张明使用3年，并提出乙方在室内装修时须得到甲方的同意，且不能改变房屋的墙体结构及用途，乙方故意或过失造成该房及配套设施、财物损坏或丢失，应恢复其原状或赔偿经济损失；租赁期间，该住宅有线电视费、水电费、电话费、网络费及小区管理费等应由乙方全额承担；乙方还应保持该房清洁卫生，注意防火、防盗，不得在房内从事任何违法活动，否则由此带来的后果由乙方负责；租赁期间，如乙方需退房，必须提前1个月通知甲方；如合同期满，乙方有同等条件下优先租赁的权利；租赁期满后，乙方应将房屋交回甲方，并交清其应当承担的一切费用，经双方移交无误，租赁合同解除。最后甲方让乙方按照谈妥的有关事项拟好合同文本，同意在一周内签好合同。

四、请针对下列情境，根据以下模式进行巧妙应答训练，即"认同观点+赞美+巧妙回答"。例如："您说得很有道理，而且也很有针对性。不过……"

1. 小张："王经理，我觉得这次先进工作者应该是我。"
2. 顾客："你们的产品功能太少了。"
3. 学生："老师，我的裙子不短。"

项目三　筹集创业资金

任务一　写作创业计划书

情境导入

在各团队完成了自己的市场调研，确定了团队的创业项目后，张梅老师向各团队布置了撰写创业计划书的任务。她还告诉了大家一个好消息，学校近期将举办一次面向全市的"大学生创业计划书大赛暨创业融资会"，一些企业家和投资商将受邀出席本次活动，参赛项目中被投资认定为有潜力的优质项目，将有可能获得投资商几千元到上百万元不等的投资。学校接下来将从培训班中评选出最优秀的一份创业计划书代表学校参赛。队员们听到这个消息后都很兴奋，大家摩拳擦掌，都想争取到这次难得的参赛机会。

经过前一阶段的市场调研，陈晖团队对自己的创业项目信心更足了，他们还给自己未来的公司起了一个既契合公司产品，又好听且好记的名字——好食光，并在前期市场调查的基础上，经过不断修订、完善，撰写完成了一份出色的创业计划书。艺术系广告专业学生还特意为计划书制作了漂亮的封面。捧着这本凝聚了整个团队成员心血的沉甸甸的计划书，陈晖觉得这段日子过得既充实又有成就感，心中不禁涌起一股强烈的创业冲动，对接下来的创业计划书大赛更是充满了期待……

知识加油站

一、创业计划书的概念

创业计划书是一个商业项目策划阶段的必备文书，是全面介绍公司和项目运作情况，阐述产品、市场、经营及竞争、风险等未来发展前景和融资需求，以求得战略合作者或投资方支持的文书。这里的"计划"只是一类文书的总称，也可以叫作设想、打算、安排、方案、规划等。一个标准的创业计划书包括五个要素，根据重要性排列，五个要素依次为：背景，即在什么情形下；指导思想，即依据什么；目标，即做什么以达到何种目的；措施，即怎么去做以落实目标；预期，即效果如何（效果评估、危机处理）。

二、创业计划书的特点

1. 明确的目的性

创业计划书的目的是寻求投资与合作,因而其内容安排、材料运用、详略取舍、语言表达等,都必须针对投资方(合作方)的心理与需求,不能随意写作。

2. 科学的预见性

创业计划书重点写未然的事情、发展中的事情,不写已然的事情。它要求运用科学的态度、理论与方法,把握市场和行业发展大势,提出正确的对策,让投资方(合作方)既看得见现实的利益,又对未来发展充满信心。

3. 内容的全面性

创业计划书既要对产品优势、市场定位、行业走势、效益分析、前景预测、投资设想、风险等情况做全面介绍,又要突出重点和特色(如经营理念与管理团队),力求语言表达简明。

三、写创业计划书的目的

首先,撰写创业计划书的主要目的之一就是筹集资金。创业者要让公司成功运营或顺利投产,需要大量资金,这就需要寻找战略合作伙伴或者风险投资人。而一份高品质且内容丰富的创业计划书,则是吸引投资者,特别是风险投资家参与创业者的投资项目的关键。因此,一份优秀的创业计划书是叩开投资者大门的敲门砖。

其次,创业计划书的撰写过程有助于帮助创业者厘清思路。对初次创业的创业者来说,创业计划书的作用尤为重要。一个酝酿中的项目,往往很模糊,通过撰写创业计划书,把正、反理由都书写下来,随后逐条推敲,这样可以促使创业者对创业项目有更清晰的认识。

四、创业计划书的撰写思路

一般而言,创业计划书的读者即融资对象。因此,创业者在编写计划书前,应根据投资者的特点厘清整个计划书的撰写思路,回答投资者所关心的问题。

创业计划书的撰写思路如下图所示。

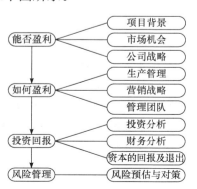

五、创业计划书的写作技巧

为了确保创业计划书能"击中目标",创业者应做到以下几点:

(一)关注产品

在创业计划书中,应提供所有与企业的产品或服务有关的细节,包括企业所实施的所有调查。这些问题包括:产品或服务正处于什么样的发展阶段?它的独特性怎样?企业分销产品的方法是什么?谁会使用企业的产品,为什么?产品的生产成本是多少?售价是多少?企业发展新的现代化产品的计划是什么?把投资者拉到企业的产品或服务中来,这样投资者就会和创业者一样对产品感兴趣。在创业计划书中,创业者应尽量用简单的词语来描述每件事。创业计划书对产品的阐述,要让投资者感到:"噢,这种产品是多么美妙、多么令人鼓舞啊!"

(二)敢于竞争

在创业计划书中,创业者应细致分析竞争对手的情况。竞争对手都是谁?他们的产品是如何工作的?竞争对手的产品与本企业的产品相比,有哪些相同点和不同点?竞争对手所采用的营销策略是什么?要明确每个竞争对手的销售额、毛利润、收入以及市场份额,然后讨论本企业相对于每个竞争对手所具有的竞争优势。要向投资者展示,顾客偏爱本企业的原因是本企业的产品质量好、送货迅速、定位适中、价格合适等。创业计划书要使它的读者相信,本企业不仅是行业中的有力竞争者,而且将来会是确定行业标准的领先者。在创业计划书中,创业者还应阐明竞争对手给本企业带来的风险以及本企业所采取的对策。

(三)市场分析和销售战略

创业计划书要给投资者提供企业对目标市场的深入分析和理解。要细致分析经济、地理、职业以及心理等因素对消费者选择购买本企业产品这一行为的影响,以及各个因素所起的作用。创业计划书中还应包括一个主要的营销计划,计划中应列出本企业打算开展广告、促销以及公共关系活动的地区,明确每一项活动的预算和收益。创业计划书中还应简述一下企业的销售战略:企业是使用外面的销售代表还是使用内部职员?企业是使用转卖商、分销商还是特许商?企业将提供何种类型的销售培训?此外,创业计划书还应特别关注销售中的某些细节问题。

(四)表明行动的方针

企业的行动计划应该是无懈可击的。创业计划书应该明确下列问题:企业如何把产品推向市场?如何设计生产线?如何组装产品?企业生产需要哪些原料?企业拥有哪些生产资源,还需要什么生产资源?生产和设备的成本是多少?企业是买设备还是租设备?解释与产品组装、存储以及发送有关的固定成本和变动成本的情况。

(五)展示你的管理队伍

把一个思想转化为一个成功的企业,其关键因素就是要有一支强有力的管理队伍。在创业计划书中，应首先描述一下整个管理队伍及其职责，再分别介绍每位管理人员的特殊才能、特点和造诣，细致描述每个管理者将对公司所作的贡献。此外，创业计划书中还应明确管理目标以及组织机构图。

（六）出色的计划摘要

创业计划书中的计划摘要也很重要，它必须能让读者有兴趣并渴望得到更多的信息，给读者留下长久的印象。计划摘要将是创业者所写的最后一部分内容，但却是投资者最先要看的内容，它将从计划中摘录出与筹集资金最相干的细节。包括对公司内部的基本情况、公司的能力以及局限性、公司的竞争对手、营销和财务战略、公司的管理队伍等情况的简明而生动的概括。如果公司是一本书，计划摘要就像是这本书的封面，做得好就可以吸引投资者。计划摘要应给风险投资家留下这样的印象："这个公司将会成为行业中的巨人，我已等不及要去读计划的其余部分了。"

六、创业计划书的内容

在不同的行业，创业计划书的结构与写法也不尽相同，没有统一的固定格式，但存在一个基本通用的写作模式。一般来说，一份内容详尽的创业计划书应包括摘要、公司战略、产品（服务）介绍、管理团队和公司结构、市场预测、营销策略、生产管理、财务规划、风险和风险管理、附录等部分。

1. 摘要

摘要列在创业计划书的最前面，是浓缩了的创业计划书的精华，这一部分内容在一些计划书中被称为执行总结。摘要涵盖了计划的要点，以求一目了然，以便读者能在最短的时间内评审计划并作出判断。摘要一般包括公司介绍、主要产品和业务范围、市场概貌、营销策略、销售计划、生产管理计划、管理者及其组织、财务计划、资金需求状况等主要内容。在摘要中，企业必须回答下列问题：
① 企业所处的行业，企业经营的性质和范围；
② 企业主要产品的内容；
③ 企业的市场在哪里，谁是企业的顾客，他们有哪些需求；
④ 企业的合伙人、投资人是谁；
⑤ 企业的竞争对手是谁，竞争对手对企业的发展有何影响。

摘要的表述要尽量简明、生动，特别要详细说明自身企业的不同之处以及企业获取成功的市场因素。

2. 公司战略

本部分重点对创办新企业的思路、新思想的形成过程以及企业的目标和发展战略进行说明，同时对企业现状、过去的背景和企业的经营范围进行客观的评述。中肯的分析往往更能赢得信任，从而使人容易认同企业的创业计划书。

3. 产品（服务）介绍

产品（服务）介绍是创业计划书中必不可少的一项内容，也是投资者在对投资项目进行评估时最关心的一个问题，有助于投资者对产品（服务）的市场价值作出合理的判断。

产品介绍应包括以下内容：产品的概念、性能及特性，主要产品介绍，产品的市场竞争力，产品的研究和开发过程，发展新产品的计划和成本分析，产品的市场前景预测，产品的品牌和专利等。在本部分中，创业者应回答以下问题：

① 我们的产品（服务）能为顾客解决什么问题？顾客能从中获得什么好处？

② 我们产品（服务）的竞争优势在哪里？潜在的竞争对手可能是谁？有没有可能长期维系这种优势？等等。例如，能否设立市场进入门槛？比如拥有自主知识产权，会使对手无法夺取你的市场。

③ 为什么我们的产品（服务）定价可以使企业产生足够的利润？为什么用户会大批量地购买我们的产品（服务）？

④ 我们将采用何种方式去改进产品（服务）的质量、性能？我们对发展新产品有哪些计划？等等。

4. 管理团队和公司结构

企业管理的好坏，直接决定了企业经营风险的大小。而高素质的管理人员和良好的组织结构则是管理好企业的重要保证。因此，风险投资人会特别注重对管理队伍的评估。

企业的管理人员应该是互补型的，而且要具有团队精神。一个企业必须具备负责产品设计与开发、市场营销、生产作业管理、企业理财等方面的专门人才。在创业计划书中，必须对主要管理人员加以阐明，介绍他们所具有的能力，他们在企业中的职务和责任，他们过去的详细经历及背景。经验和过去的成功比学位更有说服力。如果准备把一个特别重要的位置留给一个没有经验的人，一定要给投资者一个充分的理由。

此外，在这部分中，还应对公司结构做一简要介绍，包括：公司的组织机构图；各部门的功能与责任；各部门的负责人及主要成员；公司的报酬体系；公司的股东名单，包括认股权、比例和特权；公司的董事会成员；各位董事的背景资料等。

5. 市场预测

对投资项目在未来市场的表现，即市场预测，也是投资者十分关注的问题。在本部分中，创业者首先应针对产品（服务）的市场需求进行合理的预测：市场是否存在对这种产品（服务）的需求？需求程度是否可以给企业带来所期望的利益？新的市场规模有多大？需求发展的未来趋势及其状态如何？影响需求都有哪些因素？其次，市场预测还要包含对市场竞争情况的分析：市场中主要的竞争对手有哪些？是否存在有利于本企业产品的市场空当？本企业预计的市场占有率是多少？本企业进入市场会引起竞争对手有怎样的反应，这些反应对企业会有什么影响？等等。在创业计划书中，市场预测应包括以下内容：

① 市场需求预测；

② 市场现状综述；

③ 竞争厂商概览；

④ 目标顾客和目标市场；

⑤ 本企业产品的市场地位；
⑥ 市场区域和特征。

对市场错误的认识是企业经营失败的主要原因之一。创业者应牢记的是，市场预测不是凭空想象出来的，创业者应尽量扩大收集信息的范围，将对市场的预测建立在严密、科学的市场调查基础上，以增加计划的可信度。

6. 营销策略

营销是企业经营中最富挑战性的环节，影响营销策略的主要因素有消费者的特点、产品的特性、企业自身的状况、市场环境方面的因素，而最终影响营销策略的则是营销成本和营销效益因素。因此，在创业计划书中，创业者应阐明以下问题：
① 市场机构和营销渠道的选择；
② 营销队伍建设和管理；
③ 促销计划和广告策略；
④ 价格决策。

对创业者来说，由于产品和企业的知名度低，很难进入其他企业已经稳定的销售渠道，因此，企业不得不暂时采取高成本、低效益的营销战略，如上门推销、大打商品广告、向批发商和零售商让利，或将产品交给任何愿意经销的企业销售。

7. 生产管理

在寻求资金的过程中，为了增大企业在投资前的评估价值，使计划更加详细、可靠，在本部分的陈述中创业者需要回答以下问题：
① 企业生产制造所需的厂房、设备情况如何？
② 怎样保证新产品在进入规模生产时的稳定性和可靠性，设备的引进和安装情况如何？
③ 谁是供应商？
④ 生产线的设计与产品组装是怎样的？
⑤ 供货者的前置期和资源的需求量如何？
⑥ 生产周期标准的制定以及生产作业计划的编制如何？
⑦ 物料需求计划及其保证措施是怎样的？
⑧ 质量控制的方法以及相关的其他问题。

8. 财务规划

财务规划一般包括创业计划书的条件假设、预计的资产负债表、预计的损益表、现金收支分析、资金的来源和使用等内容。可以这样说，一份创业计划书概括地提出了在筹资过程中创业者需做的事情，而财务规划则是对创业计划书的支持和说明。因此，一份好的财务规划对评估创业者所需的资金数量和提高创业者取得资金的可能性来说，是十分关键的。在本部分中，创业者应说明以下几方面的问题：
① 总体的资金需求如何？
② 在这一轮融资中需要的是哪一级？
③ 如何使用这些资金？
④ 投资者可以得到的回报及退出策略是什么？

9. 风险和风险管理

企业在发展中总会存在风险和问题，创业计划书中也总会暗含与此相关的一些假设。创业者应识别并讨论企业中的风险，向投资者展示你作为一名经营者的技能，以增强投资者对你和你的企业的信任感。在这部分需要回答的问题有：

① 公司在市场、竞争和技术方面有哪些基本的风险？
② 怎样应付这些风险？
③ 就你看来，你的公司还有一些什么样的附加机会？
④ 在你的资本基础上如何进行扩展？
⑤ 在最好和最坏的情形下，你的五年计划表现如何？

主动指出并讨论风险有助于向投资者表明，你已经考虑过投资的风险并且能够处理。指出哪些假设或潜在问题及风险对企业成功最关键，你需要使各种不利于企业发展的影响降到最小。

10. 附录

在创业计划书末尾，一般需要附上一些说明性或证明性的材料，旨在提高可信度或进一步阐明问题。如营业执照、验资审计报告、资信证明、法人代表证书、税务登记证、财务报表（上年度、本年度、本月）、专利证书、鉴定报告、高新技术企业证书、高新技术项目证书等各种展现企业资质与实力的资料。

写作避雷针

在创业计划书完成之后，创业者最好再将计划书检查一遍，看一下该计划书能否准确回答投资者的疑问，以增加投资者对本企业的信心。通常可以从以下几个方面对创业计划书加以检查：

① 你的创业计划书是否显示出你具有管理公司的经验？如果你自己缺乏能力去管理公司，那么一定要明确地说明，你已经雇了一位经营大师来管理你的公司。

② 你的创业计划是否显示了你有能力偿还借款？要保证给预期的投资者提供一份完整的比率分析。

③ 你的创业计划书是否显示出你已进行过完整的市场分析？要让投资者坚信你在计划书中阐明的产品需求量是确实的。

④ 你的创业计划书是否容易被投资者领会？创业计划书应该备有索引和目录，以便投资者可以较容易地查阅各个章节。此外，还应保证目录中的信息流是有逻辑的和现实的。

⑤ 你的创业计划书中是否有计划摘要并放在了最前面？计划摘要相当于公司创业计划书的封面，投资者最先看到的就是它。为了保持投资者的兴趣，计划摘要应写得引人入胜。

⑥ 你的创业计划书是否在文法上全部正确？如果你不能保证，那么最好请人帮你检查一下。计划书的拼写错误和排印错误会使你很快丧失机会。

⑦ 你的创业计划书能否打消投资者对产品（服务）的疑虑？如果需要，你可以准备一件产品模型。创业计划书中的各个方面都会对筹资的成功与否有影响，因此，如果你对你的创业计划书缺乏成功的信心，那么最好去查阅一下计划书编写指南或向专门的顾问请教。

创业计划书例文

麦琪蛋糕店创业计划书

甜品类休闲食品一向是女性朋友们的最爱，所以如果能在女性聚集区开一家蛋糕店应当是不错的选择，同时还经营生日蛋糕，只要做出自我的特色就必须会受到广大朋友们的喜爱。

一、蛋糕店概况

（1）本店属于餐饮服务行业，名称为"麦琪蛋糕店"，是个人独资企业。主要为人们供给蛋糕、面包、冰淇淋以及饮料等甜品。

（2）本店打算开在社区贸易街，开创期是一家中档蛋糕店，未来打算逐步发展成为像安德鲁森、朝阳坊那样的蛋糕连锁店。

（3）本店需创业资金10万元。

二、经营目标

由于地理位置处于贸易街，客源相对丰富，但竞争对手也不少，异常是本店刚开业，想要打开市场，必须要在服务质量和产品质量上下功夫，并且要进一步扩大经营范围以满足消费者的不同需求。短期目标是在贸易街站稳脚跟，1年收回本钱。长期目标则是逐步发展成为一家经济实力雄厚并有必须市场占有率的蛋糕连锁公司，在众多蛋糕品牌中闯出一片天地，并成为蛋糕市场的著名品牌。

三、市场分析

（1）本店的目标顾客有：到贸易街购物娱乐的一般消费者，约占50%；四周学校的学生、商店工作职员、小区居民，约占50%。客源数目充足，消费水平中低档。

（2）根据调查结果得知国内品牌蛋糕店有很多，仅福州路连锁蛋糕店就有很多，所以竞争是很大的。

四、经营计划

（1）先是到四周几家蛋糕店进行实地调研，摸清各种类蛋糕的尺寸及本钱价。了解各类蛋糕店的经营理念以及经营的"小诀窍"。

（2）开业金筹齐后，招聘糕点师傅，开蛋糕店师傅很重要，所以要慎重研究。

（3）据了解发现一套消费定律："顾客永远没有最便宜的价钱。今日你能降低几元钱，明天可能就有同行竞争者以更低的价钱与你争夺订单。"从中体会到产品市场必须的竞争策略："降价促销并不是长期的经营策略，唯有以最好的材料制作出最高品质的蛋糕，才能吸引顾客，将顾客留住。"

（4）蛋糕店主要是面向大众，所以价格不要太高，属中低价位。

（5）可印一些广告传单，以优惠券的形式发放，以到达广告宣传的效果。

（6）蛋糕店能够专门开辟休闲区域，设置很多造型别致的座椅。顾客可买上一些点心，坐在蛋糕店里慢慢品尝，蛋糕店的休闲功能得到进一步强化。

（7）经过多方调查，出于竞争等方面的需要，不少蛋糕店推出一些与蛋糕并没有太多关联的休闲食品，借以构成新的利润增长点。在经营的品种上，不少店主有一些推陈出新的举措：比如在炎炎夏季，会合时令地推出眼下十分流行的冰粥和刨冰，以及奶茶，果汁类的饮料深受顾客青睐。

（8）建立会员卡制度。卡上印制会员的名字。会员卡的优惠率并不高，如9.5折。一方面，这能够给消费者受尊重感；另一方面，也便于服务员对于消费者的称呼。异常是假如消费者和别人在一起，而服务员又能当众称他（她）为×先生、×小姐，他们会觉得很受尊重。

（9）在桌上放一些宣传品、杂志，资料是关于糕点饮料的知识、故事等，这样能够提升品味，烘托气氛，也增加消费者对品牌好感。

（10）无论是从店面装修、店员形象，还是蛋糕制作上，都要给顾客健康、卫生的感觉。蛋糕店必须要严格执行国家食品卫生标准，这是立足之本。

（11）食品行业有异常的岗位劳动技能要求：从业职员必须持有"健康证"。

五、财务估算

启动资产大约需要10万元。启动资金包括门面出租费用、门面装修费用、购买设备费用等。

六、风险及制约因素分析

由于蛋糕店不是所在街道或者小区的第一家店，顾客很难改变一贯的口味，所以就得花费更多的财力物力来招揽顾客。

［简析］这份创业计划书摘要部分既全面概括了计划书的重点又突出了项目的独特优势，全文逻辑清晰，数据翔实，充分展示了本项目的优势，对投资者具有较大说服力。

任务二　有效运用拜访的口才艺术

情境导入

保险代理小李

小李是刘香的高中同学。上大学时两人报考了不同的学校，学习了不同的专业。小李学的是市场营销专业。从市场营销专业毕业后，他在一家保险公司谋得了一个保险代理人职位，其薪资主要由销售业绩决定，所以小李非常努力。

这天，他通过电话成功预约到了一位客户，但这位客户之前从未见过面，约谈定在周一下午三点在客户的公司。客户的公司距离小李的保险公司很远，小李对那边的路况也不太了解。在拜访这位客户前，小李做了比较充分的准备，他首先通过网络查清楚了去客户公司的线路，并提前将工作安排好。因为与这位客户之前完全不认识，所以小李不了解客户的真实需求和购买意向，于是他将公司所有的险种资料都带齐了。

周一下午两点，小李换好职业装提前出发了，他拎着沉重的公文包，坐上了去客户公司的公交车，可是公交车刚开出没多久，路上的情况就变得十分复杂，沿途一路堵车，眼看就要迟到了，小李只好给客户打了个电话，将约谈时间往后延。好不容易到了客户的公司，小李连汗都没来得及擦就急匆匆地走进了客户的办公室，可是客户正在开会，小李只能在门口等候。这时，小李的另外一位客户老田打电话过来，告诉小李他有急事需要做理赔，并约小李四点在保险公司见面。眼看时间不早了，小李只能硬着头皮再次走进了客户的办公室，将带来的所有资料都交给了客户，告诉他先慢慢看，有意向的话就给他打电话，然后留下名片就告辞了。后来，这位客户一直没有给小李打电话……

思考：小李此次拜访陌生客户成功吗？哪些地方他做对了？而在哪些地方他还有待改进？在拜访陌生客户时，我们应该怎么做？

一、拜访的概念

拜访是指为了礼仪或某种目的而进行的访问。在职场上，拜访客户是一种常见的沟通方式之一。

二、拜访客户的方法及技巧

1. 守时赴约

拜访客户之前，跟客户约好面谈时间，这是有效拜访客户的第一步。只有守时赴约，才能保证拜访计划的顺利进行。

2. 准备充分

在拜访客户之前，只有做好充分的准备才能保证拜访面谈的顺利开展。拜访前，应做好充分的准备工作，对客户的基本信息有所了解、对客户的行为风格有所掌握、对产品的全部信息了然于心，才能回答客户提出的各类相关问题，而不至于在约谈过程中显得不够自信、不够专业。

3. 节省时间，注重效率

对客户而言，时间很宝贵，因此，在拜访的过程中，要时刻注意节省时间，注重拜访效率。以清晰明了、言简意赅的语言介绍产品，并有针对性地回答客户所提出的各类问题，而不要扯东扯西，没有中心地漫谈。

【案例】

啰唆的小张

王经理让助理小张在周一上午将一份材料送到客户公司,小张非常高兴地接受了任务,他觉得这是经理信任他的表现,一定不能把事情搞砸了。周一上午9点他准时来到客户公司,客户公司的李经理接待了他。小张在得知李经理也是山西老乡时,和李经理聊了很多山西的风土人情,直到李经理催促他介绍产品时,小张才赶紧拿出产品资料,将公司产品的各项性能优势一一做了详细介绍。期间李经理不时地抬起手腕看表,小张也没有注意。大约一个小时后,李经理的助理敲门进了办公室,提醒李经理带上部门总结报告参加部门经理会议。小张这才停止了介绍……

[启示]该案例中,小张向客户详细介绍产品信息的做法对吗?从中深刻领悟与客户沟通的语言表达技巧。

4. 注重表达方式

在拜访客户的过程中,用"我们"或"咱们"替代"我",可以拉近与客户之间的距离感,也可以使得客户觉得销售人员是站在他的角度思考问题的,有一种被认同感,从而促成交易。

5. 与客户保持一致的谈话方式

客户有很多种类型,在拜访客户时,如果能保持与客户一致的谈话方式,可以很快缩短与客户之间的距离。如果客户是开朗健谈型的,那么我们可以与之谈笑风生;如果客户是老年人,那么如果我们口若悬河、夸夸其谈,反而会让客户觉得跟不上思路和节奏,进而对产品失去兴趣。

三、提高拜访效果的表达方式

在日常生活中,尤其在职场上,拜访他人时要学会"说话",具体来说,就是要掌握进门语、寒暄语、晤谈语和辞别语的表达方式。

1. 进门语

首先,拜访时要轻轻敲门或短促地按门铃。

其次,同主人见面后,应立即打招呼。如"一直想来拜访您,今天终于如愿了!""给您添麻烦了!""对不起,让您久等了!""好久没有来看您了,一直想着。"此外,要注意礼貌。

最后,不可调侃,如"我又来了,您不讨厌我吧?"这很不礼貌,也会使主人感到尴尬。

2. 寒暄语

(1)话题要自然引出,内容要符合情景 如天气冷暖、小孩的学习情况、老人的健康以及最近发生的新闻趣事、墙上的挂历、耳际的音乐等都是寒暄的内容。如"今天变天了,外面风真大!""这挂历不错,画面好像是……"话题符合情境,自然引出。

(2)切记:寒暄内容一定要符合习惯,避免犯禁忌 例如:

① 不问年龄。

一次在小区与邻居闲聊，不经意间她问我："您老人家有 80 岁了吗？"真是不愿意说，女士的年龄是秘密嘛，尤其是历经沧桑的年老妇女。无奈出于尊重只得答道："67。"为此好长一段时间心情很不好。

② 不问婚姻。

一天，好朋友通知我："今天我请几位同学到家里吃饭，都是夫妇前往，带先生来。""好，我有事晚到一会儿。"我到后，见有一对男女我不认识。我同学指着那位男子向我介绍道："这是咱们高中同学杨某。"于是我冲邻座的杨某笑笑，并冒昧地小声问道："你爱人在什么单位工作？""对不起，我离婚了，她是我的一位同事。"弄得我很是难堪。

③ 不问收入。

在现代社会，一个人的收入往往是他个人实力的标志，在社交场合中，问一个人挣多少钱，实际上是问这个人本事如何，这是不合适的。

春节期间，走亲访友对于小刘来说原本是件乐事，可是自从参加工作之后，小刘就特别排斥了，因为每次相聚家里的亲戚总爱问小刘的工资收入，这让刚参加工作，收入不高的小刘很是尴尬。

④ 不质疑对方。

母亲："你的作业做完了吗？"

孩子："做完了呀！"

母亲："不可能吧，你这么磨叽一个人，不可能现在就全部做完了。"

孩子："妈妈，你能不能不要总是这么猜测我，能不能选择相信我，我真的做完了，不相信，你可以检查。"

（3）寻找主人和客人共同关心的话题　这样可以沟通感情，为双方进一步交谈创设一个融洽、和谐的气氛。请看下面一段对话：

客人：这幅画是你自己画的吗？画得真不错。

主人：你过奖了。我不过是跟李欢老师学过一段时间。

客人：呀，你也是李欢老师的学生呀，我也曾跟他学习过。

主人：太好了！看来我们应该称师兄弟了。

3. 晤谈语

在拜访中，晤谈应注意以下几个方面：

（1）节制内容，拜访目的明确　一般来说，交谈的时间以半个小时为宜（朋友间的随意性拜访除外），以免耽误主人的时间。所以，主客寒暄后，客人应选择适当的时间，言简意赅地说明来意。

曾有位同事，不会做客，给我留下太深的印象。当时，我的孩子小，我带着孩子刚下班迈进家门，他就来了。孩子闹，既得忙孩子，又得招待客人，搞得我身心疲惫。无奈，只好耐着性子陪他。一个小时后，见其仍无离去之意，只好一边做饭，一边与其聊天，也没做什么好吃的，好在是自己的同事，只能将就吃吧。饭后坐着陪他聊天，仍无离去之意。问其："有事吗？"他却回答："没有。"最后我一看表 9：20 了，只好说："太晚了，早点回去吧，不然，我不放心。"时至今日，我也没有搞清楚，他来我家的目的。

（2）节制音量　客人谈话应降低音量，保持适度，忌无所顾忌地高谈阔论，搅乱主人及其家属的安静生活，引起主人的反感。我们经常有这样的感受：隔壁邻居家来了客人，高声谈话，朗声大笑。此时，你的感觉一定不会很好。

（3）注意态势语言　人们常说，听其言还需观其行。作为客人应举止文明，避免手舞足蹈、频繁走路或指手画脚等不雅动作，避免不经主人允许就翻东西、四处走动或随意参观居室等。

4. 辞别语

（1）表示感谢，请主人留步　"十分感谢您的盛情，再见！""就送到这儿吧，请回。""这件事就拜托您了，谢谢！"表示感谢的辞别语礼貌得体。

（2）邀请对方来自己家做客　告辞时，除了向主人表示感谢外，还可邀请主人及家属来自己家做客。如"老同学，告辞了。你什么时候来我家坐坐！"

拜访避雷针

拜访时要注意以下礼仪事项：

1. 注意拜访时间

选择适当的拜访时间。一般来说，清晨、饭时、午休、深夜均不宜登门拜访，这些时间拜访会叨扰对方。

2. 注意提前预约

事先打电话预约，且按时拜访。要去拜会客人，一定要事前预约会面的时间和地点。现代社会中，人们办事、生活均很讲究效率。如没有预约就去拜访客人，也许这时别人正好有事在处理，会显得尴尬。预约一般通过电话联系较多。万不得已做了不速之客，一见面就要说："真抱歉，没打招呼就这么跑来了。"然后加以解释。

3. 注意拜访地点

出于礼貌，与客人会面的地点最好不要选择在客人房间内（除非客人租用的是带客厅的套间），一般宜选择咖啡厅、酒吧、会议厅等地。

4. 注重仪容仪表

在第一次拜访客户时，从某种程度上说，你给客户留下的第一印象决定了合作的顺利与否。很难想象客户会相信一个衣冠不整、头发乱糟糟的销售人员能提供高质量的产品和服务。因此，合适的仪容仪表有助于你给客户留下良好的第一印象：着装应得体，塑造专业的职业形象，可以身穿职业装或者公司统一的职业服饰，避免佩戴过多烦琐的首饰。女性可以化淡妆，以表示对客户的尊重。

5. 注意言谈举止

在注重仪容仪表的同时，言谈举止也要恰当有度。如拜访客户时应先敲门，得到允许后再进入。以柔和而清晰的言语问候,以正确的姿势握手、交换名片。客户请人奉上茶水或咖啡时,应表示谢意。在会谈时,要注意合适的称呼、遣词造句、语速、语气、语调。如无急事,不打电话或接电话。

拜访时交谈的用语及语气,要顾及对方的辈分、地位等,还要看相互之间的关系。

6. 注意道别时机和方式

在会谈接近尾声时,根据对方的反应和态度来确定告辞的时间和时机。说完告辞就应起身离开座位,不要久说或久坐不走。和对方握手告辞,并感谢对方的接待。如办公室的门原来是关闭的,出门后应轻轻把门关上。客户如要相送,应礼貌地请客户留步。道别时还要与周围的人一一点头示意道别,这也是对拜访对象的尊重。

7. 注意其他细节

拜访者不要忽略适当同主人家属交谈。如果是多人拜访,不要一个人抢着说话,要让大家都有机会说话。遇有来客,应前客让后客,并说:"对不起,我有点事。你们谈吧,我先走一步了。"

任务三　写作创业计划书讲稿

情境导入

在模拟公司训练营,张梅老师告诉大家,要想获得投资者的青睐,在进行创业计划书的陈述时,一定要用最简洁的市场分析和可靠的数据给投资者留下深刻的印象,用看得见的东西来吸引投资者的目光。她同时提醒各团队要针对投资商在融资会上可能提出的问题做好充分的准备。

经过学校专家组评选,陈晖团队最终赢得了代表学校参加本次大学生创业大赛的机会。经过了大赛前反复的模拟演练,这一天,陈晖和团队成员衣着整齐、精神饱满地走进了比赛现场。大赛中,陈晖团队的创业项目因为市场定位准、潜力大、可行性强,获得了投资公司的青睐和投资。陈晖没有想到,自己艰难的"就业"之路竟然是以"创业"作为起点;她更没有想到,一次不经意的选择,竟然成就了自己的创业梦想。在政府、学校、企业的各方支持下,经过一番组织筹建工作,她的公司终于注册成立。

知识加油站

一、准备创业计划书讲稿的原因

创业计划书的现场展示效果对投资者的判断通常会产生很大的影响,因此,在进行创业计划书的陈述时要抓住机会，紧扣创业项目的关键因素来向投资者推销你的创业计划。而要陈述好创业计划书，必须准备一份创业计划书讲稿。

二、写好一份创业计划书讲稿的方法

创业融资会对创业者来说绝对是一个难得的机会。通常情况下，会议举办方会给创业者提供 10 分钟左右的时间对其创业计划进行讲解。因此，陈述前的创业计划书讲稿准备工作就显得尤为重要。创业计划书的讲稿应抓住以下几方面来写：

① 我的业务是什么？
② 我的商业模式是什么？（主要的收入来源）
③ 我的业务是满足什么需要或解决什么问题？
④ 我的竞争对手有哪些？详细情况如何？
⑤ 我的客户有哪些？
⑥ 我的业务目前的发展状况如何？
——主意构想的阶段
——业务开发阶段
——已有产品或服务
——已有收入
——已经有了可观的收入，并且寻求业务的扩张
⑦ 我希望融资的金额是多少？
⑧ 我的目标评估价值是多少？
⑨ 谁是我目前的投资者？
⑩ 我的总部设在何处？
⑪ 主要管理人员简介。

三、创业计划书讲稿的辅助方法

有一句教育名言是这样说的："你听到的你会忘记，你看到的你会记住。"这同样适用于创业计划书的演示。要想给投资者留下深刻印象，应尽量使用视听设备作为辅助手段。通常，创业者会选择在讲解的同时，使用 PPT 软件加以辅助。准备 PPT 时，应注意以下要点：

① 在重要的商业场合，PPT 模板宜采用朴素、保守的风格，不宜花哨。
② PPT 的结构、逻辑层次要清晰、简明。
③ 遵循 KISS 原则（Keep It Simple and Stupid）：版式简单、风格简明，多图表、少文字，多留白、少动画。
④ 要美化版面，色调要有吸引力，但整个 PPT 的颜色不宜超过 3 个色系。

一、写作创业计划书讲稿时的注意事项

① 要简单易懂，阐述时尽量避免使用术语。
② 要集中阐述独到的创业优势、诱人的商机和丰厚的回报，以吸引投资者。
③ 要解释顾客为什么会掏钱买你的产品或服务。
④ 要用精确的市场分析和可靠的数据来说服投资者。
⑤ 要先阐述重点，然后分析细节部分，集中解释两三个要点。
⑥ 要解释为什么你最适合做这件事。
⑦ 要在陈述结束时再次强调市场机会。
⑧ 对于讲解中没提到的问题，要估计到他人可能会提问，应提前做好应答准备。

二、演示创业计划书使用辅助手段时的注意事项

① 准备口头报告提纲，提纲需要专门打印出来备用。
② 提早到达汇报现场，以便准备所需要的视听设备等。
③ 一定要记住，使用 PPT 是为了使现场展示更加形象生动，所以要按照讲解顺序演示 PPT，而不是单纯解释 PPT 内容。
④ 讲到哪段就演示哪张，不需要时，就停在标题页。
⑤ 计划书展示者应着装得体、大方，发式整洁，精神焕发，面带微笑，充满热情、自信，但不要过于激动。
⑥ 要与听众保持目光接触，注意听众的反应，耐心回答潜在投资者的细节问题。

任务四　有效运用演说的口才艺术

情境导入

　　刘香今天心情有点沮丧，原因是今天她参加集团公司工会副主席的竞选落选了。刘香在文心传媒公司业务能力强，对工作尽职尽责，就是不愿意当众讲话，只要一想到演讲，手脚就会出汗，脑子里一片空白。为了锻炼自己，她特意参加了工会副主席的竞选。可是今天她在竞选过程中，由于过度紧张而中途停了下来，最后没能入选。
　　请想想怎样才能让刘香的演讲水平提高呢？

[分析]演说是我们常常会遇到的一种特殊的沟通形式，也是很多人感到棘手的一件事情。刘香今天的表现让人失望，这与她的成长经历有关。从小生活在单亲家庭里，由于父亲工作繁忙，平时很少与她讲话；在学校里她也不擅长和同学沟通，更不懂得如何去演讲。如果她能从根本上认识到自己这个缺点的危害，遵循一定的步骤、方法，平时多加训练，这种情形就能有所改善。有些成功人士，虽然在语言表达上欠佳，但是经过刻苦训练，成为著名的演讲家。例如，从小口吃的丘吉尔，勇于挑战自己，最后成为英国的首相，他富有激情的演讲曾鼓舞了千千万万的人。

一、演说的概念及分类

演说也叫演讲，是指在特定的时空环境中，以有声语言和相应的体态语言为手段，公开向听众传递信息，表述见解，阐明事理，抒发感情，以期达到感召听众的目的。

按内容分，演说可分为政治演说、学术演说、管理演说、交际演说；按形式分，演说可分为命题演说、即兴演说、论辩演说；按风格分，演说可分为激昂型演说、深沉型演说、严谨型演说、活泼型演说。

美国戏剧导演乔治·科汉曾说："你无论做什么，孩子，都要将它包装一下。"这不是一种迎合，而是从心里生起的一种尊重。演讲成功的关键不在于你讲什么，而在于你怎么讲，这取决你对语言和非语言这两种符号的驾驭与使用。

二、演说语言的特点

语言是演讲者交流思想、传递信息、表达情感的基本工具。要求演讲者在吐字、重音、节奏、语调、停顿、句式等表达技巧方面运用自如。好的演讲者应该深刻地理解语言的意义，知道如何准确、清晰、生动、合适地选择与组织语言。

演说的语言有其自身的特点，主要体现在以下几个方面：

（1）准确性　准确，是指演说稿使用的语言能够确切地表现讲述的对象——事物和道理，揭示它们的本质及其相互关系。准确、清楚是对演讲者的最基本的口语表达要求，如发音准确，吐字清楚，适合演讲的主题、场合与听众，能够确切、清晰地传达演讲者所要呈现的思想和事实。一个演说者无论他讲什么内容（政治、军事、教育、艺术、学术等）都要使听众听得懂他的意思，做不到这一点，其他的准备、努力、心血都是白搭。只有做到准确，演说才能为听众所接受，达到宣传、教育、影响听众的目的。

（2）简洁性　演说稿不在乎长，而在乎精。演说是用口语面对面地说理，不能像书面语那样写几万字乃至几十万字，也不能像书面语那样论证严密。因为句子太长，严密倒是严密，但是听众的听力跟不上，不容易连起来理解、掌握句子的整个意思。所以，一定要用最少的语言表达出最多的内容。

（3）通俗性　通俗易懂，是演说语言的一个特点，即用听众熟悉、能马上理解的语言，把要讲述的内容，用浅显明白的话语表达出来。因此，不要卖弄文采，故弄玄虚，避免引用不好理解的古文和诗词，避免过多使用专业术语和学术名词。总之，语言要明朗化、浅易化、大众化。许多著名的演说学家都非常注意这一特点。

（4）真诚性　语言大师老舍说得好："我们最好的思想，最深厚的感情，只能被最美妙的语言表达出来。若是表达不出，谁知道那思想与感情怎样好呢？"演说要能说服人、启迪人，也要能感染人、打动人。要使听众听了你的演说产生共鸣，只要演说的语言情真意切，才能达到这样的效果。

三、演说要掌握的非语言技巧

1. 面部表情

一般情况下，演说过程中要保持微笑。但为了配合演说内容，面部表情应当有所变化，或庄重、或喜悦、或愤怒等。注意所有表情要自然得体、有感而发，而不是矫揉造作、夸张生硬。同时，不要忘了用目光与听众进行交流。

2. 手势语

手是人的第二面孔，演说中恰当运用手势，有不可低估的作用。手势语可以借助手指、手掌、拳头、手臂的动作来进行。演说时，手势动作要雅观自然、适度简练。什么情况下用什么手势做什么动作，因人因事而异。但有些手势在所有的演说中都不应该出现，如拍桌子、拍胸脯、拳头对观众、手指对观众指指点点、双手插入口袋、手背后、抓耳挠腮、双手叉腰、乱动话筒等等。

3. 走动

演说时不宜一动不动地站在原地，适当的走动可以辅助、增强演说效果。
① 适当的走动能够接近观众——离听众越近，越能调动参与感与现场氛围。
② 使每个听众和你保持相等的距离，不要让离你近的人就始终离你近，离你远的人一直离你远。

因此，演说前要观察座位摆放，以便演说时有目的地在舞台的不同位置表达，增强与每个方位听众的互动和情感。

四、演说前的准备

凡事预则立，不预则废。演说之前要做好充分的准备，包括心理上的准备和实际操作上的准备。

1. 心理上的准备

演说心理指的即是演说者对演说实践这个客体的反映和感受，是演说者在进行演说实践时所必然产生的心理活动和必然经历的心理体验过程。

演说者可以用以下方法克服心理上的障碍。

首先，要明白演说不是为赋新词强说愁，也不是哗众取宠，而是让大家关注演说内容。因此，不论你的演说是否成功，没有人会刻意去关注演说者本身。

其次，不怕出丑，敢往最坏的地方想。俗话说，越怕出丑就越容易出丑，不怕出丑，反而离成功更近。也就是说，演说要放平心态，心态放平才能集中注意力于演说本身，才能离成功更近。

最后，保持良好的精神风貌。保持一个良好的精神风貌，朝好的方面想问题，即使心里没底也要表现得信心十足。强烈的心理暗示，是保持精神面貌的重要前提。演说前，不妨对自己说："我可以的！"

2. 实际操作上的准备

（1）了解听众　演说，除了"自己说"外，更重要的是"听众听"。因此，演说前有必要先了解听众。把握他们的心理，说他们想听的话，用他们所欢迎的方式表达你的观点。这样才能吸引观众，调动听众。

（2）熟悉主题和内容　演说者在演说前必须熟悉演说内容，充分了解主题和内容，认真考虑演说的情感基调是什么，如何运用，在哪里运用。这样，才能在演说过程中晓之以理，动之以情，才能让听众在认知上认同，在情感上共鸣。

（3）收集素材和资料，准备演说稿　古今中外，很多著名的演说大师都非常善于收集和使用素材。一个合适的材料，能节约很多口舌。因此，平时要多读书、看报、阅读杂志，处处留心皆学问。唯有这样，才能在下笔写演说稿的时候，文思泉涌，旁征博引，信手拈来。

（4）做适当的演练　一切成功所具备的要素，都包括充分的准备工作和大量的练习。因此在演说之前，不妨多做一些演练。为了达到演练效果，可以准备一个全身镜，对着镜子一边演说一边观察自己，有不妥的地方即刻纠正、调整；或者邀请同事、朋友、家人充当听众，指出自己演说中存在的问题，并加以改正。

五、命题演说应掌握的技巧

命题演说是根据既定的题目或限定的主题范围，事先做了充分准备的演说。开幕式、闭幕式、报告会、各种集会上的程序性致辞、讲话，都属于命题演说。命题演说具有严谨性、稳定性和针对性等特点。要做好命题演说，应掌握以下原则。

1. 写好演说稿

演说稿的一般格式包括题目、称谓、正文、署名和日期。

写好演说稿，一要了解对象。了解听众是哪些人，思想状况、文化程度、职业特征怎么样；了解听众的心理、愿望和要求，特别是他们所关心和迫切需要解决的问题是什么。只有这样，才能确定讲什么和怎样讲，才能写出有针对性的演说稿。

二要有正确、鲜明的中心。主张什么、反对什么，要旗帜鲜明，围绕一个中心展开演说。

三要有感人的典型材料。一篇演讲稿的中心，要依靠典型、感人的事例来阐明。只有用真实、动人的事例展开说理，体现中心，才有说服力。

四要语言通俗、生动。演讲稿只有用通俗的语言，生动的话语，才能使听众听得懂、能理解，从而达到演说的目的。

2. 正确运用有声语言

首先，读音要正确、清楚。其次，声音要清亮、圆润。声音表达艺术化，增强演说的魅力。最后，声音要富于变化。持续的同一种音调，会让人感到枯燥、厌烦，声调富于变化，不仅能增强演说的表达效果，还能抓住听众的注意力，使听众饶有兴味地听下去。声调的变化要注意两点：一是思想感情的变化要与声音、声调的变化相统一，做到以情发声、以声带情；二是自然，声音的变化要发自内心，自然而发，不然就会显得唐突，使演说效果适得其反。

3. 适当运用态势语言

用眼睛、面部表情、手势动作来增强有声语言的表现力。演说者登台及谢幕时，应面带微笑，定式沉稳。如果步态慌乱，大步流星，登台后没站稳就开始演说，一定会气息错乱乃至手足无措，演说效果就会大打折扣。

4. 恰当运用应变技巧

（1）失误 演说中说错话，如果不影响表达，听众一时没听出来，可不必刻意去纠正。如果是关键性词语，那就必须纠正。最好是按照正确的表达再演说一遍。例如，××师范大学教授×××在一次讲话中，由于失误说错了一句关键性的话，话音未落，他便觉察到了，于是他就自问自答地说了一句："这句话是对的吗？""不对。"然后他又按正确说法说了一遍。这种纠正失误的方法，反映了演说者的应变能力。

（2）兴趣转换 当你讲到一个自己认为重要且需要详细讲述的问题时，或一个你认为不需要详细讲的小问题却引起了听众的注意时，千万不要按原计划演说，否则听众会不满意，不愿意听。正确的做法是，不回避听众感兴趣的问题，依照听众的兴趣讲下去，然后再讲回原来的问题。这样演说效果会变得更好。

（3）反应冷漠 由于各种主观、客观原因，演说得不到听众的积极响应是常有的事。这时候，演说者切不可按部就班地讲下去，而要根据实际情况采取应变措施。如果听众对你讲的某一部分不感兴趣，应当机立断压缩或绕过这部分内容；如果听众有些注意力不集中了，可以设置一些悬念，或通过一些小游戏与听众互动，调节现场气氛，舒缓听众脑神经的疲劳感。

（4）收到纸条 听众在听讲中，总会根据自己的理解，向演说者提出自己的看法、要求和各种问题。这是听众认真听讲、思索的表现，演说者应该欢迎。最好的办法是暂时把纸条放在一边，如果处理纸条，会打断演说思路，分散听众注意力。应该在演说结束后，集中回答纸条上的问题。

 【命题演说故事】

陶行知的开场白

有一次，陶行知先生在武汉大学演讲，走上讲台，他不慌不忙地从箱子中拿出一只大公鸡，台下的听众全愣住了，不知陶先生要干什么。陶先生从容不迫地又掏出一把米放在桌上，然后按住公鸡的头，强迫它吃米，可是大公鸡只叫不吃。怎么才能让鸡吃米呢？他又扳开鸡的嘴，把米硬往鸡的嘴里塞，大公鸡拼命挣扎，还是不肯吃。陶先生轻轻地松开手，把鸡放在桌子上，自己向后退了几步，过了一会儿，大公鸡就自己吃起米来。这时陶先生开始演讲："我认为，教育就跟喂鸡一样，先生强迫学生去学习，把知识硬灌给他，他是不情愿学的，即使学也是食而不化，过不了多久，他还是会把知识还给先生的。但是如果让他自由地学习，充分地发挥他的主观能动性，效果一定会好得多！"台下一时间掌声雷动，为陶先生形象的演讲开场白叫好。

六、即兴演说应掌握的技巧

即兴演说相对于命题演说而言，指演说者在某种特定的情境或某种特定的人物、气氛的激发下，兴之所至，在事先没有准备或没有充分准备的情况下有感而发的临时性演说。即兴演说既需要多方面的知识素养，又需要敏捷的思维能力、快速的语言表达能力和应变能力。

1. 恰当的准备技巧

知识素养准备，包括演说者的知识积累、兴趣爱好、阅历修养等。这要求演说者平时要做有心人，家事、国事、天下事，事事关心，广泛地阅读、收集和积累材料。

临场观察准备，演说者要尽快观察、熟悉演说现场，及时收集、捕捉现场的所见所闻，包括现场环境、听众及其他演说者的演讲等，以确定自己的话题，增加演说的即兴因素。

心理素质准备，即兴演说既然是有感而发，演说者就要有稳定的情绪、十足的信心、必胜的信念，这样才能保证思路通畅、言之有物、镇定从容。

2. 快速思维的技巧

快速思维即快速组织语言，实际上是一个快速创作、打腹稿的过程。其技巧主要表现为"三定""四思""五借"。"三定"，指定话题、定观点、定框架。"四思"，指逆向思维、纵深思维、发散思维和综合思维。"五借"，指借题发挥、借人发挥、借物发挥、借事发挥、借景发挥。演说时可"借"的东西很多，"五借"为泛指，要求演说者要善于观察现场，快速、巧妙地获取信息。

【即兴演说故事】

闻一多的借景发挥

1945年5月4日，云南大学、中法大学等校的大学生，在云南大学的操场上举行纪念五四运动大会。会议开始不久，天便突降暴雨。一些学生离开会场避雨去了，会场秩序大乱。这时，闻一多迎着暴雨站在台上高呼："热血的青年们过来！继承五四精神的热血青年站起来！怕雨吗？我来讲个故事：今天是天洗兵！武王伐纣那天，陈师牧野的时候，军队正要出发，天降大雨，于是领头人说，此天洗兵，把蒙在甲胄上的灰尘洗干净，好上战场攻打敌人。今天，我们集合起来纪念五四运动，天下雨了，这也是天洗兵，不怯懦的人上来，走近来！勇敢的人走拢来！"

故事启发：闻一多这段即兴演讲的开场白，成功地借用了"景"（雨），引出武王伐纣的故事——"天洗兵"的壮志豪情，进而号召青年们继承"五四"光荣传统，经受暴雨的洗礼，做一个坚强的民主革命战士。这段开场白既切景、切情，又切合大会的宗旨，颇具鼓动力、号召力。由此来看，即兴演讲的开场白要想取得好效果，要善于借"兴"而发，"兴味"十足，才能精彩纷呈。

节目主持人的机敏

某节目主持人在一次演出中，下台阶时摔了下来。但她非常沉着地爬了起来，对台下的观众说："真是人有失足，马有失蹄呀！我刚才狮子滚绣球的节目滚得还不够熟练吧？看来这次演出的台阶不那么好下呢！但台上的节目会很精彩的，不信，你们瞧他们。"

她这段非常成功的即兴演讲，以其敏捷的反应、幽默的语言和适时的话题转移，使自己摆脱了难堪，也显示出她非凡的口才。以至于她话音刚落，会场就报以热烈的掌声。

七、论辩演说应掌握的技巧

论辩演说是观点对立的双方就一个有争议的问题，以驳倒对方的观点、树立己方观点为目的的口才训练的高级形式。论辩演说具有对抗性、逻辑性、策略性、临场性、紧张性、犀利性等特点。基于论辩演说特点，可归纳出其技巧如下：

1. 进攻技巧

进攻主要是指主动发起对对方论点、论据、论证的驳斥。在辩论中经常组织有力的进攻能使己方处于主动地位，从而增强气势，避免被动挨打。常见的进攻技巧有：先发制人、以攻为守，抓住错漏、穷追猛打，集中力量打开缺口，迂回曲折、攻其不备等。

2. 防守技巧

既包括在对方进攻之前做好防护工作，又包括对方进攻之后做好防御工作。常见的防守技巧有：加固"堡垒"，令对方望而却步；借对方之"石"攻己之"玉"；紧密合作，互相补台；就地取材，获得"哗众取宠"效应；扬长避短，避重就轻等。

3. 反击技巧

针锋相对，接连提问。反面事例，以一当十。善于类比，后发制人。巧妙转移论题的矛盾焦点，进行反驳。

4. 诱导技巧

诱导是指在强攻不下的情况下，巧妙地设计陷阱，诱"敌"深入。可以制造一些似乎对对方有利的条件，利用其急于求成的心理，引其就范；还可以以毒攻毒，利用对方已有的战术，但要注意不可露出破绽，不给对方仔细思索的余地。

【论辩演说故事】

鲁迅的据理力争

鲁迅在厦门大学研究院任教时，校长林文庆常克扣办学经费、刁难师生。一次，林把研究院负责人和教授都找来开会，提出要将经费再减半，大家听后纷纷反对，可是又说服不了林。林怪声怪调地说："关于这件事不能听你们的，学校的经费是有钱人拿出来的，只有有钱人，才有发言权！"说完后，林扬得意地双手一摊，在场的人都怔住了，面面相觑，无话反驳。突然，鲁迅站了起来，从口袋里摸出两个银币，"啪"的一声放在桌上，铿锵有力地说："我有钱，我也有发言权！"鲁迅借林的话随机应变，冷不防的反驳使林措手不及。接着，鲁迅慷慨陈词，大谈经费只能增不能减的道理，一款一项，有理有据，林文庆被驳得哑口无言。

【实训课堂】

一、大学毕业生刘凯打算面向高校大学生群体创办一家大学生旅行社，请你结合你所在校区的实际情况，帮助刘凯撰写一份创业计划书，并说服相关人士给予支持。

二、某高校市场营销专业学生李军、王江、高明在家长和学校的支持下，注册成立了一家小公司，名字叫绿源有限责任公司，注册资本为10万元，主要围绕学校及周边市场，直销或代理销售某些产品。公司成立两年后，年销售额达50万元以上，年利润达5万元以上。一家饮用水生产企业准备开发高校饮用水市场，绿源公司总经理李军主动找到该企业总经理，表示非常愿意与该企业合作，共同开发和经营高校饮用水市场。该企业通过初步调研，同意与绿源合作，要求绿源公司尽快拿出商业计划书，以便在董事会上决定投资额度和其他重要事项。请你为绿源公司拟写一份商业计划书。

三、有礼有度地拜访客户

1. 通过观看相关视频，了解拜访客户的基本礼仪知识，并能将此运用到实际的工作中去。通过小组成员的角色互换和情境模拟，学习拜访客户的基本礼仪和基本程序。

2. 上网查询"有效拜访客户"的相关资料，了解有效拜访客户的基本方法。

四、"保险代理小李"（见"任务二"的"情境导入"）案例分析与情境模拟

（1）案例分析　以小组为团队，分组研讨小李拜访客户失败的缘由。运用所学的关于拜访客户的知识进行分析：在拜访客户之前需要做好哪些准备工作？如何应对和处理拜访客户过程中的突发事件？每组制作一份本案例的分析报告；派1名代表登台演讲，时间不超过5分钟。

（2）情境模拟　从拜访客户的有效性的角度，分组进行情境模拟演示，并制作书面沟通脚本。

五、任选下面一题进行演说

1. 青年节即将来临，学校要组织一次纪念活动，请你以此为主题进行演讲，时间为5分钟。

2. 党的生日来临在即，校团委要组织一次"庆'七一'"演说活动，请你以此为主题进行演说，时间为5分钟。

3. "一二·九"就要到了，你所在的公司部门举办了一场演说比赛，请你作为选手参加比赛，时间为5分钟。

项目四　运营创业项目

任务一　写作活动策划书

情境导入

在模拟创业公司训练营，完成了创业前的各项准备工作后，各团队相继开始为即将举行的公司开业庆典做准备。张梅老师要求各团队按照开业庆典的正式流程，认真做好清点前的准备工作。

为了加强与相关部门及同行人员的交流合作，提供公司知名度和可信度，食品股份有限公司决定借助这次开业庆典的机会，邀请一些重要嘉宾，以扩大公司的社会影响力。作为这次开业庆典活动负责人的办公室主任，安琪十分清楚这次开业庆典活动对公司的意义，她决心给大家呈现出一个隆重、热烈、喜庆且有新意的开业庆典。现在，她和团队成员首先要做的就是着手开业庆典的策划与嘉宾的邀约准备……

一、活动策划书的概念

活动策划书也叫活动策划方案，是为了达到活动目的，在活动开展之前，以文字或图文为载体，将活动策划思路与具体内容清晰地呈现出来，并高效地指导实践行动的书面材料。

二、活动策划书的内容

（一）标题

1. 单标题形式

单标题由"单位名称+活动内容+文种"构成，要尽可能写出具体的策划名称，如"阳光大酒店'情系雅安'慈善拍卖活动策划方案"。

2. 正副标题形式

正标题表示活动主题，副标题同单标题形式，由单位名称、活动内容、文种构成。如"风雨十年卢 悠悠神州情——神州人寿保险公司成立十年庆典活动策划方案"。

（二）正文

作为常用的事务性文书，活动策划方案的正文写作较为灵活，一般包括：

1. 活动背景

应根据情境需要在以下项目中选取内容进行阐述：社会环境特征、基本情况、执行对象、形式发展情况、组织部门、活动开展缘由、社会影响及相关目的动机。

2. 活动目的、意义

用简洁明了的语言将活动的根本目标和切实作用（经济效益、社会效益、媒体效应等）概括性地表述出来。

3. 活动主题

用高度凝练的语言将整体活动所要防范的基本思想和观点表达出来。

4. 活动内容与形式

具体阐述活动项目组成与执行方式。

5. 活动时间与地点

精确安排活动项目的时间段和具体地址。

6. 活动对象

主要指活动的参与人员。

7. 活动组织与人员

根据实际情况书写的主办、承办、协办、友情支持、赞助单位，并对活动的工作人员做具体的责权分工。

8. 活动流程

活动筹备与实施的具体步骤。

9. 活动经费预算

根据实际需要对活动的各项费用进行周密、准确的计算后，用清晰、明确的形式列出。没有经济基础支撑的策划方案是没有意义的，要在本单位财力能够承受的范围内考虑具体策划与方案，做到少花钱办好事。

10. 活动应急处理

好的策划人员要有一定的危机意识，提前设想活动过程中可能出现的各种困难或突发状况，并做好处理预案。只有这样，当意外真正发生的时候才不至于手忙脚乱，才能保证活动按照既定方向进行。

在写作策划方案正文时,要尽量详尽撰写活动展开过程中可能涉及的每一个项目,可以采用文字表述,也可以加入相应图表,要力求清楚明白,让人一看就懂。

(三)落款

右下角书写活动策划单位名称和日期,也可以在策划单位后面加入策划人的姓名。

三、写作活动策划书应遵循的原则

(1)目的性　明确活动举办的最终目的是什么。
(2)差异性　如何突出活动的亮点及独特魅力。
(3)周密性　把活动的细节考虑周到并落到实处。
(4)后备性　考虑突发事件,准备应急预案和后备方案。
(5)有序性　相关人员分工协作,共同完成。
(6)后继性　保证活动的系列连续性。

四、写作活动策划书前要做的准备工作

① 确定活动种类、主题;
② 确定活动四要素(时间、地点、人物、事件);
③ 确定活动流程;
④ 确定具体实施方案;
⑤ 确定时间推进表;
⑥ 确定预算资金。

写作活动策划书的注意事项有以下几点:

(一)注意做好前期调研

做策划方案首先必须做调查研究,通过对整体环境背景和市场局势的分析,确立活动的针对性和可行性,设计活动的内容和形式,这样才能引起人们的参与兴趣,对实践行为进行指导,最终实现活动目标。

(二)注意明确活动主题

活动主题本身为达到某一目的所要说明、传递和表达的基本观念,起着统率活动各个

构成要素的作用。活动内容的设置要以活动主题为依据；活动的具体实施、步骤的安排与设立都要为表现主题而服务。

在确定活动主题时要注意做到：

1. 主题要单一

在进行一次活动策划的时候要根据实际情况，选择最值得推广的一个主题，而且只能是一个主题。只有把一个最重要的信息传达给目标对象群体，才能把最想要传达的信息最充分地传递出去，也才能引起受众关注，并且易于理解与记忆。

2. 主题要富有创意

策划本身是一种富有创意性的工作，确定活动主题当然也是一项创造性的思维运动。活动主题的确定既要忠实于活动，又要高于活动内容本身。富有创意的主题能更好地吸引和感染公众，鼓舞人们投身其中，产生强烈的参与热情，并在心理上产生共鸣。

3. 主题表述要精练而有艺术感

主题的表达要选用精练的语言和整齐的形式，讲究音韵的和谐，便于人们记忆和理解，这样才能达到深入人心的效果。例如：由共青团中央等单位主办的"2011年大学生志愿者服务西部计划"的主题是"新西部 新生活 新成长"，连用三个"新"字，既突出了"新"的本意，又体现了西部开发与大学生成长之间的关系，还有一种憧憬和神秘感，揭示出未来生活、未来成长空间的与众不同。同时简短清晰、通俗易懂，便于理解与记忆。

（三）注意精简活动项目

有人认为策划活动方案的时候要设计很多的活动，只有丰富多彩的活动才能引起大众的注意。其实不然，活动项目过多，容易造成对于活动主题的偏离，或者因为主次不分，让人产生审美疲劳，又抓不到关键，达不到活动的根本目标。同时，活动项目过多自然需要投入更多的人力、物力和财力，直接导致活动成本的增加，也容易使执行者疲于应付，执行不力，最终导致方案的失败。

（四）注意良好的执行性

活动执行的成功与否，最直接、最根本地反映着策划方案的可操作性。活动策划方案要对活动实践行为起指导性作用，必须要有良好的执行性，除了要进行周密的思考和详细的活动安排外，还要关注活动细节，如时间、地点的确定，执行人员的分工与协作，具体流程与步骤的周全等，不仅要考虑组织细节，也要将政治、民族问题，甚至气候条件等考虑在内。

开业庆典策划书例文

手绘"湖湘文化"作品展活动策划书

有着悠久历史的湖湘文化，是湖南高校人文教育的有效载体，能够对大学生起到陶冶爱国情感、培植社会和谐意识、培养优良道德品质、树立正确价值取向、培育科学创新思维能力等作用。手绘"湖湘文化"作品展旨在引导即将走向职场的大三学子，以小组为单位，用最传统的方式，最真挚的情感记录湖湘风土人情与名人逸事，传承湖湘文化与湖湘精神。

一、活动主题

手绘"湖湘文化"作品展。

二、活动目的

通过举办手绘"湖湘文化"作品展，提高同学们的团队协作意识与创新思维能力，激发同学们对湖湘文化的热爱与对湖湘精神的敬仰。

三、活动介绍

参赛对象：湖南化工职业技术学院全体大三学生

活动时间：2020年10月15日至11月20日

活动地点：湖南化工职业技术学院图书馆

四、活动流程

（一）活动前期

1. 宣传

（1）在各寝室楼下张贴海报，宣传有关湖湘文化知识，介绍手绘"湖湘文化"作品展活动流程及意义和评分细则，激发同学们的兴趣及对活动的热情。

（2）通知各班团支书，并由团支书在各班宣传。

2. 报名参赛

在耘梦文学社综合部报名。报名时间为期三天。截止日期：10月17日。

（二）活动中期：

1. 参赛团队手绘"湖湘文化"主题作品

10月18—30日，并将作品交至耘梦文学社综合部。

2. 作品初审

11月3日。借用教室，联系评委，初定评委为基础课部专任教师罗惜春教授、校学工处副处长欧彦麟教授。优秀作品按计划在校园广场展出，展示化院学生风采。

（三）活动后期

1. 最终评审及颁奖

11月15日，由评委采用10分制打分，去掉最高分和最低分取总分，评出一、二、三等奖并颁奖。

2. 后期公益活动

11月17日参赛作品可按个人意愿捐给株洲市聋哑盲学校的学生，通过你的手传递一份爱。

3. 注意事项

（1）前期宣传海报尽可能持久地保留，避免被覆盖；

（2）做好人员配置并与其他部门进行协调；

（3）活动期间做好工作记录；
（4）所有费用一律以发票作为报销凭证；
（5）在预定时间内完成指定工作。

五、手绘"湖湘文化"的版面设计要求

（1）主标题："湖湘文化"。
（2）版面尺寸：宽110厘米，高80厘米。
（3）版面内容：湖湘风土人情与湖湘名人逸事。

六、评分细则

评审团本着公平、公正、公开原则，根据评分表上的评分细则给参赛作品做出公正的评价，最后分数是去掉一个最高分去掉一个最低分取平均分。可参照如下评分标准评分。

评分标准：（满分10分）

1. 主题鲜明（3分）

主题明确、新颖。

2. 内容丰富（2分）

选取的文章符合主题，有深度，若为原创作品有相应加分。

3. 版面设计（2分）

要求版面设计科学、合理、新颖，文字、画面所占比例平衡。

4. 创意新颖（1分）

发挥想象，新颖别致。

5. 书写与插图（1分）

要求手工制作，字迹工整清晰，画面和谐。

6. 整体效果（1分）

比例协调，视觉效果好。

七、奖项设置

一等奖一名：奖品（预定金额200元/个）；
二等奖两名：奖品（预定金额100元/个）；
三等奖三名：奖品（预定金额50元/个）；
优胜奖十名：奖品（预定金额30元/个）。

八、经费预算

展板制作：1200元；评委礼品：200元；奖品发放：850元；获奖证书制作：100元。总计：2350元

湖南化工职业技术学院耘梦文学社
2020年10月10日

［简析］这份活动策划书简明清晰，可操作性强。其优点归纳如下：①主题明确，避免了活动的盲目性。②方案具体，能有效指导和规范活动的开展。③安排合理、周全，为活动成功开展提供了重要保障。

任务二 与客户有效沟通

情境导入

客户的尴尬

周一上午,文心传媒公司销售经理秘书小张在忙碌地处理手头的事情。下午销售部要召开部门会议,小张正在给销售部门的员工打电话确认下午的参会情况。这时,门口来了一位客人,小张由于正在打电话,就对客人招了招手,示意客人进来。与小张通电话的这位同事在外面出差,电话中跟小张顺便聊起了在外出差遇到的种种情况,这通电话打了有 20 分钟。客人一直在门口站着,看着小张打电话,也没有打断,就拿出手机直接打电话给销售经理,但销售经理恰好在外面办事,客人想了想在桌上留了一张名片就走了。等小张打完电话,才发现客人已经走了,也没有继续跟进。等销售经理回来后,看到了桌上的名片,将小张狠狠地批评了一顿,说这是公司非常重要的一位客户,有一张大单子正在跟进,而小张的冷漠态度让客户觉得公司对此次业务不够重视。

【讨论】小张为什么无意中得罪了客户?在接待客户过程中,作为秘书人员需要注意哪些?小张应该怎么做?

一、职场中的客户类型及应对技巧

1. 喜欢挑剔型

常见表现:这类客户思考周密,能够在产品或服务的细节方面发现毛病和缺点,并对销售人员采取苛刻、强硬的态度,期待营销员来解决这些问题。这种客户是追求完美的人,也是一个心细的消费者,如果营销员能把他所挑剔的问题解决了,客户签单也就有希望了。

应对技巧:接受客户的不良情绪,允许客户发泄心中的不满,仔细倾听客户的挑剔,让客户感到你在尊重他;从客户的角度来理解客户挑剔的原因,让客户感觉你已经与他站在同一战线;避免责备客户,学会在适当的时候向客户道歉;最后,提出解决方案,解决客户问题,满足客户需求。

2. 不直接拒绝型

常见表现:对于营销员提出的任何事情都不反对,不论营销员说什么,客户都点头附和。一是客户只是为了想提早结束谈话而继续表示同意;二是在买与不买两种心理之间,如果客户觉得值就会签单,不值,他也会找个下坡路,绝对不会直接拒绝。

应对技巧:要设法让客户说出当时没有购买的真实想法及理由,当客户说出真心话后,顺着客户的话来说服客户购买。切记不可心急，否则就会"欲速则不达"。

3. 傲慢无礼型

常见表现：此类客户往往目空一切，看似高大上，其实不一定。客户很喜欢营销员奉承他、夸赞他和恭维他。对这类客户，最好是多尊称他的头衔，并试着找出他最高的那顶"帽子"。

应对技巧：切忌不能和客户在沟通中发生冲突，要知道，你赢了，沟通就终止了；你输了，可能客户会给你"惊喜"。所以，让他觉得你是真心推捧他，他的自尊心才能得到满足，此时才有可能成交。

4. 老实巴交型

常见表现：这类客户一般不会没事找事，也不会耍小聪明，多半表现为木讷老实。他往往一心想买到他所需要的产品，对于其他的事情不太关心。此类客户由于受到内向性格的影响，害怕别人打听他的家庭及个人隐私问题，所以，针对这类不会耍滑头的客户，多用真诚打动他。

应对技巧：在客户没有主动要求你帮助的情况下，千万不要过度热情、硬推销。否则，之前的"潜伏"就会白费。让他感觉你在帮他，而不是生硬地推销，同时注意使用情感营销策略。

二、与客户有效沟通的技巧

1. 了解对方兴趣爱好

摸透对方的心理，是与人沟通良好的前提。只有了解掌握对方心理和需求，才可以在沟通过程中有的放矢，可以适当地投其所好，对方可能会视你为他们的知己，那问题可能会较好地解决或起码你已成功一半。例如，可以跟老年人谈健康养生，和少妇谈孩子和宠物，如果客户喜欢谈足球，就可以跟他谈谈近期的重大赛事。

2. 与客户聊天避免专业用语

用词不要太专业，要多用通俗语言来交流。一味地使用专业用语，很容易使人产生华而不实、锋芒毕露的感觉。

3. 避免否定对方的行为

初次见面的客户会害怕他人提出细微的问题来否定自己的观点，因此，客户经理应当尽量避免出现否定对方的行为，这样才能建立良好的人际关系。

4. 了解对方所期待的评价

人们都希望别人对自己的评价是好的，所以客户经理要想客户之所想，说客户想听的话，做一个善解人意的人。

5. 注意自己的表情

一个人心灵深处的想法，往往会形诸于外，在表情中显露无遗。客户经理要保持职业化的笑容，倾听时保持专注的神情。

6. 留意对方无意识的动作

交换名片的时候,如果客户的手发抖,表明他很紧张,这就不是套近乎的好机会,可以先聊些别的话题帮助客户放松。

7. 引导对方谈得意之事

比如,得知客户为一个项目三个春节没回家时,客户经理就可以赞美他:"您真是真正的现代企业家,您的敬业精神堪称业界一流。"

8. 拉近与对方的身体距离

套近乎就要离得近,距离产生不了美,只会产生疏离感,所以和客户交流的时候,客户经理要找机会靠近客户。

9. 用笑声声援对方

在客户发言的过程中,客户经理要不时地做出回应,笑声是很好的选择。但要笑得自然,不能皮笑肉不笑,否则就显得很虚伪。

10. 找出与对方的共同点

比如客户有个老父亲,而客户经理也有自己的老父亲,这时就可以谈论中国的孝道文化来套近乎:"没有孝心就没有良心,咱们都是孝子,为孝子干杯。"

11. 表现出对对方的关心

客户经理可以很自然地嘘寒问暖,如果一见面就听见客户咳嗽,可以询问他是否感冒了,并嘱咐其注意身体健康,这样就可以拉近两人之间的距离。

12. 先征求对方的意见

遇到事情需要选择时,首先把选择权交到客户手里,先征求客户的意见,让客户感到自己受尊重。

13. 记住对方"特别的日子"

比如结婚纪念日、生日等,在这些日子里,客户经理可以发短信、送礼物,给客户送去惊喜。

14. 选择对方家人喜欢的礼物

馈赠礼物时,与其选择客户喜欢的礼物,倒不如选择其家人喜欢的礼物,从而获得客户家人的支持。

15. 学会倾听

在沟通中你要充分重视"听"的重要性。你能善于表达出你的观点与看法,抓住客户的心,使客人接受你的观点与看法,这只是你沟通成功的一半;那成功的另一半就是善于听客人的倾诉。会不会听是一个人会不会与人沟通,能不能与人达到真正沟通的重要标志,做一名忠实的听众,同时,让客人知道你在听,不管是赞扬还是抱怨,你都得认真对待。客户在倾诉的过程中,会因你认真倾听的态度而感动,会对你的人格加以认同,这才会为你下一步的解释工作奠定良好的基础。

16. 记住对方的名字

记住对方的名字，可以让人感到愉快且能有一种受重视的满足感，这在沟通交往中是一项非常有用的法宝。记住客人的名字，比任何亲切的言语更起作用，更能打动对方的心。

17. 培养良好的态度

只有你具有良好的态度，才能让客人接受你，了解你。在沟通时，要投入你的热情，要像对待你的朋友一样对待你的客户。

与客户沟通的禁忌主要有以下几点：

1. 在和客户交谈中忌"闭嘴"

所谓的"闭嘴"，就是一言不发，从而使交谈变相地冷场，导致不良的后果。在客户侃侃而谈的过程中，自己始终保持沉默，会被视为对客户所谈的话不感兴趣。

本来双方洽谈甚欢，一方突然打住，会被理解成对对方抗议，或对话题感到厌倦。所以，一旦碰上无意之中所出现的交谈暂停，销售人员一定要想办法尽快地引出新话题，或转移旧话题，以激发客户的谈话情绪。

2. 在和客户交谈中忌"插嘴"

所谓的"插嘴"，就是在客户讲话的过程中，自己突然插上一句，以致打断客户的话。

销售人员在一般情况下，都不应该打断客户讲话，从中插上一嘴，这样会喧宾夺主、不尊重客户。如果确实想对客户所说的话表达自己的不同见解，也需要静待客户把话讲完。

如果打算对客户所说的话加以补充，应先征得客户的同意，先说明"请允许我补充一点"，然后再"插"进来。不过"插嘴"时间不宜过长、次数不宜过多，免得打断客户的思路。有急事打断客户的谈话时，要先讲一句"对不起"。

3. 在和客户交谈中忌"脏嘴"

所谓的"脏嘴"，就是说话不文明，满口都是脏、乱、差的语言。作为一个有素质的销售人员是要禁忌的。

4. 在和客户交谈中忌"油嘴"

所谓的"油嘴"，就是说话油滑，毫无止境地胡乱幽默。谈吐幽默是一种高尚的教养。在适当的情境中，使用幽默的语言讲话，可以使人们摆脱拘束不安的感觉，变得轻松而愉快。

此外，它兼具使人获得审美快感、批评和讽刺等多重作用。然而幽默也需要区分场合与对象，需要顾及自己的身份。要是到处都幽他一默，就有可能沦落为油腔滑调，从而招致客户的反感。

5. 在和客户交谈中忌"贫嘴"

所谓的"贫嘴",就是爱多说废话,爱乱开玩笑。爱耍"贫嘴"的人,动不动就拿客户来调侃、取笑、挖苦一通。不是没话找话,话头一起就絮絮叨叨;耍"贫嘴"的人,既令人瞧不起,又让人生厌。

6. 在和客户交谈中忌"争嘴"

所谓的"争嘴",就是喜欢跟别人争辩,喜欢强词夺理。他们自以为"真理永远在自己手中",自己永远正确。爱"争嘴"的销售人员,"没理争三分,得理不让人",这种人不受客户的欢迎。

7. 在和客户交谈中忌"刀子嘴"

所谓的"刀子嘴",就是说话尖酸刻薄,喜欢恶语伤人。每个客户都有自己的隐私,当客户有意回避不谈时,作为销售人员不该再"打破砂锅问到底",每个人都有自己的短处,都不乐意将之展示于人,所以不应该在交谈时"哪壶不开提哪壶"。

俗话说:"良言一句三冬暖,恶语伤人六月寒。"其口似刀的人,处处树敌,时时开战,触犯了生意人"和气生财"之大忌,终将会因自己的缺点酿成不良的后果。

任务三　写作招、投标书

情境导入

在模拟公司训练营,为了让同学们完整地体验招、投标活动的整个工作流程,张梅老师要求每个团队分别模拟招标方、投标方完成以下三项任务:一是模拟招标方,在规定开标的日期内,结合本公司的业务经营范围,组织一次招标活动;二是模拟投标方,积极响应其他项目团队发出的招标邀请,研究并确定投标项目,如期完成投标书的撰写和开标任务;三是认真完成整个招标、投标过程中的核心文件——招标书和投标书的写作任务。

某食品股份有限公司规定,采购大宗货物须以公开招标的方式进行,并规定公司招、投标活动的组织及标书制作统一由公司市场部下面的招、投标项目团队负责。这天,招、投标项目团队队长郭亮一上班就接到了公司总经理陈晖打来的电话。陈晖告诉郭亮,公司昨天收到 C 公司一周后即将举办的一个大型项目的招标邀请。陈晖与公司其他领导商量后,觉得某食品股份有限公司一旦在这个项目上中标,对扩大品牌影响力及下一步拓展市场极有好处。为此,陈晖要求郭亮的项目团队随即向招标单位发出投标意向,尽快领取详细的招标书,并在一周内准备好参加投标的全部材料,全力争取中标。郭亮放下电话,心里暗自叫苦,因为一周后公司的一个招标项目也开标在即,两个项目都十分重要且紧急,这该如何是好? 郭亮想了想,决定将招、投标项目团队分为 A、B 两组:A 组继续负责组织本公司的招标工作,B 组负责根据 C 公司的招标文件在规定的时间内完成投标书和相关文件的准备和投递工作,并按照招标方的活动要求参加招标会。任务下达后,A、B 两个小组经过一周的紧张准备,如期来到了各自的开标现场……

一、招标书

（一）招标书的概念

招标书是招标人按照有关规定，邀请招标人投标，从而选择优秀合作者或者承包者，并通过媒体公开的告知性、实用性文书。广义的招标书包括招标公告或招标邀请书、招标须知、技术规格、合同条款、资格预审通知等。

（二）招标书的特点

1. 规范性

招标书的内容应符合国家法律法规、国际惯例、行业规范等，不能含有歧视性条款。如有的招标文件中规定投标人必须有本省某行业领域资格证书，限制外省竞争者投标，显然与我国法律相背离。

2. 公开性

招标书是具有法律效力的文件，招标方、投标方都要遵守，都要承担义务。凡是投标者需要知道的内容，如招标条件、招标要求、注意事项，都应在招标文书中公开说明并通过媒体向社会公布，招标结果应向全体竞标者通报。

3. 保密性

一是指标底在开标之前不得泄露，要严格保密；二是不得损害国家利益和社会公众利益。

4. 简洁性

招标书的语言应简洁，用词应规范准确。切记含混不清，杂乱重复，不允许使用"大概""大约"等无法确定的语句，不要委婉描述。

（三）招标书的结构

招标文书一般由标题、正文和结尾三部分组成。

1. 标题

（1）完全性标题　由招标单位、招标项目或内容、招标形式及文书名称等四部分组成。如"××市人民法院审判大厅新建施工招标书""醇王府二期修缮工程面向全国公开招标公告"。

（2）不完全性标题　由招标单位和文书名称两部分组成，如"××公司招标书"。

（3）简易性标题　只写明文书名称，如"招标书"。

2. 正文

正文分为开头和主体两部分。

开头部分包括招标依据、招标目的、项目名称、资金来源、招标范围等。

主体部分通常包括三个方面的内容。

（1）招标项目的情况　具体说明项目名称，如工程名称、采购的商品名称，说明项目主要情况，如工程的主要内容、规模、商品的具体品类及数量等。

（2）招标范围　说明投标人应具备的条件。

（3）招标步骤　写明招标文件发售时间、投标截止的时间、开标的时间与地点等。

3. 结尾

写明招标单位名称、通信地址、邮政编码、电话号码、传真号码、联系人电话、开发银行、银行账户等。

（四）编写招标书的要求

第一，熟悉招标的一般程序。

第二，了解国家的方针政策及有关法律法规，做好市场调查研究，掌握全面准确的信息资料。

第三，内容真实、全面、具体、严密。

第四，语言简明、准确，措辞诚恳，语气平和。

二、投标书

（一）投标书的概念

投标书，又称标书、标函，是指投标单位按照招标书的标准、条件和要求，向招标单位提交具体标价、说明有关事项、承诺相关要求的文书。

（二）投标书的特点

1. 针对性

投标书要以招标单位所提出的各项要求为依据展示实力与优势，应严格按照招标书中的内容条款，有针对性地编写投标书的内容。

2. 合约性

投标书具有严格的法律约束力，是签订合同的依据，投标人应按照合同拟定的指标、承诺的事项来进行工作。

3. 竞争性

招标单位通过投标书择优选择中标者，因此，投标书既是投标人充分展示实力和优势的书面材料，又是投标人在招标答辩会上的演说稿，具有很强的竞争性。

（三）投标书的结构

投标文书一般由标题、正文和结尾三部分组成。

1. 标题

（1）完全性标题　由投标方名称、投标项目及文书种类三部分组成，如"××公司承包××大学新教学楼建设工程投标书"。

（2）不完全性标题　由投标方层面或投标项目与文书名称两部分组成，如"承建××大学新办公大楼工程投标书""××建筑工程公司投标书"。

（3）简易标题　写文书名称，如"投标书"。

2. 正文

正文可分为主送单位、前言和主体三部分。

（1）主送单位　在标题下隔行顶格写招标单位的全称。

（2）前言　交代投标的依据和目的，介绍投标单位的基本情况以及对该投标项目的态度。在表达上的常用语为"根据××招标书和设计图的要求……我公司完全具备承包施工的能力与条件，决定对此项工程投标。具体说明如下"。

（3）主体　写明投标项目的具体指标和实现指标的具体措施以及其他要说明的事项。可用条款说明，也可用表格说明。投标项目不同，投标书的内容也不相同，如大宗商品交易投标书的主要内容有商品总报价及分项报价，商品规格、型号、质量，交货方式、时间、地点，投标方如组织商品生产、对招标单位的要求等。建筑工程投标书的主要内容有工程总报价及各项子工程的标价、工程项目开工与竣工日期、质量保证、工程进度安排、安全措施、对招标单位的要求等。

3. 结尾

包括投标人名称、印章、地址、邮编、联系人及联系方式、日期、附件名称及原文。附件包括资格审查文件、工程量清单、投标报价表、分析标价明细表、设备标价明细表、材料清单、技术清单、技术规格、技术差异修订表、有关图纸和表格、担保单位担保书、履约保证金保函、投标人其他相关资料。

（四）编写投标书的要求

第一，明确投标要求。

第二，实事求是，不弄虚作假。

第三，语言简洁，语气谦和，表述明确具体、全面周密。

一、写作招标书的注意事项

① 招标书的内容必须真实、全面、具体、严密，以免发生不必要的纠纷。如项目要求、招标条件、招标程序、评分标准、合同式样、技术响应等主要内容一定要完备，标书的内

容排列一定要有逻辑性。

② 因为招标书是依法采购的依据,所以标书的描述要精练、准确、切中要害,尤其是对技术规格、质量及服务保修的表述应绝对准确无误,千万不能有含混不清的表述、逻辑不清的言辞。

③ 为满足竞标现场需要,招标方可在招标书中要求投标方递交纸质投标书和电子刻录版投标书内容,刻录盘上以油性记号笔注明投标单位。二者均需盖印、密封,同时递交。

二、写作投标书的注意事项

① 熟悉投标程序。

② 紧扣招标书的要求撰写投标书内容。招标书中的招标项目及招标的条件、要求、标准等内容,投标书中的应标承诺及投标方的能力、技术、措施、服务、保修等,都应该明白无误地表述清楚,各项指标和具体措施要重点介绍说明,做到既有利于对方视内容作出正确判断,又为签订合同或进一步合作打下基础。如有必要,可进行现场勘查,对有疑问的地方,采用书面质询方式,并要求对方用书面答复。

③ 要精确计算,制定合理报价,尤其对承诺的内容,要表述得明确、具体、全面、周密,以免中标后发生纠纷。

④ 实事求是地说明自身优势和特点,重点突出"他无我有,他有我强"的竞争能力。

⑤ 要在规定的有效期内递交投标书。

招标公告例文

1. 招标条件

本招标项目_____(项目名称)已由_____(项目审批、核准或备案机关名称)已_____(批文名称及编号)批准建设,项目业主为_____,建设资金来自_____(资金来源),项目出资比例为_____,招标人为_____。项目已具备招标条件,现对该项目的施工进行公开招标。

2. 项目概况与招标范围

_____(说明本次招标项目的建设地点、规模、计划工期、招标范围、标段划分等)。

3. 投标人资格要求

3.1 本次招标要求投标人须具备_____资质,_____业绩,并在人员、设备、资金等方面具有相应的施工能力。

3.2 本次招标_____(接受或不接受)联合体投标。联合体投标的,应满足下列要求:_____。

3.3 各投标人均可就上述标段中的_____(具体数量)个标段投标。

4. 招标文件的获取

4.1 凡有意参加投标者，请于____年____月____日至____年____月____日（法定公休日、法定节假日除外），每日上午____时至____时，下午____时至____时（北京时间，下同），在_____（详细地址）持单位介绍信购买招标文件。

4.2 招标文件每套售价____元，售后不退。图纸押金_____元，在退还图纸时退还（不计利息）。

4.3 邮购招标文件的，需另加手续费（含邮费）____元，招标人在收到单位介绍信和邮购款（含手续费）后____日内寄送。

5. 投标文件的递交

5.1 投标文件递交的截止时间（投标截止时间，下同）为____年____月____日____时____分，地点为_____。

5.2 逾期送达的或者未送达指定地点的投标文件，招标人不予受理。

6. 发布公告的媒介

本次招标公告同时在_____（发布公告的媒介名称）上发布。

7. 联系方式

招标人：_____
地址：_____
邮编：_____
联系人：_____
电话：_____
传真：_____
电子邮件：_____
网址：_____
开户银行：_____
账号：_____
招标代理机构：_____
地址：_____
邮编：_____
联系人：_____
电话：_____
传真：_____
电子邮件：_____
网址：_____
开户银行：_____
账号：_____

招标单位：_____
____年____月____日

［简析］这份招标公告模板信息全面、结构完整，有利于投标方快速获取关键信息。

任务四　把握商务谈判的技巧

情境导入

随着业务在珠三角地区的逐步展开，文心传媒公司进入了快速发展轨道。刘香感觉工作比以前更忙了，而且需要掌握的业务技能也越来越多。最近，总经理又给她安排了一个新角色：商务谈判助手。

"可是我从来没有接触过商务谈判啊？"刘香半开玩笑半认真地说，只见总经理语气坚定，并笑着告诉她："做得好了加奖金！"刘香也只好承接下来，默默地锻炼新技能了。

你的谈判能力如何？

1. 你认为谈判：
   A. 是一种意志的较量，一定有输有赢
   B. 是一种立场的坚持，谁坚持到底，谁就获利多
   C. 是一种妥协的过程，双方各让一步一定会海阔天空
   D. 双方的关系重于利益，只要双方关系友好必然带来理想的谈判结果
   E. 是双方妥协和利益得到实现的过程，以客观标准达成协议可得到双赢结果

2. 在签订合同前，谈判代表说合作条件很苛刻，按此条件自己无权做主，还要通过上司批准。此时你应该：
   A. 指责对方谈判代表没有权做主就应该早声明，以免浪费这么多时间
   B. 询问对方上司批准合同的可能性，在最后决策者拍板前要留有让步余地
   C. 提出要见决策者，重新安排谈判
   D. 与对方谈判代表先签订合作意向书，取得初步的谈判成果
   E. 进一步给出让步，以达到对方谈判代表有权做主的条件

3. 为得到更多让步，或为了掌握更多的信息，对方提出一些假设性的需求或问题，目的在于摸清底牌。此时你应该：
   A. 按照对方假设性的需求和问题诚实回答
   B. 对于各种假设性的需求和问题不予理会
   C. 指出对方的需求和问题不真实
   D. 了解对方的真实需求和问题，有针对性地给予假设性答复
   E. 找出对方真正的需求和兴趣，不要给予清晰的答案，并可将计就计促成交易

4. 谈判对方提出几家竞争对手的情况，向你施压，说你的价格太高，要求你给出更多的让步。此时你应该：
   A. 更多地了解竞争状况，坚持原有的合作条件，不要轻易做出让步
   B. 强调自己的价格是最合理的
   C. 为了争取合作，以对方提出的竞争对手最优惠的价格条件成交
   D. 提出既然竞争对手的价格如此优惠，你为什么不与他们合作的问题
   E. 提出竞争事实，指出对方提出的竞争对手情况不真实

5. 当对方提出如果这次谈判你能给予优惠条件，保证下次给你更大的生意时，你应该：
A. 按对方的合作要求给予适当的优惠条件
B. 为了双方的长期合作，得到未来更大的生意，按照对方要求的优惠条件成交
C. 了解买主的人格，不要以"未来的承诺"来牺牲"现在的利益"，可以其人之道还治其人之身
D. 要求对方将下次生意的具体情况进行说明，以确定是否给予对方优惠条件
E. 坚持原有的合作条件，对对方所提出的下次合作不予理会

6. 谈判对方有诚意购买你整体方案的产品（服务），但苦于财力不足，不能完整成交。此时你应该：
A. 要对方购买部分产品（服务），成交多少算多少
B. 指出如果不能购买整体方案，就以后再谈
C. 要求对方借钱购买整体方案
D. 如果有可能，协助对方贷款或改变整体方案，改变方案时要注意相应条件的调整
E. 先把整体方案的产品（服务）卖给对方，对方有多少钱先给多少钱，所欠之钱以后再说

7. 对方在达成协议前，将许多附加条件依次提出，要求得到你更大的让步，你应该：
A. 强调你已经做出的让步，强调"双赢"，尽快促成交易
B. 对对方提出的附加条件不予考虑，坚持原有的合作条件
C. 针锋相对，对对方提出的附加条件提出相应的附加条件
D. 不与这种"得寸进尺"的谈判对手合作
E. 运用推销证明的方法，将已有的合作伙伴情况介绍给对方

8. 在谈判过程中，对方总是改变自己的方案、观点、条件，使谈判无休止地拖下去。你应该：
A. 以其人之道还治其人之身，用同样的方法与对方周旋
B. 设法弄清楚对方的期限要求，提出己方的最后期限
C. 节省自己的时间和精力，不与这种对象合作
D. 采用休会策略，等对方真正有需求时再和对方谈判
E. 采用"价格陷阱"策略，说明如果现在不成交，以后将会涨价

9. 在谈判中双方因某一个问题陷入僵局，有可能是过分坚持立场之故。此时你应该：
A. 跳出僵局，用让步的方法满足对方的条件
B. 放弃立场，强调双方的共同利益
C. 坚持立场，要想获得更多的利益就得坚持原有谈判条件不变
D. 采用先休会的方法，会后转换思考角度，并提出多种选择等策略以消除僵局
E. 采用更换谈判人员的方法，重新开始谈判

10. 除非满足对方的条件，否则对方将转向其他的合作伙伴，并与你断绝一切生意往来。此时你应该：
A. 从立场中脱离出来，强调共同的利益，要求平等机会，不要被威胁吓倒而做出不情愿的让步
B. 以牙还牙，不合作拉倒，去寻找新的合作伙伴
C. 给出供选择的多种方案以达到合作的目的
D. 摆事实，讲道理，同时也给出合作的目的
E. 通过有影响力的第三者进行调停，赢得合理的条件计分方法：见下表

谈判能力测试计分方法

选项\题号	1	2	3	4	5	6	7	8	9	10
A	2	2	4	10	4	6	10	4	4	10
B	3	10	3	6	2	2	4	10	6	2
C	7	7	6	5	10	6	8	3	2	6
D	6	6	7	2	6	10	2	6	10	6
E	10	5	10	8	5	3	7	7	7	7

解析：

1. 总分为 95 分以上：谈判专家。
2. 总分为 90～95 分：谈判高手。
3. 总分为 80～90 分：有一定的谈判能力。
4. 总分为 70～80 分：具有一定的谈判潜质。
5. 总分为 70 分以下：谈判能力不合格，需要继续努力。

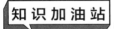

一、商务谈判的概念

美国著名律师杰勒德·I.尼尔伦伯格在《谈判的艺术》一书中阐明："谈判的定义最为简单，而涉及的范围却最为广泛，每一个要求满足的愿望和每一项寻求满足的需求，至少都是诱发人们展开谈判过程的潜因。只要是人们为了改变相互关系而交换观点，只要是人们为了取得一致而磋商协议，他们就是在进行谈判。谈判通常是在个人之间进行的，他们或者是为了自己，或者是代表着有组织的团体。因此，可以把谈判视为人类行为的一个组成部分，人类的谈判史同人类的文明史一样长久。"谈判是一个双方求取共识、集结共同利益、心和心互动的过程。

从本质上来说，谈判的直接原因是参与谈判的各方有自己的需要，或者是自己所代表的某组织有某种需要，而一方需要的满足又可能无视他方的需要。因此，谈判双方参加谈判的主要目的，就不能仅仅以只追求自己的需要为出发点，而是应该通过交换观点进行磋商，共同寻找双方都能接受的方案。

二、商务谈判的要素

商务谈判的要素是指构成商务谈判的必要因素，它是谈判得以存在和发展的基础，通常包括以下四个方面：

1. 谈判当事人

谈判当事人是指参与谈判的、代表各自利益的各方人员。一方当事人可以是一个人，也可以是一群人组成的一个谈判团体。为了能在谈判中占据主动地位，取得更大的利益，双方都要认真挑选和组织好谈判人员。

2. 谈判议题

谈判议题就是谈判要商议和讨论解决的具体问题，包括谈判起因、内容与目的。谈判议题是与各方利益需求相关的、为各方所一致追求的意愿。谈判议题按涉及的内容来分，有货物买卖谈判、技术贸易谈判、劳务谈判、工程承包谈判等。

3. 谈判目的

谈判目的是指参与谈判的各方通过正式洽谈，促使对方采取某种行动或作出某种承诺来达到成交。一般来说，商务谈判成交的标志是商务合同的签订。

4. 谈判环境

谈判环境是举行谈判的场所和条件，包括谈判地点、谈判地点的布置等因素。谈判需要一个安静、舒适、整洁的场所，这样才能使谈判双方集中精神解决问题。再者，谈判的时间也同样重要，一般选择上午或谈判者精力充沛的时候。此外，谈判时间的安排应有间歇性，避免时间过长的、紧张的谈判氛围。谈判环境是谈判成功与否的一个较为重要的因素，谈判者需注意。

【案例 1】

购买热水器的谈判

东山公司后勤集团的王总经理打电话想约见 A 品牌浙江总经销代理商李经理洽谈员工宿舍热水器的购买事宜，李经理非常乐意，主动提出亲自前往东山公司与王总面谈，王总让秘书小张将谈判地点定在公司的新会议室，因为新厂区还未正式投入使用，来往的人员较少，比较安静，空调、电视和电脑宽带网络一应俱全，灯光柔和而明亮，并且会议室的桌椅放置也整齐有序，会议室中间摆放着一张长方形的会议桌和配套而舒适的座椅。

［课堂互动］

该案例中王总为什么将谈判地点定在新厂区的会议室呢？从中深刻领悟谈判地点的选择和谈判环境的布置要求。

三、商务谈判的特征和作用

（一）商务谈判的特征

1. 交易对象具有广泛性和不确定性

在商品经济条件下，商品流通不再局限于某个地区或国家；国际化竞争时代，商品交易也早已进入跨国贸易时代。买卖双方对商品的选购和销售的范围都十分广泛，但交易者又总是与具体的不确定的交易对象进行谈判的,因此,交易对象具有广泛性的同时也具有不确定性。

2. 商务谈判是以获得经济利益为目的的

商务谈判的目的是十分明确的,谈判者总是以获取经济利益为基本目的,在满足经济利益的前提下才会涉及其他非经济利益。与其他谈判相比较,商务谈判更加注重谈判的经济利益。因此,人们通常以获取的经济利益的好坏来评价一项商务谈判的成功与否。不追求经济利益的商务谈判也就失去了其主要的价值和意义。

3. 商务谈判是以价格谈判为核心的

在商务谈判中,商品的价格最直接地反映了谈判双方的利益,涉及货物买卖的谈判最能体现这一特点,谈判双方可能就在货物的价格上相持不下,互相争论,都试图争取最大的利益。

4. 商务谈判必须注重谈判结果的实现

谈判的结果大多是以双方协商一致而签订的合同或协议来体现的。谈判双方必须注重其结果能否顺利实现,而条款准确而严密的合同是保障在谈判中获得利益的重要前提。因此,谈判双方必须在达成一致协议的条件下,注意合同条款的合理合法、完整严密、准确无误,从而避免不必要的经济损失。

(二)商务谈判的作用

1. 商务谈判有利于加强企业之间的经济联系

商务谈判大多是企业与企业之间、企业与其他单位之间进行的商品交易。因此,商务谈判成为各种经济活动之间联系的媒介,成为企业之间经济联系的桥梁和纽带。

2. 商务谈判有利于企业获取市场信息,为企业的正确决策创造条件

及时准确的市场信息有利于企业作出正确的生产和销售决策,有利于企业生产旺销的产品并及时地改进生产技术和产品的样式。商务谈判加强了企业之间的沟通,从而为企业获取相关信息提供了重要途径。

3. 商务谈判有利于促进市场经济的繁荣和发展

目前,商务谈判广泛存在于社会生产和流通的各个领域,进一步促进了经济的繁荣与进步,成为开展各种商务活动的重要手段。

4. 国际商务谈判促进了我国对外贸易的发展

当今,经济全球化已经成为发展大趋势,国际经济贸易活动日益频繁。扩大对外贸易将更多地吸引外资,引进国外先进技术、设备和管理水平不仅对企业的发展极为重要,也对我国经济实力的发展起着十分重要的作用。

四、商务谈判的内容

商务谈判是商业事务的谈判,包括商品买卖、劳务买卖、工程承包、咨询服务、中介服务、技术转让和合资合作等方面的谈判。任何一种商务谈判都包括以下基本内容:

（一）相关事宜谈判

这是谈判的一个重要组成部分，为谈判创造条件，一般包括谈判参与人员、谈判时间、谈判地点和谈判议程的商榷。

（二）具体合同事宜的商务谈判

商务谈判从前期准备时期进入正式谈判进程，包括价格的谈判、交易条件的谈判，如标的、数量与质量、付款方式与服务内容、交货方式等诸项交易条件的谈判。此外，还有合同条款的谈判，包括双方的权责约定、违约责任、违约纠纷、合同期限和合同附件等诸多条款。

五、商务谈判的类型

（一）按参加谈判的人数规模分类

按照参加谈判的人数规模可以将谈判分为个体谈判和集体谈判。个体谈判就是谈判双方均只有一个人参加的谈判，集体谈判就是谈判各方都是由多人组成的集体参加的谈判。参加谈判的人数决定了谈判的规模和组织等。

（二）按谈判参与方的数量分类

按照谈判参与方的数量可以将谈判分为双边谈判和多边谈判。由两个不同利益主体参加的谈判是双边谈判。由三方或多个利益主体参加的谈判就是多边谈判。

（三）按谈判地点分类

按谈判地点可以将谈判分为主场谈判、客场谈判、中立地谈判和主客场轮流谈判四种。

（四）按谈判内容分类

商务谈判的内容十分丰富，从内容上看，目前常见的商务谈判有货物买卖谈判、技术买卖转让谈判、劳务合作谈判、租赁业务谈判、投资融资谈判和工程承包谈判等。

（五）按谈判双方的关系分类

按谈判双方的关系可以将谈判分为竞争型谈判、合作型谈判和双赢谈判。双赢谈判强调找到更好的办法满足双方的需求，并合理分配双方的义务和责任，达到双赢的结果，每一方都获得最大的利益。这是谈判者的目标。

六、商务谈判的原则

（一）真诚客观原则

首先，谈判要遵循客观的原则，要从事实出发，充分调查谈判对手的情况，如对方企业的发展历史和现状、企业的实力和文化、谈判目标和谈判风格，掌握第一手资料。还要结合本次谈判的实际，分析已知的信息，找到洽谈时对自己有利的切入点，并且要掌握客观标准，如国际惯例、科学数据、法律依据等。其次，在谈判过程中和谈判结束后，双方都要以真诚的态度遵守信誉。

（二）守法守信原则

在商务谈判及合同签订的过程中，谈判者应遵守国家的法律法规，在国际商务谈判中，还应遵守国际法则和对方国家的有关法律条文；谈判者还应遵守谈判中的承诺，不能出尔反尔、言而无信，这样才能促使谈判成功。

（三）平等互利原则

谈判各方都应本着平等互利的原则，尊重对方代表，并作出让步以实现自己的需求，从而使谈判取得双赢。

（四）求同存异原则

为实现谈判目标，谈判者应遵循求同存异的原则，灵活运用多种谈判技巧和方法以让双方都处于愉悦的心境下，在探求各自的利益的过程中正确对待分歧，寻求契合利益。

（五）讲求效益原则

在商务谈判过程中，应讲求效益，提高谈判效率，降低谈判成本。效率高的谈判使双方都有更多的精力拓展商业机会。而立场争辩式谈判往往会局限双方对方案的选择，有时简直是无谓地消耗时间，从而给谈判各方带来压力，增加谈判不成功的风险。

七、商务谈判的策略技巧

（一）优势条件下的谈判策略

在商务谈判的过程中，实力处于优势的一方往往可以采用不开先例，先苦后甜，声东击西，价格陷阱，规定时限、最后通牒等策略。

1. 不开先例策略

不开先例策略是指占有绝对优势的卖方坚持自己的交易条件，尤其是价格条件，表示坚决不能让步，一旦让步，以后的交易都会遇到这样的情况，卖方承担不了这样的交易价格。不开先例策略一般适用于对谈判内容要求保密的交易活动、交易商品属于垄断性经营、买方急于成交、卖方退出谈判等谈判实例中。

2. 先苦后甜策略

先苦后甜策略是一种先用苛刻的虚假条件使对方产生疑虑、失望等心理状态后，再大幅度降低其期望值，然后在谈判过程中逐步给予让步和优惠，使对方满意地达成目标，结束谈判，而己方也获得较大收益的策略。

在谈判中运用这一策略时还要注意，提出比较苛刻的要求，应估计是对方未掌握信息与资料的某些方面，或者是双方难以用客观标准检验、证明的某些方面，以增加策略的使用效果。为了更好地运用这一策略，提出一方可让谈判小组成员分别扮演不同的角色。比如，扮演白脸的谈判者提出苛刻条件，双方在围绕这些条件讨价还价、争得不可开交时，就需要有人扮演红脸的角色，不断妥协、让步，调和双方的关系，缓解紧张的气氛，达成双方的谅解。

3. 声东击西策略

声东击西策略是谈判者故意将洽谈的议题引向某些非主要的问题上去，引起对方的错觉，从而在谈判中取得有利地位。声东击西策略其实就是转移对方视线，隐藏己方的真实意图。在谈判中，一方出于某种需要而有意识地将会谈的议题引到对己方并不重要的问题上，借以分散对方的注意力，达到己方的目的。

4. 价格陷阱策略

价格陷阱策略是卖方利用商品价格的变动和谈判者心理的不安所设下的圈套，通过把对方的注意力吸引到价格这个问题上来，而使对方忽略其他条款上的优惠，进而影响实际利益。

5. 规定时限、最后通牒策略

规定时限、最后通牒策略是指谈判实力较强的一方向对方发出最后期限通牒，表示对方若超出这一期限，己方将退出谈判，从而迫使对方作出决断。在实际的案例中，有经验的谈判者一般都会以客观标准或某客观因素来说服对方，而不是使用威胁性话语。这样，一则能使对方心悦诚服，再则也能与对方建立起长期良好的关系。

当然，提出最后期限的方式也很重要。是委婉、彬彬有礼地提出最后期限，还是生硬、直言不讳地提出要求，对谈判所起的效果是截然不同的。前者会融洽谈判的气氛，使对方为你的诚意所动，而后者只会引起对方的不满，招致报复，以致中断谈判。同时，要掌握提出最后期限的时机，时机要把握不好，会使谈判发展于己方不利。而提出最后期限后又反悔，则是最失信誉的做法。

（二）劣势条件下的谈判策略

在商务谈判的过程中，实力处于劣势的一方，往往采用疲劳战术、权力有限、先斩后奏、吹毛求疵和以退为进等策略。

1. 疲劳战术

疲劳战术就是实力处于劣势的一方，因不急于实现目标，善于等待时机。即通过多个回合的疲劳战术，干扰对方的注意力和拖住其谈判进度，最终使其无过多精力，丧失部分斗志，从而抓住有利时机达成协议。在商务谈判中，有时会遇到锋芒毕露、咄咄逼人的谈判对手，他们以各种方式表现其居高临下、先声夺人的挑战姿态。对于这类谈判者，疲劳战术是一个十分有效的策略。这种战术的目的在于通过许多回合的拉锯战，使这类谈判者感觉疲劳生厌，以此逐渐磨去锐气。同时，也扭转了己方在谈判中的不利地位，等到对手精疲力竭、头昏脑涨之时，己方即可反守为攻，促使对方接受己方的条件。

2. 权力有限策略

权力有限策略是指实力较弱一方的谈判者在面对对方苛刻的条件时，申明自己没有接受这种条件的权力，以便使对方放弃条件。实力较弱一方的谈判者的权力受到限制，可以促使其立场更为坚定，可以委婉地对对方说"不"，以"不是个人问题，而是公司的规定使我不能答应这样的条件"为借口，既维护了己方的利益，又给对方留了面子和考虑的余地。

3. 先斩后奏策略

在商务谈判中，先斩后奏策略是一种促使交易先达成，然后迫使对方作出让步的做法。有时，卖方常常运用这种方法向买方施加压力。在商务谈判中，应注意防止对手使用这一策略。

4. 吹毛求疵策略

吹毛求疵策略是指处于谈判劣势的一方，在谈判过程中，对实力较强一方的优势采取回避态度，或主动避开对方的这些优势，再三挑剔，寻找对方的弱点，提出一些问题和要求，以降低对方的期望值，找到突破口，达到以攻为守的效果。

而对于对方的吹毛求疵，己方则应直接摆出条件，不要在一些非关键问题上纠缠过久，让对方不攻自破。

【案例 2】

吹毛求疵的黄经理

某企业打算购买一家即将倒闭的大酒店作为其总部办公大楼。该楼位于市中心的商业步行街，地理位置非常好，价格也非常高，卖方喊出了每平方米 3 万元的高价。

该企业的黄经理说道："贵酒店所在的这栋大楼的地理位置和商业氛围都非常好，我们公司很看重这一点，相信这也是贵酒店给出这个价格的主要原因。但是，对这栋楼我们有几点不满意的地方：其一，这栋楼建成并投入使用已有近二十年了吧，虽然从外面粗略地看上去还是不错的，但仔细看，墙体开始出现裂痕，楼顶层有渗水的水印，想必是多年未曾加以整修了吧。其二，这栋楼的结构也不符合我们公司的部门布置，我们一旦购买后，还要花费很多的财力、物力和人力加以翻新和装修。其三，贵酒店的所有办公家具都不适合我们公司使用，我们还需要重新购置新的办公家具，这也是不小的开支，您觉得呢？"

5. 以退为进策略

商务谈判中处于劣势的一方，衡量了自己的长期利益和短期利益、局部利益和整体利益后，可以采取以退为进的策略，表面上满足对方的要求，实际上则维护了自己的利益，甚至是扩大了自己的利益。

（三）均势条件下的谈判策略

在商务谈判过程中，双方实力相当，此时的谈判策略有攻心为上、开诚布公、化解压力、制造和打破僵局、暂时休会等。

1. 攻心为上策略

攻心为上策略是指谈判者从心理和情感上消除双方间的分歧，从而达成协议。这个策略一方面主动制造融洽的双方关系，另一方面则抓住要害，以理服人。可以通过私人接触、私下会晤、领导会晤、避免争论、攻其要害等方法来促成双方达成一致。

2. 开诚布公策略

开诚布公策略是指在商务谈判的过程中，谈判者以真诚坦率的态度向对方表述己方的真实观点，客观实际地分析问题，真实地提出己方要求，以态度打动对方，以情理说服对方。这是一种较为有效的策略，能促使双方进行真诚的合作，使双方在坦诚、友好的氛围中达成协议。

3. 化解压力策略

化解压力策略是指谈判者对谈判压力有所认识、有所防备，并有效抵御这些压力，更好地维护己方的利益。对于对方的威胁性压力，己方可以不要过分重视，或指出威胁所带来的负面影响；对于对方强硬的措施性压力，则要灵活处理，可以用巧妙的问话来抵御，也可以适当运用幽默话语，以柔克刚。

4. 制造和打破僵局策略

在商务谈判的过程中，双方意见和条件不一致时，且双方又都不愿意作出让步，就有可能出现僵局。有经验的谈判者会主动制造僵局以给对方施加压力，同样也能采取有效的策略来打破僵局。打破僵局有一些常用的策略，如满足对方的真实需要、制造竞争、寻找中间人进行调解、调整或变更谈判人员、采取强硬态度以施加压力等。

5. 暂时休会策略

暂时休会策略是指谈判进行到一定的阶段，如谈判接近尾声时、谈判出现低潮时、谈判出现僵局时、谈判遇到某种障碍和出现疑难问题时等，谈判的一方提出中断谈判、暂时休会的方法。这种方法有利于双方赢得机会和时间重新思考、调整对策、缓和谈判气氛和融洽双方关系。

（四）商务谈判中的让步策略

1. 让步模式

美国谈判大师嘉洛斯提出了八种让步模式，并分析了每种让步模式的利弊得失，谈判者可以借鉴并加以选择。

（1）第一种让步模式：0/0/0/60　这是一种较为冒险的模式。己方在前三个阶段态度十分坚决，不肯作出一丝一毫让步，容易使对方退出谈判，从而导致谈判破裂。而己方最后的一次性让步，也容易使己方利益得不到很好的维护。

（2）第二种让步模式：15/15/15/15　这是一种平均让步模式。这种模式容易使对方产生期望，而期望在得到了前三个阶段的实现时，则会产生更大的期望，这样会使得己方在谈判中的地位由主动变为被动。

（3）第三种让步模式：8/13/17/22　这种让步模式会使对方的期望值不断升高，在第四阶段，如果对方的期望值超过己方的让步范围，谈判则会陷入麻烦，双方都不愿意作出让步时，谈判就很有可能破裂。

（4）第四种让步模式：22/17/13/8　相对而言，这种让步模式较为有效，能现实己方的诚意和立场，让步的余地越来越小，也能降低对方的期望，使对方适可而止，最终实现双方的目标。

（5）第五种让步模式：26/20/12/2　这种模式在商务谈判中也是较为成功和有效的。前两个阶段表现出较强的诚意，作出较大的让步。后两个阶段让步幅度收紧，从而在谈判中维护己方的利益，同时得到对方的认可。

（6）第六种让步模式：59/0/0/1　这种让步模式幅度变化很大，风险也很高。己方一开始大幅度地让步使对方抱有较大的期望，而接下来则没有丝毫的让步又使对方无法接受，双方互不相让往往会使谈判陷入僵局。

（7）第七种让步模式：50/10/-1/1　这种让步模式第一阶段的让步幅度很大，风险也较大。第二阶段的让步幅度很小，第三阶段则出现反弹，第四阶段又给对方一点补偿，使得对方觉得己方的让步已经到了极限，从而达成一致。

（8）第八种让步模式：60/0/0/0　这种模式与第一种恰好相反，一开始给对方很大的让步，继而丝毫没有松口，容易使谈判陷入僵局。

八种让步模式比较而言，第四种和第五种模式较为有效，也是成功率最高的谈判让步策略，但其余六种并非都不可取，谈判者应在不同的时机选择不同的模式，灵活运用，使商务谈判达到双赢。

2. 让步策略

在商务谈判过程中，让步时既要有缜密的思考，步伐稳健，又要恰到好处。基本原则是让己方没有大的损失，又使对方得到一定的好处，以便达成对己方有利的协议。让步的策略有以下几点：

（1）不要作太大、太轻易的让步　一旦作出太大、太轻易的让步，会使对方觉得己方让步是理所当然的事情，从而轻视己方。应对方法是，己方可以在次要问题上作出让步，从而推动对方在主要问题上作出让步。

（2）己方作出让步后，一定要等待对方作出一定的让步　不要过于轻率地作出决定。若对方没有诚意作出让步时，己方则没有必要再作出进一步的让步。

（3）控制好让步的次数和幅度　在商务谈判过程中，要记住己方让步的次数，做到步步为营，并在每次让步时都留有一定的余地，不要把自己逼到无路可退的地步。

（4）灵活掌握让步的内容　卖方的让步内容通常有：

a. 减少商品的最终价格；

b. 为买方提供运输、仓储等服务；

c. 采取各种付款方式，如分期付款或延期付款；

d. 在一定的期限内，提前送货；

e. 改善商品质量，或者提供质量更好的商品；

f. 在一定期限内，保证价格稳定，不因某种因素抬高价格；

g. 向买方提供很好的售后服务。

买方的让步内容通常有：

a. 向卖方迅速提交货款；
b. 与卖方进行某个项目的合作；
c. 增加订货数量；
d. 承诺日后购买同种商品将尽量选择卖方。

3. 迫使对方让步的策略

（1）利用竞争　在商务谈判过程中，制造和利用竞争是迫使对方让步的有效策略。如向对方透露存在很多竞争对手，并且这些竞争对手有较多有利的竞争条件。在谈判尚未结束前，不要与其余厂商结束联系，以保持竞争局势。

（2）软硬兼施　对方在某一方面不肯作出让步时，谈判者可以采取软硬兼施的策略。即谈判小组中一人持强硬态度，一人持温和态度，但需要把握时机和分寸，只要配合默契，就有可能迫使对方作出让步。

（3）最后通牒　在谈判双方争执不下时，己方向对方发出最后通牒，若对方在这个期限内不接受己方的条件，己方将宣布谈判破裂或退出谈判。一般而言，最后通牒策略适用于双方在很多问题上达成了一致，只在个别问题上还有争议而相持不下的情况。

【实训课堂 1】

一、请按照招标书的写作要求，指出下文缺写的内容。

××集团公司修建计算中心大楼招标书

本集团公司将修建一栋计算中心大楼，由××市城市建设委员会批准，建筑工程实行公开招标，现将招标有关事项公告如下：

（一）工程名称：××集团公司计算中心大楼

（二）建筑面积：××平方米

（三）设计及要求：见附件

（四）承包方式：实行全部包工包料

（五）索标书时间：投标人请于 2016 年 11 月 5 日前来人索取招标文书，逾期不予办理投标人请将投标文书及上级主管部门的有关签证等，密封投寄或派员直接送至本集团公司基建处。收件至 2016 年 12 月 5 日截止。开标日期定于 2016 年 12 月 25 日，在××市公证处公证下启封开标，地点在本集团公司水仙楼第一会议室。

报告挂号：××××

电话：×××××××××××

联系人：刘××

××集团公司招标办公室
2016 年 10 月 25 日

二、请按照投标书的要求，指出下文存在的问题。

××××公司投标书

××××总公司，诸位先生：

在研究了招标文件 IMLRC-LCB9001 号后，对集通铁路项目所需货物我们愿意投标，并授权下述签名人×××，代表我们提交下列文件正本一份，副本四份。

（1）投标报价表。

（2）货物清单。

（3）技术差异修订表。

（4）资格审查文件。

签名人宣布同意下列各点：

（1）所附投标报价表所列拟供货物的投标总价为××美元。

（2）投标人将根据招标文件的规定履行合同的责任和义务。

（3）投标人已详细审查了全部招标文件的内容，包括修改条款和所有供参阅的资料及附件，投标人放弃要求对招标文件作进一步解释的权利。

（4）本投标书自开标之日起90天内有效。

（5）如果在开标之后的投标有效期内撤标，则投标保证金由贵公司没收。

（6）我们理解你们并不限于接受最低价和你可以接受任何标书。

投标单位名称：中国广州××公司

地址：中国广州××区××街××号

电话：（020）×××××××

授权代表：×××

（公章）

×年×月×日

三、综合运用与客户沟通的理论知识，与寝室同学通过角色扮演进行特定情境模拟，深入理解与客户有效沟通的方法和技巧，领悟与客户沟通成功的原因；通过情境模拟，培养学生有效进行沟通的素质，学习客户拜访、客户跟踪和客户维护等与客户有效沟通的相关技能。

【实训课堂 2】

任务1：掌握与客户有效沟通的技能

（1）上网查询笔记本电脑产品的相关信息，选取适合报社编辑系统所适用的一系列产品，整理产品资料，并撰写与客户交流的语言文字脚本。

（2）了解资深的销售人员在处理客户的拒绝时的应对方法和技巧。

任务2："真诚而勤奋的小赵"案例分析与操作

（1）案例分析：以小组为团队，分组研讨本案例中与客户沟通成功的原因。运用所学的与客户沟通的相关知识分析小赵销售成功的因素有哪些，王华为什么会把小赵介绍给项目负责人韦主任，韦主任为什么会同意将采购放在联动公司。每组制作一份本案例的分析报告；派1名代表登台演讲，时间不超过5分钟。

（2）案例操作：从与客户有效沟通的角度，分组进行情境模拟演示，包括客户拜访、客户跟踪和客户维护等方面，并制作书面沟通脚本。

实训提示

"真诚而勤奋的小赵"案例分析重点：

（1）作为销售代表，小赵真诚的沟通心态打动了客户。在与客户沟通的第一环节，他先是赢得了客户的好感，他在与王工交流的第一阶段，先是从王工感兴趣的数据处理等话题入手，从熟悉的厦门旅游开始聊起，并诚挚地邀请王工参加新品发布会，还以发请柬的名义给王工邮寄了小礼品，礼品价格不高，但情意浓厚。

（2）小赵的销售技巧值得学习。在与王工建立了良好的关系后，通过王工确认了采购项目的负责人是韦主任，将攻克目标准确定位，但同时并没有将王工抛到一边，而是继续与其保持良好的球友关系，为日后的销售扩建人脉。

（3）小赵从客户的需求出发，通过韦主任了解了报社对笔记本配置、数量等各方面的要求，并且认真地准备了各项材料，真正做到了以客户为本。

任务评价

任务1：学生自我评价任务的完成情况、所获体验等。

任务2：各组评价+教师评价。评价要点：对各组任务实施的目标、计划、过程和效果进行评判，肯定成绩，提出建议，指导学生进一步总结和提高。

评分参考

"真诚而勤奋的小赵"案例分析和情境模拟各占50%。

案例分析报告书面文本（30分）。

案例分析登台演讲（20分）。

案例操作情境模拟演示（30分）。

情境模拟沟通脚本（20分）。

参 考 文 献

[1] 高琳. 人际沟通与礼仪[M]. 北京: 人民邮电出版社, 2017.
[2] 刘桂华, 王琳. 大学生实用口才训练教程[M]. 北京: 人民邮电出版社, 2018.
[3] 王建华, 等. 沟通技巧（第 2 版）[M]. 北京: 电子工业出版社, 2017.
[4] 张岩松. 知书达礼——现代交际礼仪畅讲[M]. 北京: 清华大学出版社, 2016.
[5] 龙璇. 人际关系与沟通技巧[M]. 北京: 人民邮电出版社, 2016.
[6] 周璇璇, 张彦. 人际沟通[M]. 厦门: 厦门大学出版社, 2015.
[7] 吕淑梅. 管理沟通技巧[M]. 大连: 东北财经大学出版社, 2015.
[8] 陶莉. 职场口才技能实训[M]. 北京: 中国人民大学出版社, 2015.
[9] 陈子典, 胡欣育. 应用文写作[M]. 北京: 北京师范大学出版社, 2007.
[10] 吴婕. 有效沟通与实用写作教程[M]. 北京: 中国人民大学出版社, 2011.
[11] 杨文丰. 高职应用写作（第二版）[M]. 北京: 高等教育出版社, 2010.
[12] 梁志刚, 周炫. 实用文书写作[M]. 北京: 北京大学出版社, 2009.
[13] 张建. 应用写作[M]. 北京: 高等教育出版社, 2005.